票据、信用证融资业务培训指定用书

票据、信用证业务中的法律风险及经典案例

朱鑫鹏　朱倩　著

图书在版编目(CIP)数据

票据、信用证业务中的法律风险及经典案例/朱鑫鹏,朱倩著. —上海:立信会计出版社,2018.3
ISBN 978-7-5429-5764-1

Ⅰ.①票… Ⅱ.①朱…②朱… Ⅲ.①票据法—案例—中国②信用证—金融法—案例—中国 Ⅳ.①D922.287.5②D922.281.5

中国版本图书馆CIP数据核字(2018)第062860号

策划编辑　　窦瀚修
责任编辑　　陈　旻

票据、信用证业务中的法律风险及经典案例

出版发行	立信会计出版社			
地　　址	上海市中山西路2230号	邮政编码	200235	
电　　话	(021)64411389	传　真	(021)64411325	
网　　址	www.lixinaph.com	电子邮箱	lxaph@sh163.net	
网上书店	www.shlx.net	电　话	(021)64411071	
经　　销	各地新华书店			
印　　刷	常熟市梅李印刷有限公司			
开　　本	710毫米×960毫米	1/16		
印　　张	17			
字　　数	310千字			
版　　次	2018年3月第1版			
印　　次	2018年3月第1次			
印　　数	1—3100			
书　　号	ISBN 978-7-5429-5764-1/D			
定　　价	40.00元			

如有印订差错,请与本社联系调换

前言

近20年来，中国民间借贷市场异常繁荣，其中尤以"民间票据贴现""信用证融资"（押汇、福费廷）市场为代表，由于"民间买卖市场"本身的不规范，导致各类大案频发。

笔者以一个票据、信用证行业执业律师的身份参与其中，目睹了一批批票据、信用证经纪人的"大起大落"，沧海桑田。有的"做票人"早已赚足了钱，归隐山林；有的举债做票，无论亏盈仍持之以恒；有的做了被骗，骗了还要再做，直至倾家荡产、债台高筑。让人困惑的是，所有这些教训却不能阻挡人们前赴后继的脚步，每年又有新人不断地加入其中。

高利润必然伴随着高风险，正是因为"买卖票据""信用证融资"处于法律的"灰色地带"才导致了该行业的高利润,于是,众多的票友在对该行业的"法律风险"缺乏认识,对"违法成本"缺乏评估的情况下,奋不顾身地投入其中。

笔者从业20余年,经历了我国"买卖票据行为"从无罪走向有罪,又从有罪走向无罪的起起落落,曾参与处理了形形色色的票据案件,见证了我国司法系统对"票据行业"从"不懂"到"懂",从"任意裁判"到"不断规范裁判"的不断认识完善的过程。

应当说,我国票据、信用证法律体系在立法上还存在许多漏洞,因为法律自身的问题(如对融资性票据缺乏规范,对普遍存在的票据、信用证经纪人没有法律上的定位)等问题,使得该行业的从业者战战兢兢。在司法实践上,由于没有全国统一的裁判标准,各省、各地高院颁布的标准不一,各地的法官均按照本省的规定和自己的理解裁判和处理案件,同案不同判的现象比比皆是。

笔者愿意通过本书,将20多年来遇到的具有代表性的票据、信用证案件告诉大家,将票据、信用证业务中每一个环节可能存在的法律风险告知大家,以便大家知晓并牢记这些"风险点",防患于未然。

此外,笔者为方便从事票据、信用证融资的从业人士使用,特将涉及票据、信用证的有关法律法规、司法解释、行政规章和判例等附录于后,以免查找之劳。难免挂一漏万,祈于谅解。

谨以此书,献给为繁荣我国票据、信用证融资市场作出贡献的所有从业者!

朱鑫鹏

2018年3月

目录

第一章　买卖商业汇票的性质及法律沿革 …… 1
第一节　买卖汇票行为概述 …… 1
第二节　民间买卖汇票市场的现状 …… 2
第三节　动了谁的"奶酪" …… 6
第四节　对买卖汇票行为的评价 …… 7
第五节　"票据交易所"新规下票据中介的存亡 …… 13
第六节　买卖汇票的相关法律沿革以及近年来司法实践中的做法 …… 18

第二章　票据业务中涉及的刑事罪名及案例分析 ···················· 25
第一节　银行承兑汇票业务中涉嫌的罪名研究 ·················· 25
第二节　商业承兑汇票业务中涉嫌的罪名研究 ·················· 46

第三章　票据业务中的行政责任 ································ 53
第一节　出票人违规开票的行政责任 ·························· 53
第二节　承兑人违规承兑的行政责任 ·························· 56
第三节　票据中介的行政责任 ································ 58
第四节　商业银行违规贴现、转贴现的行政责任 ················ 71

第四章　票据业务中的民事责任及案例分析 ······················ 77
第一节　出票 ·· 77
第二节　承兑 ·· 85
第三节　背书 ·· 91
第四节　失票救济的技巧 ···································· 100
第五节　除权判决 ·· 106
第六节　票据质押、保证 ···································· 110
第七节　付款 ·· 116
第八节　追索权 ·· 129
第九节　票据交易所新规下的新型案例 ························ 142

第五章　信用证融资业务中的法律风险 ·························· 155
第一节　委托理财筹资加转口贸易融套利模式的合法性评价 ······ 155
第二节　为（国内）"福费廷"担保的合同是否有效 ·············· 161
第三节　以信用证"期限错配"筹资，"背对背信用证" Back-to-Back L/C 境外押汇套利套汇模式的法律评价 ·············· 165

附　录 ·· 173

中华人民共和国民事诉讼法（节录） …………………………… 173
最高人民法院关于适用《中华人民共和国民事诉讼法》的
　　解释（节录） ……………………………………………… 175
最高人民法院研究室对《票据法》第十七条如何理解和适用
　　问题的复函 ………………………………………………… 179
电子商业汇票业务管理办法 …………………………………… 180
中国人民银行关于切实加强商业汇票承兑贴现和再贴现
　　业务管理的通知 …………………………………………… 196
中国人民银行关于完善票据业务制度有关问题的通知 ……… 200
中国银监会办公厅关于加强银行承兑汇票业务监管的
　　通知 ………………………………………………………… 204
票据交易管理办法 ……………………………………………… 207
浙江省高级人民法院民二庭关于印发《关于审理票据
　　纠纷案件若干疑难问题的纪要》的通知 ………………… 217
上海市高级人民法院关于审理担保、票据等民商事纠纷
　　案件若干问题的处理意见（节录） ……………………… 225
全省法院商事审判工作座谈会材料 …………………………… 227
江苏省高级人民法院副院长在全省商事审判工作座谈会
　　上的讲话（2013年4月23日）（节录） ………………… 236
关于骗购外汇、非法套汇、逃汇、非法买卖外汇等违反外汇管理
　　规定行为的行政处分或者纪律处分暂行规定 …………… 238
中国人民银行关于明确跨境人民币业务相关问题的通知
　　……………………………………………………………… 243
中华人民共和国最高人民法院民事判决书（2014）民二终
　　字第19号 ………………………………………………… 248
兴业银行股份有限公司济南分行诉山东钢铁股份有限公司、
　　山东钢铁股份有限公司济南分公司、福建省旺隆贸易
　　有限公司保兑仓业务合作合同纠纷案 …………………… 261

第一章 买卖商业汇票的性质及法律沿革

第一节 买卖汇票行为概述

本文所说的商业汇票包括商业承兑汇票和银行承兑汇票。狭义的买卖承兑汇票仅仅是指金融机构之间的票据贴现和转贴现。而本书所讲的"买卖汇票行为",在主体上除金融机构外,还包括参与其中的企业和个人在内;在内容上,除贴现、转贴现外,还包括票据中介、打包贷款、代管代收和回购等广义的买卖票据行为。

1998年,国务院《非法金融机构和非法金融业务活动取缔办法》第三条明确将民间买卖票据活动界定为"非法金融活动",属于取缔的对象。既然行政法规认为是违法并应当予以取缔的,从理论上来说就不再有研究的必要。但问题是民间票据市场并没有因为行政法规的取缔而消失,而是规模越来越大,参与人数越来越多。"存在的就是合理的",民间买卖票据市场的发展从根本上来说是由于中国的金融高度垄断和无以复加的高利率,导致民间实体经济融资难,资金奇缺,中小企业只能将目光瞄准民间融资市场,瞄准国家已经明确取缔的商业票据买卖业务。

今天的票据买卖市场,操作的主体已不是银行,而是民间票据中介机构,他们一方面掌控着票据来源,另一方面掌控着"直贴行"和"转贴行"。据不完全统计,上海市及江浙地区一个中等以上规模的票据中介机构,每天的票据流转量都在亿元以上。

近年来,金融界、法学界开始越来越多地关注民间票据买卖市场,并发表了许多论文和研究成果,最高人民法院和各省高级法院针对近年来越来越多的票据纠纷,也相继出台了相关的司法解释和审判指导意见。

因传统的银行贴现、转贴现业务有严格的行政法规、部门规章规范,法律关系也相对简单,在本书中不作重点研究。

让我们将目光转向中国金融市场上普遍存在却没有引起人们足够重视的新行业——民间商业汇票买卖市场。

第二节 民间买卖汇票市场的现状

按照《支付结算办法》的分类,商业汇票包括银行承兑汇票和商业承兑汇票①。商业承兑汇票因为没有"出口",加上"银行保函可能虚假""转贴现合同可能虚假""到期可能不获付款"等诸多因素的影响,近年来流转情

---

① 《支付结算办法》第七十三条。

况并不好,但随着市场上银行承兑汇票(票源)越来越少,利润空间越来越小,而商业承兑汇票利润空间相对较大,在近年有逐年增长的趋势(本文在后续章节中有专门论述)。现在市场上最为普遍的是银行承兑汇票的买卖,由于我国现阶段商业银行信用较好,极少出现不能承兑的现象,因此,在民间票据交易市场上,"银行承兑汇票"被作为一种普遍流通的商品"买进卖出"。

目前的银行承兑汇票"出票过程"实际上包括了两个环节:"开票"和"承兑",具体操作是企业向开户行申请开票,与开户行签订承兑协议,开户行工作人员代开汇票并同时加盖承兑章交给出票人。至此,"开票"和"承兑"过程完成。

在没有引进授信制度时,申请人需提供全额保证金才能承兑;而引进授信制度之后,对于资信较好的企业(尤其是资源型公司),商业银行通过授信风险评估,授予企业一定的授信额度并确定一定比例的保证金(票面金额的 30%~50%),交存保证金后即可开出(并承兑)全额的银行承兑汇票。

《中华人民共和国票据法》(以下简称《票据法》)和相关行政法规并没有要求汇票"承兑"一定有基础交易关系。《票据法》第 21 条也只是规定"出票人必须与付款人具有真实的委托关系,并有支付汇票金额的可靠资金来源"。但由于《中国人民银行关于切实加强商业汇票承兑贴现和再贴现业务管理的通知》(部门规范性文件)规定"严禁承兑、贴现不具有贸易背景的商业汇票",所以各商业银行在企业申请"承兑"时也要求提供特定的买卖合同和发票(这就为后来的"骗取票据承兑罪"埋下了隐患)。

按照这种要求,如果"开票"并"承兑"完全符合规定,申请人(企业)必须是基于履行特定合同的付款义务,以特定的收款人为对象而开出的特定金额的银行承兑汇票(金额甚至有元、角、分),严格遵守上述规定,能够开出和流通的银行承兑汇票根本达不到现在的数量和规模。

为了探求票据法为什么必须要求"有真实的交易关系或债权债务关系",我们查询了立法者当时制定该法条的说明,发现立法时增加该条款的目的仅仅是为了"防止利用票据进行诈骗活动"①。

问题可能远非那么简单,我们今天再次关注"买卖票据合法性"的目的已经不仅仅是探讨票据在民事层面上的无因性。现实中,一个专门买卖票据的民间市场已经形成并对我国票据市场产生着越来越大的影响,而由此产生的问题也越来越多,民事和刑事案件频发②,在客观上要求我们不得不全方位地思考和检讨因买卖商业汇票带来的全方位的法律问题。

10年前,虽然已经有人买卖承兑汇票赚取差价,但毕竟只是少数银行工作人员,今天的票据中介已经成长为一个阶层并具有强大的经济实力,甚至影响着票据发行、流通、贴现和转贴现市场以及贴现率的高低,如果不进行规范,可能会产生更加严重的问题甚至影响整个票据市场的健康发展。

让我们看看在票据中介的推动下,银行承兑汇票是如何开出和流通的:

有实力的、专门从事票据中介的公司会主动"寻找票源",找到目标客户——经营状况良好的企业,询问他们是否需要资金(在银根紧缩的时候,鲜有企业不缺资金)。如果需要,一个以赚取利率差价为目的的票据流转过程就正式拉开了序幕。

第一步,已经做大的票据中介会为开票企业到银行申请"授信"。因为承兑汇票本身就是银行推广的金融产品,符合银行自身利益(完成揽存量,

---

① 全国人大法工委在《票据法》审议报告中指出:"许多部门、地方和金融机构指出,票据当事人在签发票据或取得票据时,应当具有真实的商品交易关系或债权债务关系,取得票据的人应给付相对应的代价",目的是防止"有些当事人签发票据没有真实的经济关系为基础,利用票据进行欺骗活动"。结果便有了现行《票据法》第十、第十一条的规定。

② 近3年来,和银行承兑汇票相关的刑事、民事案件在全国以成倍数增长,经新闻媒体报道数额超千万元的案件就有20余起。

扩大信贷规模,赚取利息)。所以,银行一般不会拒绝这种申请(甚至有时在明知企业达不到授信要求的情况下,会指导企业修改会计报表,帮助企业取得授信)。第二步,票据中介帮助企业打50%的开具银行承兑汇票的保证金(条件是票据必须卖给票据中介)。这对企业来说当然没有问题,因为企业取得了他们想要的现金,只是贴息利率稍微高了一点而已,相对于近乎天价的民间借贷利率来说,这种利率还算合理。第三步,申请开票。银行和票据中介已经协商好,只要手续齐全就可以开票,问题是申请开票时需要"有真实的交易背景",要求有收款人、买卖合同、发票。于是,以开具银行承兑汇票为目的的第一次伪造开始了。上海、山东、江苏、重庆地区稍微收敛一些,有些票据"收款人"是自己另行注册的公司,有些是自己朋友的公司,交易尽管是假的,但收款人是真实的,收款人也知道存在开具银行承兑汇票这回事。但是,我国南方的一些地区(尤其是在温州地区)的做法就比较离谱了,他们往往是从网上寻找到"收款人"的信息,既不落实对方信息的真实性也不与对方联系,就以网上目标公司为"收款人",伪造该公司的印章、合同,以这个"想象的收款人"为票据要素开出汇票。第四步,背书,卖掉承兑汇票,获取利润。因为与票据中介存在合同关系,票据只能卖给票据中介。票据中介在收到汇票当天就会转手卖出取得贴现款,将扣除帮企业垫支的保证金以及"扣息"后的余款返还申请开票企业。至此,与出票人的所有法律关系结束。第五步,转卖、贴现和转贴现。票据从票据中介卖出后一般会走两个渠道:一个是流向收取银行承兑汇票的企业,企业收到汇票后作为支付手段用于支付货款;二是流向其他票据中介或者直接流向银行,银行贴现后的当天,由中介介绍,转贴到其他银行;票据到期后,银行到承兑行解付,一个票据流转过程结束。

那么,他们是如何获利的呢?一般来说,票据中介收到企业的票据后,当天就到其他中介或用票企业贴现,但是,一定会存在利率差额。比如,100万元的承兑汇票,申请开票企业给他99.4万元,他转卖给后手一定是99.5万元,从中赚取了1 000元。后手又加一定额度的"点数"(例如50~100元)

当日转手倒卖;再后手可能再转卖或伪造交易背景到银行贴现,而贴现行也会在当天将票据到其他商业银行转贴并获取利润。至此,每一个环节都赚取了利益,皆大欢喜。

目前,我国票据市场利益巨大,存在一个庞大的票据中介群体,买卖票据也几近产业化。据不完全统计,我国每天通过民间贴现的银行承兑汇票有上千亿,从业人员有几十万人。

第三节 动了谁的"奶酪"

既然是全体参与人员每一个环节均赚了钱,利益不可能是天上掉下来的,那么,最终损害了谁的利益?动了谁的"奶酪"呢?

实际上,所有人赚取的都是申请开票企业的钱,动了出票人的"奶酪"。因为票据到期后,出票人必须在到期当日足额交付票据款到承兑行,为半年前取得贴息款的行为"买单",如果延期付款,每天加收5‰的利息①(当然,如果企业在半年之内倒闭或资不抵债,除50%的保证金外,另外50%由承兑行自己"买单",授信本身就是商业银行最大的风险,你想获取利润就必须承担风险②)。

我们的困惑是,既然企业知道这种票据流转过程损害自己的利益,银行知道存在一定的风险,为什么还要去做呢?

对企业来说,首先是资金的匮乏和融资渠道不畅通,民间融资成本过高,而目前政策下的抵押贷款根本无法满足企业流动资金和扩大再生产的需求(尤其是国家收紧银根的年份)。由于国家对金融业(包括"准金融机构"性质的典当行、小额贷款公司、担保公司及具有放贷功能的公司)的严格

---

① 《支付结算办法》第九十条、第九十一条。
② [台]陈嘉霖:《授信与风险》,立信会计出版社2008年版。

管控,企业尚无更好的融资途径。其次是普遍存在的"急功近利"心态。先拿到钱,半年后不知会怎样,也可能通货膨胀率会大于利率,也可能半年后企业根本就不存在了,这种急功近利的心态导致了企业宁可付出较高的利息也愿意尽快拿到现金。

对银行来说,首先是对负责人的考核机制存在问题,商业银行是以追求利润为目的的,其次要完成和增加揽存,增加信贷总量,实现利润。所以,尽管存在风险,为了完成揽存也是值得的,不仅可以得到升迁还可以拿到奖金;反之,如果不能完成任务,不仅经济利益受影响而且还会影响银行负责人员的职务升迁。其次在有票据中介操控的开票、贴现、转贴现过程中,银行的相关人员还有可能从票据中介处获取额外的"意外收入"。至此,企业取得了贷款,中介拿到了中介费,银行赚取了利润,个人得到了额外收入,何乐而不为?

第四节 对买卖汇票行为的评价

从功能上讲,票据分为两种:结算票据(negotiable instruments)和融资票据(financing bills、financial bills)。

结算票据也称"流通票据",是指对生产、流通等领域的实体交易承担支付结算功能的票据。

企业开出承兑汇票就是为了支付货款,银行承兑汇票作为一种支付手段仅仅承担"结算功能"。从理论上讲,"流通、结算"本身就促成了交易,而交易双方都是能赚钱的,这样,无形中增加了经济总量,导致社会财富总量增加。汇票每流转一手就促成一单交易,流转越多创造的财富也就越多,而财富越多人们的生活也就越好,而所有这些不正是立法者所追求的"鼓励交易"之"良法"的目标吗?

有交易背景固然是好事,问题是,如果强制性地要求票据"只能作为支付手段"否则就是"无效的买卖行为,不能取得票据权利"必将严重影响票据的发行和流通,甚至给地方商业银行带来灭顶之灾。

首先,承兑汇票一般按照几十万、几百万、几千万的整数(或者按照特定的交易金额)开出,而后手的交易不可能刚好是一个整数(或一个特定数额),与现金作为支付手段交易一样,由于"票面金额"的原因,必然存在一个"找零"的问题,"找零"不可能也用承兑汇票,如果用现金找零,其性质同样属于"用汇票换现金",难道"用于交易的部分有效、用于换取现金的部分就无效"了吗?从这个角度上看,绝对地认为"买卖承兑汇票不能取得票据权利"是荒唐的。

其次,现在市场上的一些非国有(或国家持股)地方商业银行开出的银行承兑汇票,几大国有商业银行不会对其"转贴现",而央行为防范风险一般也不会为其"再贴现",这些票据的持有者如果想变现,就必须找民间渠道。如果彻底禁止民间贴现,或否定买卖票据的合法性,会严重影响地方商业银行的票据业务。这不仅对于同属于商业银行的地方性银行不公平,也阻塞了在这些银行开户企业的融资渠道,使本来就融资困难的中小企业雪上加霜。

融资票据则是指那些单纯为了融资,与实体交易无直接关联的票据,其功能就是为了获取资金,也被称为"虚拟交易"票据、"空票",申请开票的目的就是为了取得资金。

票据开出后卖给票据中介,票据中介首先从票面金额中扣除自己为企业垫支的保证金,将剩余部分交给企业;其次转卖给其他中介或者伪造交易凭证后直接到银行贴现,最后再介绍其他商业银行(出资银行)转贴现,赚取每个环节的利率差价。如果是"融资性票据",申请开票企业拿到贴现款后并不是将所获票据款投入实际生产经营而是再一次作为开票保证金存入银行,第二次开出承兑汇票继续进行融资,如此循环往复,通过乘数效应,资金量被无限制扩大①。这种行为在理论上存在,但"无限量"之说笔者却不敢附

---

① 刘宏华:《票据有因性观念的坚守与超越——对真实交易背景规则的辩护》,注释[7]。

和。现阶段,虽然法律没有对"授信额度"作出强制性限制,但行政法规定了商业银行应当按照国家的信贷政策确定某地区和行业的授信额度,几大国有商业银行也通过内部规章的方式规定了本银行的授信管理办法,限制授信额度①,因此,不存在被"无限量扩大"问题。不过,现行体制下,由于没有法律的量化控制②,"有限量扩大"的问题确实存在,而这种有限量的扩大也将造成严重的后果。

首先,在国家货币发行体制外增加了信贷规模,扩大了购买力。按照我国现行的货币政策,每收到1美元,就发行等价值的人民币,如果1美元从国际市场上买到同等价值的商品投入国内市场,总供给和总需求是平衡的,物价不会上涨。在授信制度下,发行商业汇票同样也向社会投放了相当价值的购买凭证,"授信余额"的数量和规模却没有"发行基础",也不受法律的规制,其发行依据仅仅是商业银行内部确定的控制信用最高额度③。2003—2004年,财经界多项研究披露了在现实经济条件下票据业务如何导致了全社会货币信贷增长虚增放大的问题,引起了关注④。

其次,为采用"票据民间贴现"手段进行诈骗提供了土壤,极易诱发群体性事件,扰乱金融市场。

---

① 《商业银行授权、授信管理暂行办法》第三条规定"商业银行应根据国家货币信贷政策、各地区金额风险及客户信用状况,规定对各地区及客户的最高授信额度。商业银行各级业务职能部门及分支机构必须在规定的授信额度内对各地区及客户进行授信。"

② 我国台湾地区关于银行的第三十三条之三规定,银行对同一关联企业之授信总余额不得超过各该银行净值的40%,其中无担保总余额不得超过各该银行净值的15%。

③ 《商业银行授权、授信管理暂行办法》第六条规定:"本办法所称授信,是指商业银行对其业务职能部门和分支机构所辖服务区及其客户所规定的内部控制信用高限额度。具体范围包括贷款、贴现、承兑和担保。"

④ 王自立:《票据秘密》,载《财经》2003年10月第20期;张小彩:《贴现量大幅增长,票据市场"创造存款"秘密》,载《财经时报》2003年12月02日;夏志琼:《票据市场发展之隐忧》,载《资本周刊》2003年9月;孙天琦:《宏观调控下的票据融资变动趋势及其风险分析》,载《中国金融》2004年第24期。

由于不需要交易背景,仅仅是买卖承兑汇票,持票人往往喜欢将票据送给能够支付更多现金的个人,而这些个人往往在当地信用较好,实力雄厚,他们无一列外地会开出高于市场价的收购价,"隔天打款""拆东墙补西墙""亏本贴现"也在所不惜,直到有一天资金链彻底断裂,债台高筑并被债主逼得走投无路时才肯停手,但一切已经晚了,他们亏了太多的钱,骗了太多的人,制造出了全国一个个惊天大案。近年来,有新闻报道的全国性票据诈骗案件就有50余起,均是损失额上千万,受害人数众多①。一旦受害人的损失无法追回,往往群体上访,要求政府给一个解释,从而产生巨大的负面影响甚至影响当地的稳定。

麻烦到此远没有结束,因为该类案件被告人一般"没有非法占有的故意"(钱一般是亏损掉了),很难按照诈骗罪追究刑事责任(一般是按非法集资或非法吸收存款罪定罪量刑)。所以,刑期一般不会超过10年,但被骗走钱的老百姓并不能理解,他们认为,骗了几千万甚至上亿的钱款不能退赔,至少应当判处10年以上有期徒刑,当结果不能如愿时,不仅会抱怨公安机关不积极追赃,抱怨法院枉法裁判,甚至怀疑相关人员收受贿赂,贪赃枉法,乃至诱发群体事件。

但是,买卖汇票会造成物价上涨和会"利用票据进行诈骗"之说仍然存在争议。

上述说法首先是受"票据社会本位论"的否认。其基本评价是,现代票据法着眼于整体利益,利益受损的权利人在不影响票据流通的前提下,可以寻求民法等法律保护自己的利益,不能以票据被骗损害了个人利益牺牲社会利益。这种观点认为,票据法的价值取向经历了一个从"个人本位"向"社会本位"的过渡。在票据诞生之初,票据关系被限制于基础关系当事人之间,票据关系是基础债权债务的一部分,因而被深深地打上基础关系的烙

---

① 近年来发生的安徽李某案、淮安周某案、宜兴储某案、吴江钱某案、上海姚某案、福建宁德王某案、徐州胡某案等均造成上千万损失,受害者上百人。

印,票据法反映和实现的是微观经济主体之间的利益。随着票据关系逐渐脱离基础关系的束缚,具有了独立的生命力,票据经转让,在出票人、背书人、保证人、承兑人或付款人之间形成一个特殊的利益链条,从而围绕票据支付关系形成一个封闭利益群体。这个群体对支付的安全利益就超出了简单的一组债权债务人微观利益。由此,票据制度所代表和反映的就是顺次提供商业信用的群体利益或"中观利益"。随着银行信用介入商业信用,特别是中央银行再贴现政策下的运用,国家中央银行利用调高或调低再贴现率,控制商业信用规模,票据又成为传递国家宏观调控信号、贯彻国家产业政策的工具,票据制度的价值取向又由"中观"或群体利益本位上升到社会本位。

至于物价上涨问题,中央银行通过对商业银行持有的承兑汇票的再贴现和调高或调低再贴现率,可以控制商业信用规模,抑制物价。

其次,相对于绝大多数正常票据业务量而言,存在商业欺诈、金融欺诈背景的票据毕竟是少数,是个别现象,因少数、个别非正常票据业务而否认票据的无因性,不让买卖承兑汇票,无疑会加大绝大多数正常票据业务的成本,影响绝大多数正常票据的流通,无异于因噎废食,得不偿失,也无异于倒脏水时将孩子和脏水一起倒掉,个别非正常票据业务可以通过司法机关加大打击力度而逐步得到有效遏制。

我们认为,并不是因为允许买卖票据(纵容票贩子的倒票行为)会导致信贷虚增,物价上涨,而是银行的授信制度的制定和执行存在问题。如果不是银行推销甚至帮助造假,怎么会发行如此多的承兑汇票?而要限制这些票据的发行,通过立法方式控制各银行的授信额度完全可以做到,和票据是否必须有"基础交易关系""是否允许买卖"基本没有关系;至于因为存在"利用票据进行诈骗"而归责于"个人买卖票据"就更没有道理了,即使只存在"结算票据"的情况下,票据诈骗问题依然存在,只不过存在"融资票据"的前提下,骗起来更方便一些罢了。所以对此问题的分析须正本清源,不可本末倒置。

一般来说,票据持有人找非金融机构或个人贴现银行承兑汇票的情况分为以下三种:

第一种是企业或个人收购银行承兑汇票用于支付货款,因为交货期等其他原因,用承兑汇票支付更加经济才购入承兑汇票。这种情况属两厢情愿,我们也看不到其"社会危害性",按照私权自治原则,没有理由制止。

第二种情况是以买卖承兑汇票赚取利润为业。对于这些人,应当建立市场准入制度、许可制度和准备金制度,参照商业证券公司的做法,将其纳入金融监管机构的监管之下,其设立、管理应当按照准金融机构的要求,防止参与主体因不能支付票据款给持票人造成损失。

第三种情况是最普遍最典型的"票据中介",主要是提供票据信息,赚取中介费,其法律关系应当属于"居间合同"的性质。其操作模式是,将需要开具银行承兑汇票的企业介绍给银行,将欲出售承兑汇票的企业介绍给收购汇票的企业和贴现银行,收取中介费。严格地说,这不是金融活动,仅仅是一种"中介行为",在"倒票行业"有一个公认的说法,他们赚取的不是利息差,而是"信息不对称"的信息费。如果真是这样,我们认为不存在违法或"非法经营"问题,前提是你必须有提供中介服务的经营范围并合法经营。

尽管这样说法在理论上成立,在务实中依然存在着不可逾越的障碍,导致这些从业者"名为中介实为买卖"。

第一个问题是操作层面的问题。如果直接将票据款(或贴现款)打给收款人(或实际申请贴现人),收取中介费会很难,因为收票企业(或银行)按照规定只能将款打给收款人(或申请贴现人),不能分出一块"中介费"给票据中介,中介费只能找收款人(或申请贴现人)收取,在这种情况下中间人根本无法控制卖票人让其支付中介费(尤其是现阶段,民间贴现属于"非法金融活动"的情况下,中介费在法律层面上也没有保障),因此,只能将贴现款汇入自己控制的"包装户"账户,扣除中介费(俗称"小款")后再将票据款(俗称

"大款")汇给收款人(申请贴现人),而这样做根本就是"买卖票据"而不是中介。

第二个问题是利益问题。如果仅仅只是"中介费",不会有巨大的利润,因为在"款直接打给客户"的情况下,主动权完全在客户手中,你赚了多少钱必须透明,客户也很清楚"羊毛出在羊身上",凭什么给你"赚大头"?

第三个问题(也是最重要的问题)是信息和资源的保密问题。如果为了赚取中介费让买卖双方直接见面,信息直接沟通,在做完这一单以后,买卖双方以后就可以直接见面,不再需要中介。"票据中介"存在的基础和能够赚钱的"灵魂"就是"信息不对称",一旦供需双方信息渠道畅通了,"票据中介"职业也就没有存在的价值了。

第五节 "票据交易所"新规下票据中介的存亡

一、"票交所制度"(票据交易管理办法)吹响了取缔票据中介的号角

一种经营行为的兴衰存亡,一是取决于其本身是否盈利;二是取决于制度(法律)对其的评价,是否合法,是鼓励、限制,还是禁止。

"民间票据买卖"(或称"票据中介")在中国存在了20余年,一是本身是一种盈利行为(乃至是一种暴利),二是这种行为的合法性一直处于法律的"灰色地带"(见本人论文《民间票据中介行为的性质、地位和法律评价》)。但在中国,一直没有从制度上、法律上彻底否定民间票据买卖的合法性,没有人质疑"只要支付对价就能取得票据"——这个民间票据市场的基本规则。

"票交所制度"打破了这种神话,票据的承兑、贴现、转贴、质押、保证、提

示付款必须通过"票交所"进行(《票据交易管理办法》第16、第17、第30条)。没有通过票据交易所的私下票据买卖行为,其交易行为本身就是"无效"的(如同房地产交易行为一样,必须到房地产交易中心登记完成),从法律上宣告了民间买卖票据的非法性。不仅如此,"票交所制度"还从盈利模式上对"票据中介"进行了釜底抽薪。因为在盈利模式上,"票据中介"实际是在赚取票据供需之间"信息不对称"的信息费,需要票据的不知谁有票,而持票人又不知谁需要票。

在"票交所制度"下,这种情况在制度上不复存在,因为票据一旦承兑,承兑银行在次日就应当在"票交所"登记,所有人通过"票交所"公开的信息都能够查到该票据信息,票据的"供给信息"公开了;二是贴现信息也通过"票交所"的信息发布平台向社会公开,申请贴现企业完全可以通过公开的信息选择贴现率高的银行去融资,直接到金融机构贴现,没有必要再通过中介机构。在制定"票交所制度"时,就包含着取缔票据中介的意图。

对这种票据交易制度,银行业和学术界大多持支持态度,其主要观点是防范了"清单套现、一票两贴""先转贴再直贴""虚假介入通道"等票据中介主导下的票据诈骗现象,可以有效地防范票据在流转过程中商业银行的风险。

按常理,票据交易所——一个交易平台的设立,在立法上首先应当起到"促进交易"的作用(良法),规范和监管作用还是其次。如同政府主导在某地建立一个蔬菜交易市场一样,主要作用是为了解决农民卖菜难和当地居民买菜难问题,其次才是监管市场卖方保证质量,不要缺斤少两,买方及时付款问题。

在我国台湾地区,票据交换所只是为各个参与者提供票据交易的平台,要求各个票据交换参与者(包括个人)自己缴纳保证金,保证票据的到期付款和退票时票据款的发还,并没有对收购者的特别限制。但在票交所制度下,我们看到,对票据收购者(贴现和转贴现人)并没有突破传统的"金融机构"的限制,仅仅限于金融机构法人和"非法人类参与者",而非法人参与者是指"金融机构作为资产管理人"的各类(在金融机构备案的)投资产品,严格地说,个人和其他非金融机构不是票据交易的主体。

在一个市场上,包括"买"和"卖"两个方面,既包括现金买入票据也包括票据交换(以票换票,包括不同类型票据、金额、期间之间的交换)和票据换取现金(贴现)。但在票据交易所里,企业(持票人)只能将票据卖给金融机构,不能卖给个人和其他企业,也不能交换成其他类型的票据(如商业汇票换成银行汇票、本票、支票等)和其他金额的票据,买方是清一色的"金融机构",转贴现更没有非金融机构和票据中介什么事。票据中介不是票据交易的主体,如何介入票据市场?

从制度法律层面上,围剿票据中介的号角正式吹响了。

二、民间票据中介"路在何方"

(一) 有需求就有存在

1. 从"承兑到贴现"还有很长一段路

按照新规,首先,承兑的次日,承兑银行应当到票据交易所备案。但该义务是承兑银行的义务,并非出票人(或收款人)的义务,对出票人的影响并不大,出票人依然会按照既定的票据贴现路线(近半数的票据中介都是熟人贴现)找票据中介贴现,这是"习惯决定的需求"。其次,仍然存在票据中介"代打保证金"取得银行承兑汇票的情况,此乃"中介控制着票据源"。再次,票据中介多数情况下为"个人不背书买断",然后再卖给下一个票据中介,游离于票据交易所的"主体限制"和市场准入制度之外。最后,即便是为了融资,大多数企业也无暇因为开出的几张票据贴现,专门跑到上海票据交易所开具账户(按照新规,人民银行只授权上海票据交易所开展网上票据交易业务),查询信息,比对价格,他们会选择委托他人直接贴现,拿到现金,因此,在这一段,票据中介仍然能够发挥作用。

2. "包装户"以"贴现申请企业"的名义进入交易

包装户发挥作用的环节主要是两个:一是申请贴现环节,因为在此前,票据贴现不仅需要真实的交易背景(提供发票和交易合同),而且要求在该贴现行有"授信额度"等其他条件,申请贴现需要"包装"。新的交易管理办法取消了提供合同、发票的要求(第17条),但申请贴现的其他要求还在,包装户申请贴现的功能没有改变,而在新规下,因为取消了申请贴现时的交易背景要求,使得包装贴现更加便利。二是存在于"开票"和"银行承兑"环节。首先,单纯的融资性票据,其出票时的交易背景几乎都是虚假的,尤以商业承兑汇票为甚,动辄几亿、几十亿的票据,根本没有交易背景,要么是关联企业相互对开,要么收款人是"包装户",更有甚者,出票人和收款人都是"包装户"。其次是"银行承兑"环节,因为在"银行承兑"环节的"真实的交易背景"要求并没有取消,必须提供增值税发票和合同,单纯融资性票据由于没有真实的交易,必须通过"包装户"包装。

学界和务实中,对这种"包装入市"的行为褒贬不一,批评的声音是主流,但这种行为依然普遍、大量地存在着,这次"新规"对此并没有作出惩罚性规定,我们期待央行尽快颁布实施细则,规范这种行为。

3. 可能存在的"线下磋商、线上结算"现象

如果票据交易电子化、集中化以后,所有的交易均是"线上磋商、线上交易、线上结算",当然没有中介没有事了。但综观其他金融市场(包括保险、期货、证券)虽然也是通过交易所集中统一交易、结算。但无一例外地存在"线下磋商"的现象,这就为买卖双方信息的对接,交易价格的收集、分析和判断,票据的登记、结算等工作提出了需求。而所有这些,不是商业银行的主业,更不是贴现申请企业的主业。他们更需要一个熟悉票据市场供求情况、票据承兑、质押、贴现、转贴、保管等专业知识的团队来完成,这就是"票据经纪人"。

(二) 法无禁止即可为

对"票据中介"的法律性质,目前有两种观点:

第一种观点认为,票贩子实际上是在赚取票据供求"信息不对称"的"信息费",其收入的性质属于"金融信息咨询费",其行业属于"金融信息咨询"。

关于"金融信息咨询"服务行业,1999年,中国人民银行和工商总局作出

了《关于加强对咨询企业的管理维护金融秩序有关问题的通知》要求:"一、各级工商行政管理机关在核准的各类咨询企业以及其他非金融性企业名称中不得有类似'金融''借贷'等字样。二、对咨询企业以及其他非金融性企业,各级工商行政管理机关不得在其经营范围中核定类似借贷、结算、见证等金融业务,不予核准金融咨询、借贷咨询业务。防止企业以金融咨询等名义非法从事金融业务。三、对已经登记注册含有'金融''借贷'等字样的名称和经营范围中有上述金融业务的咨询企业以及其他非金融性企业,登记主管机关应在1999年度年检时责令其办理变更登记。"此后几年,各地工商部门均按照该通知执行。

2004年6月,国务院颁布了《国务院对确需行政许可的审批项目设定行政许可的决定》,各部委对行政许可项目进行了全面的清理,只保留了500项行政许可项目。上海市则采取了行政许可的"负面清单"制度,凡不在清单上的项目,一律不用行政前置审批。因此,办理"金融信息服务"相关业务无需前置行政审批。

第二种观点认为,票据中介属于"居间行为",所收取的是"介绍费",属于"金融经纪人"的范畴。1995年10月26日,国家工商行政管理局颁布《经纪人管理办法》指出:"本办法所称经纪人,是指依照本办法的规定,在经济活动中,以收取佣金为目的,为促成他人交易而从事居间、行纪或者代理等经纪业务的公民、法人和其他经济组织。"

我国目前对金融行业(期货、保险、证券)的经纪人采取"资格认证"制度,包括对经纪公司的资格证制度和执业人员的资格证制度两方面。由于票据中介一直游离于法律的边缘,一直没有专门的制度对其进行规范。

按照私权利"法无禁止即可为"的基本法理,在国家没有将其列入前置审批"负面清单"和设定"资格认证"以前,应当无条件为其办理工商登记。上海市市场管理局浦东分局,在没有前置行政许可的前提下,已经为上海普兰等几家公司办理了营业执照,经营范围一栏明确写着"票据中介"。我们认为,在现行法律框架下,票据中介并不存在"违法"的问题。

第六节 买卖汇票的相关法律沿革以及近年来司法实践中的做法

一、我国台湾地区和国外对票据中介的法律规定

1. 我国台湾地区

我国台湾地区 30 年前并没有融资性票据的存在,票据只是一种市场的支付结算工具,后来为了扩大市场信用,诞生了以商业本票为主要交易工具的短期票券市场,并由政府推动成立民营的票据中介机构——票券公司,并逐渐放开银行和券商成为票券经营机构。这些票券公司在一级市场承兑票券发行的保证责任,并可以作为票据的承销商。在二级交易市场中,票券公司可以买卖票据,为企业提供财务咨询,担任票券经纪人、保证人、背书人或签证人等,保证了票据的发行与流通。法律还允许居民个人投资者通过票据公司参与票据交易活动,扩大了票据公司的中介作用,另外,在税负上,法律明确规定了通过票券商进行的投资可以享受分离课税的优惠,这一优惠政策也对票券公司的发展起到了非常大的促进作用。

但是,法律虽然允许票券公司承担票据的保证业务以促进票据的流通,但是之后又允许信用评级机构对票据予以信用评级,这就难免抢了票券公司的业务范围。另外,监管层严格限制票券公司的资金融通,也在一定程度上造成了目前票券公司在经营能力上不如兼营票据业务银行和券商等有竞争力。

2. 英国

作为建立时间最早、历史最长的货币市场,英国的贴现市场主要的交易工具包括政府国库券、商业票据、中央和地方政府的债权和大额可转让存单等。市场主体以贴现行为中心,另外还有承兑行、商业银行、证券经纪商和

英格兰银行等。市场对承兑人和贴现人的角色进行区分，在诸多市场主体中，承担中介职能的是贴现行，它一方面接受客户经过承兑行承兑的票据和商业票据进行贴现，另一方面连接着英格兰银行和其他商业银行之间的业务，在贴现承兑行的票据后，再作为贴现申请人向英格兰银行申请再贴现。各个不同主体在票据市场中发挥着不同的作用，贴现行未产生之前，由票据经纪人来活跃市场，成为当时金融市场的核心力量，而贴现行出现后，极大地便利了持票人将票据转为资金的需求，经纪人的业务也相应发生转变。

3. 美国

在美国，票据行为主要由《统一商法典》的第三篇作出专门规定，市场上的交易工具主要包括银行承兑汇票和商业承兑汇票；票据发行者除了金融公司之外，还包括非金融公司和银行控股公司；而投资者也非常丰富，除了上述三个发行者之外，投资公司和政府、基金都可以参与，还允许个人投资者的加入。承担市场中介作用的是投资银行的子公司，它承担了商业票据的部分发行和销售任务，促使了美国商业票据一级市场的活跃，而二级市场是实行询价交易的场外大宗市场，小额投资不能直接参与交易，所以较一级市场的活跃程度相去甚远。另外，由于美国市场实行分业经营，证券业务与银行业务分开，导致了具有双重性质的票券的发行与交易长期处于曲折状态，发行人发行或出售票据，主要是通过证券商或承销商，商业银行虽然也被允许进行承销，但实践中存在很多限制。

4. 日本

日本票据市场的发达程度相较于英美市场而言，交易工具和交易方式都不够丰富，金融机构主要通过贴现或再贴现实现资金融通，且主要是对有真实贸易背景的票据进行买卖。短资公司作为市场的中介机构，在贴现市场发挥着支柱作用，一旦金融机构出现资金短缺时，一般都要通过向短资公司进行贴现借入资金。但随着更多市场工具的出现，原本交易工具和方式就比较单调的贴现和再贴现业务都逐渐呈现萎缩状态。

二、我国相关法律、法规(包括批复、函)对买卖汇票性质的规定

我国现行《票据法》规定,票据的签发、转让和取得应当有真实的交易关系和债权债务关系,否定了融资性票据的签发、转让和取得。

1998年,国务院颁布《取缔非法金融机构和非法金融活动管理办法》,将买卖银行承兑汇票(民间票据贴现)界定为"非法金融活动",并规定了5万元以上,50万元以下的处罚。

针对全国越来越多的买卖银行承兑汇票的现象,2009年,安徽省、河北省公安厅经侦总队向公安部经侦总局请示,就赵某某、李某倒买倒卖银行承兑汇票的问题作出定性。公安部经侦总局在去函征求中国银监会后答复:"此类注册虚假公司,倒买倒卖银行承兑汇票赚取利润,数额巨大,严重扰乱金融秩序的行为,属于《刑法修正案(七)》中的非法资金结算业务,可以按照非法经营罪追究刑事责任。"[①]随后,温州徐某涉嫌非法经营、骗取银行承兑罪案件中,温州银监会和公安部经侦总局也作出了同样的批复。

2012年5月,杭州最大的票据中介林某等300余人因买卖银行承兑汇票被刑事拘留,浙江省人民检察院为了慎重起见,就"个案"向最高人民检察院请示,最高人民检察院公诉厅认为"买卖银行承兑汇票是票据中介行为,不是贴现,不属于《刑法修正案(七)》规定的(资金结算业务)能以非法经营罪定罪处罚。故司法实践中,在没有新的明确的司法解释或相关规定出台前,对买卖承兑汇票行为不宜认定为非法经营,对于在买卖承兑汇票过程中,实施伪造公司企业印章、虚开增值税专用发票或伪造增值税专用发票等手段行为构成犯罪的,可依照手段行为定罪处罚"[②]。2013年,我们作为辩护人介入了福建宁德市陈某买卖银行承兑汇票案件(涉诉金额

---

① 公安部经济犯罪侦查局:《关于对倒卖银行承兑汇票行为性质认定意见的批复》,公经金融(2009)253号,2009年9月18日。
② 浙江省检察院公诉一处:《经济犯罪公诉释疑——涉承兑汇票案件的定性处理》,2012年第1期,2012年11月22日。

45亿元），福建省检察院向最高检请示，最高检政研室作出了与公诉厅同样的批复（2013高检函字第58号）。因为最高检有司法解释权（尽管其下述部门的"函"不具有解释的法定形式，但对下级检察院还是有约束力的），据此，福建省下属的检察院对移送起诉的单纯"买卖票据的行为"均按照不起诉来处理。

笔者在最新的司法解释讨论稿中看到，已经有了与最高检"批复"类似的条款，目前虽然未生效，但已经得到大多数学者和司法机关的认可，我们相信，随着新司法解释的出台，单纯买卖银行承兑汇票行为被以"非法经营罪"追究刑事责任的历史即将过去。

三、司法实践中的做法

司法实践包括民事和刑事两个层面。民事层面上，尽管买卖银行承兑汇票违反行政法规，但是，一般法院在查清已经按照约定支付了对价后，不会以"买卖票据违法"属于无效法律行为而撤销，最高人民法院1994年的判例早已确定了"没有基础关系但已经支付对价能够取得票据权利"的原则[①]。在我国现阶段，买卖银行承兑汇票现象大量存在，而且票据已经流转（甚至已经贴现或付款），基于基础法律关系（买卖票据）违反行政法规无效，请求法院确认已经流转了若干手的持票人的票据权利无效没有任何法律依据。因为，首先，确认无效的申请人只能要求确认自己与相对人的交易行为无效，无权确认他人之间的交易无效；其次，基于银行承兑汇票本身的"无因性"，如果票据买卖以后被企业作为支付手段转让，就不能撤销先前的买卖

[①] "中华人民共和国最高人民法院民事判决书（1994）法经提字第1号"，载《最高人民法院公报》1995年第1期，第30页。最高院经提审后认为："……银行以其签发承兑汇票无合法商品交易基础且属受骗为由主张汇票无效，缺乏法律依据……进出口公司收到承兑汇票后，为实业公司支付了款项，故应认定进出口公司取得承兑汇票已付出相应对价，是承兑汇票的合法持有人。综上，原审法院的判决是错误的，故判决撤销原判，驳回甲银行的诉讼请求。"

行为,因为尽管"买进"不合法,但"卖出"(作为支付手段)是合法的。

针对全国近年来越来越多的买卖票据案件,江苏、浙江、山东等省高级法院纷纷出台关于审理票据纠纷的指导意见,均确认了民间买卖票据行为的不可撤销性。2014年8月21日,最高人民法院作出(2014)民二终字第17号判决,认为"双方当事人从事涉案商业汇票贴现、转让行为而引发,其交易的本质是民间借贷、融通资金活动",不能认定其行为无效,该判例还纳入了最高人民法院公告案例中,对下级人民法院审理案件有指导意义。

在买卖票据被追究刑事责任的司法实践中,河北赵某某买卖银行承兑汇票被判处有期徒刑2年,缓刑3年,开创了单纯以买卖承兑汇票行为构成"非法经营罪"并被追究刑事责任第一案。2010年,温州余某等7人因为买卖承兑汇票以及申请开票时提供了虚假发票,被以"骗取票据承兑罪"和"非法经营罪"两罪并处有期徒刑4年,开创了因开票时提供假发票被以"骗取票据承兑罪"追究刑事责任第一案。随后,无锡、宜兴、吴江等地法院均有按照非法经营罪追究买卖票据者刑事责任的判例,此后的一段时间内,江浙一带法院似乎已经形成一种共识,买卖票据就是"非法经营"。直到杭州林某买卖票据案件发酵后,浙江省请示到最高检,最高检作出批复后,情况才有了转机,浙江、福建等省检察机关基于最高检的批复,极少就单纯买卖票据的行为按照"非法经营罪"追究刑事责任。

但是,最高检政研室的"批复"仅仅是针对福建省的个案作出的,其他地区可以参照适用,也可以不适用。近一两年来,仍然有对单纯票据中介行为追究刑事责任的案例。①

四、完善相关立法之我见

第一,尽快以司法解释(或刑法修正案)方式对买卖承兑汇票的性质作

---

① 2016年,内蒙古乌海市法院对刘某等四名票据中介作有罪判决,免予刑事处罚;2017年11月22日,安阳市文峰区法院对票据中介齐某以非法经营罪判处有期徒刑1年4个月。

出界定,按照"罪刑法定"原则,在未立法前,不宜再对买卖承兑汇票以"非法经营罪"追究刑事责任。

首先,应当区分单纯收票自己用、个人贴现和票据中介的区别,如果个人贴现确有社会危害性,应当以法律方式界定其犯罪构成,追究刑事责任的数额(如违法所得额的起点,目前以非法经营罪追究刑事责任的所得额数额均是法院"自由把握"),用司法解释列举的方式列入"非法经营罪"中[①]。

其次,未立法前,不得再以"非法经营罪"追究买卖承兑汇票人的刑事责任。

我们赞赏最高检的做法,如果在票据贴现过程中涉嫌诈骗、伪造印章、发票构成犯罪的完全可以按照相关罪名追究刑事责任,而在"买卖票据未入刑"前,依据公安部经侦总局及银监会的"批复""函"追究买卖票据人的刑事责任是极端错误的。不仅是对"罪刑法定原则"的违背,也是对公民权利的侵害。

再次,纠正因申请开票提供的发票是虚假的,就以"骗取票据承兑罪"追究刑事责任的错误做法。

按《票据法》规定,汇票的"承兑"并不要求一定有基础法律关系(只要求有真实的委托关系和可靠的资金来源[②]),因为中国人民银行关于禁止承兑没有交易背景的通知,为商业银行设定了审查交易背景的义务,把部门规章(不是法律也不是行政法规)设定的义务作为追究刑事责任的基础是极端荒唐的。退一万步,即使提供假发票开出承兑汇票,也不存在"骗取银行承兑"的问题,一是不存在"非法骗取钱款的行为",到期出票人会付清票据款;二是不存在"隐瞒真相或制造假象"的问题,银行在开承兑汇票时对发票是虚假的应当是明知的(甚至是帮助伪造的),历史将证明,对"骗取票据承兑罪"

---

① 刑法关于"非法经营罪"的表现方式均采取列举方式,但并没有列举"买卖承兑汇票"。

② 《中华人民共和国票据法》第二十一条。

以"情节严重"(虚假手段申请承兑3次)就可以追究刑事责任的规定是极端错误的。在现行体制下,如果真的严格执行该司法解释,全国多半申请票据承兑的企业,几十万企业法人、财务人员会因为申请承兑时"提供的资料是虚假的"被追究刑事责任,而这些"法律和市场操作模式以及一般人道德判断存在天壤之别"的情况是令人匪夷所思的。

第二,民事立法方面应当尽快与国际接轨,取消票据的签发、转让必须有真实的交易关系等相关限制,确定票据的无因性原则。票据无因性原则是票据理论的基础,坚持票据无因性原则,强调票据基础关系与票据关系相分离,不仅是票据法理论界的共识,也是现代各国票据立法所采纳的准则。票据无因性已为世界各国及各地区的票据法和日内瓦统一票据法所认可,其在促进票据流通、保障交易安全方面起着至关重要的作用。我国《票据法》制定于20世纪90年代,带着浓厚的计划经济色彩,已经不适应以市场为导向的现今社会,取消票据的签发、取得和转让必须有交易背景的限制,促进流通是票据立法的必然趋势。

第三,加大授信制度方面的立法,用法律控制授信额度,防止信贷规模的虚增。例如确定商业银行对某关联企业的授信总余额不得超过该银行净值的一定百分比(不超过40%),确定保证金比例,防止信贷虚增和授信风险。

第四,规范票据流通、转让程序,设定市场准入制度,防止利用票据进行诈骗的现象再度发生。应当参照证券行业的做法,在银监部门的监管下,设立若干"票据交易中心",由专业人员提供验票、查询等相关服务,防止伪造、变造票据的流通;同时,设立规范的"票据中介"企业,规范收费标准和操作流程,签订规范的居间合同,禁止将票据款直接汇给中介,从制度上杜绝利用票据骗取钱财的可能。

第二章 票据业务中涉及的刑事罪名及案例分析

第一节 银行承兑汇票业务中涉嫌的罪名研究

2013年1月,福建省某市人民银行发现有几个个人账户每天的打出打进"流水"金额巨大(每个账户均有数千万)且每天都在持续,遂向该市公安局报案要求查处。2013年1月25日,该市公安局将某公司包括司机在内的9人刑事拘留。2013年4月,公安局以"非法经营罪"将张某等9人移送起诉至当地检察院。2013年9月,公安机关得知"买卖承兑汇票"行为检察院可能不起诉,又以该公司最后一笔贷款涉嫌"骗贷"（原因是贷款没有用于经营用途而是用来买卖汇票）为由，以"骗取贷款罪"移送起诉至当地检察院。

我们介入案件后向当地检察院说明了相关情况和法律规定，出具了法律意见书，当地检察院于 2014 年 11 月 17 日，对公安机关移送起诉的两个罪名作出（晋检刑不诉〔2014〕114 号）《不起诉决定书》。当事人又提起了行政诉讼和国家赔偿，要求赔偿违法羁押期间的损失。2015 年 2 月 5 日，当地公安机关在其官方微博上发布《案情通报》并分别以"伪造公文、印章罪""伪造增值税发票罪""逃税罪"和"隐匿、销毁会计账簿凭证罪"将张某、陈某刑事拘留。2015 年 3 月 13 日，该市检察院以"骗取票据承兑罪"将张某、陈某批准逮捕。

该案的事实就一个——买卖承兑汇票，因为公安机关的"穷追不舍"，使得"买卖汇票"行为涉及非法经营，骗取贷款，妨害信用卡管理，骗取票据承兑，伪造公文、印章，伪造虚开增值税专用发票，销毁会计凭证、会计账簿、账务报告，逃税等多个罪名。

一、非法经营罪

目前，市场上操作承兑汇票的模式有"买断型"和"中介型"两种模式。买断型是指个人或公司有一定的资金实力，自己出钱将票据买断，然后拿到银行贴现或再转卖给他人；中介型主要是自己没有资金实力，但却有"票友圈子""票源"以及"扣息较少的贴现途径"，往往是让买方将贴现款（大款）直接打给票据上背书的企业，然后从买方（或卖方）收取中介费（小款）。

第一种行为属于典型的"买卖票据"，而第二种行为是典型的"票据中介行为"。

非法经营罪侵犯的客体是市场秩序，为了保证限制买卖物品和进出口物品市场，国家对上述物品的经营实行许可证制度，如果未经许可擅自经营（限制经营的物品或服务）就构成本罪，其立法初衷是为了保护国家的经营许可制度和对国计民生有重大影响的物品、项目、服务的市场秩序。

毫无异议,"商业汇票"属于国家限制买卖(必须办理金融许可证)的产品。无金融经营许可证不得经营。

对于典型的"票据中介",我们认为根本不构成犯罪,因为票据中介只是一个中间人,并不是实际交易的双方。如同保险业务只能由保险公司经营一样,保险中介并没有经营许可前置审批,我们没有听说一个卖保险的"中介"构成非法经营罪。

对于典型的买卖票据行为,不能认定就是经营了票据买卖,因为在票据市场,所赚取的并不是"差价",而是"信息不对称"的信息费,买卖的主体也不在票据上背书,有些"过自己手",有些"不过自己手",只是打款通过了自己的账户。按照我国现行《票据法》规定,票据的转让应当"背书"并"交付",如果当事人既未背书,也未交付,是否也能认定转让(买卖)了票据呢？显然,最高人民检察院公诉厅认为"买卖银行承兑汇票是票据中介行为"是经过了一番考量并且有一定道理的。

即使买卖票据行为就是"倒卖"了国家限制经营的产品,在我国现行刑法(司法解释)未将买卖票据列入非法经营罪前,也不能认定其为犯罪。我国刑法确定了罪刑法定原则,而非法经营罪也是用司法解释的方式——列举,但并没有列举"买卖票据行为",即使买卖票据存在社会危害性,在买卖票据"未入刑"以前,按照刑法的"谦抑性"原则,也不能按照犯罪来处理。

对买卖票据按照非法经营罪追究刑事责任的最早发生在2009年的河北和安徽,河北和安徽公安机关对该行为是否构成犯罪"拿不准",向公安部经侦总局请示,经侦总局在征求了银监会的意见后,以内部《公函》的方式对两省进行了答复,认为属于"刑法修正案中的非法结算行为"。就因为这个《公函》,法院就按照非法经营罪判处了赵某有期徒刑,开创了"买卖票据有罪"的先河。

2010年1月,温州余某买卖票据案件爆发,在票据圈和当地引起轰动,温州市鹿城区法院一审判处余某有期徒刑4年,上诉以后,温州中院请示到省高院,省高院又请示到最高人民法院。最高法政研室的资深法官看完案卷后均表示"应当改判无罪"。最后，请示到最高院分管刑事的副院长手中，该副院长没有作正面答复，却认为"先请示后开庭不符合程序"，一推了之。浙江省高院与温州中院法官一头雾水，不知所措，最终该案以"维持原判"告终。

2013年5月，福建省宁德下属某市侦破王某利用承兑汇票诈骗案件（涉诉金额45亿元），将其后手（专门从事票据买卖业务）的陈某等7人（包括会计、司机等公司全体工作人员）刑事拘留。我们作为辩护人介入，向市公诉处说明了情况并提供了相关法律依据，宁德市检察院相当重视，召集检委会讨论该案并向福建省检察院请示，经向最高检请示，最高检政研室作出了"关于买卖银行承兑汇票行为如何适用法律问题的答复"（2013高检函字第58号），该批复认为"单纯买卖银行承兑汇票的行为，不宜按照非法经营罪追究刑事责任"，宁德市检察院在接到批复后即可作出《不起诉决定》，陈某等7人躲过一劫。

2014年11月17日，泉州某市检察院通过向省检察院请示，最终也作出了不起诉决定。

二、骗取贷款罪

"骗取贷款罪"是2006年6月29日《刑法修正案（六）》中新增加的一个罪名，与原来的"贷款诈骗罪"明显的区别是"不要求有非法占有的目的"，只要是贷款时提供了虚假的资料（包括假的证照、纳税证明、合同、会计报表等）或"改变了资金用途"，也就是存在所谓的"欺诈行为"且情节严重（上述行为3次以上），均可以构成该罪。

我们暂且不去评价该罪名设计是否合理，在票据中介行业中，只要有"贷款"，伪造（实际是复印）合同、会计报表、税务证明等资料用于贷款的行为普遍存在，"改变贷款用途"的情况更是司空见惯。如果对（从事票据中介行业的公司）每一笔贷款进行检查，估计没有一笔是正常的。

本案中，同时存在两方面问题，提供的资料虚假（报表、纳税证明等）和改变了资金用途(将购买货款的款项改为买卖票据之用)。单就法条来说,均属于"以欺骗手段取得银行或其他金融机构贷款"的行为。一般来说,如果到期不还"给银行造成损失的"构成该罪没有问题,在现实中,以买卖票据为业的公司"到期不归还银行贷款"的现象基本不存在,因此,不存在给银行造成损失问题,但"有其他严重情节"到底是什么,法律和司法解释并没有一个明确的说法。按照人大法工委副主任黄太云在《刑法修正案(六)》解读中的说法:虽然采取骗取手段取得银行贷款,但在案发以前或案发后将贷款偿还,不能认为是"情节严重"。

骗取贷款罪是情节犯,以"情节严重"为构成要件,因此,一旦有人追究,如果马上将银行贷款还掉(无论是否到期),就不构成"情节严重"。

相关票据中介业务的贷款过程中还有一个重要特征就是"不断循环贷款,相加起来数额巨大"。那么,"多次贷款,数额巨大"是否属于"情节严重呢"? 公安部的相关批复对该情节是否构成"情节严重"做了明确规定,公安部经侦局 2009 年 11 月 30 日作出了《关于骗取贷款罪和违法发放贷款罪立案追诉标准问题的批复》,明确表述通过持续"借新还旧"方式偿还贷款的行为不能简单地认为是"其他严重情节"。

本案中,因用于购买银行承兑汇票的贷款已经归还,不属于"有其他严重情节",不能按骗取贷款追究刑事责任。黄太云尽管是人大法工委副主任,但其发表的解读并不是"立法解释"或立法说明,仅仅是一个学理上的解释,泉州市检察院为慎重起见还是向福建省检察院进行了请示,因目前全国还没有"骗取手段取得贷款且已经归还"被追究刑事责任的先例,福建省检察院最终作出了"陈某的行为不构成骗取贷款罪"的批复。2014 年 11 月 17 日,该市人民检察院对陈某"提供虚假资料取得贷款和改变贷款用途"的行为作出了不起诉决定。

三、妨害信用卡管理罪

在侦查本案的过程中,因陈某的转账是通过几个亲戚的银行卡进行的,公安机关对所有的持卡人、银行卡主人进行了调查，最终因所有的银行卡均是卡主自己办理的，陈某等人所持有的所有的卡号加起来不足10张，公安机关并没有将该节事实以"妨害信用卡管理罪"移送起诉，但骗取、持有、使用他人借记卡的法律风险是客观存在的。

2014年12月至2015年1月30日，犯罪嫌疑人舒某、温某以每张100元至300元不等的报酬，在上海指使犯罪嫌疑人江某、童某、陈某、应某持他人身份证骗取银行借记卡，然后在网上向他人兜售谋利。其中，从舒某处收缴银行借记卡46张，温某骗取20余张；江某、童某、陈某、应某分别骗取20张、10张、5张和4张。2015年5月4日，上海市徐汇区公安局作出沪公（徐）诉字〔2015〕345号起诉意见书，要求以妨害信用卡管理罪追究舒某等人的刑事责任。

在票据中介行业中，为了防范风险，通常借用亲戚朋友的银行储蓄卡用来转账、打款，而且，为了不引起银行结算系统的注意（中国人民银行、公安机关和国家安全机关均有网监系统），一般每天用几张、十几张甚至几十张来分解每天几百万上千万的票据款。一般认为，仅仅是借用亲戚朋友的借记卡进行转账，并不违法，但现实是，如果持有他人借记卡且数额较大，不仅违法，甚至会构成犯罪。

实际上，本案（包括许多票据中介被查处）多是因为银监机关发现个人账户打款数额巨大且异常频繁，可能涉嫌"洗钱"向公安局机关报案要求查处的，这就使职业的"票据中介"陷入了两难之中，借记卡数量多了涉嫌犯罪，数量少了容易引起银行监管机构的注意，那么，如何是好呢？本文在后续章节中将专门讲述相关内容。

妨害信用卡管理罪是2005年2月28日全国人大常委会通过的《刑法修正案（五）》中增加的新罪名，其立法的背景是对于实践中出现的大量持有、运输、携带伪造的信用卡等行为，因没有直接规定为犯罪，如果要惩治这些行为，就只能按照伪造金融票证罪、信用卡诈骗罪的共同犯罪来定罪量刑。而要证明共同犯罪，就必须收集伪造者、诈骗者与持有者等有共同故意的相关证据,这在司法实践中存在相当大的难度,致使许多犯罪分子逃避了应有的刑事制裁。为了给打击这些犯罪提供依据,《刑法修正案(五)》出台了该罪名。

按照法条对该罪名的描述(《银行卡业务管理办法》第六十一条),非法持有他人信用卡,数量较大的行为(10张以上)就构成犯罪(该罪为行为犯,只要持有,不以造成后果为构成要件)。那么,纠结的问题可能还有一个,什么是"信用卡"?借记卡(储蓄卡)是否属于"信用卡"?

全国人民代表大会常务委员会2004年12月29日作出的,关于《中华人民共和国刑法》有关信用卡规定的解释是:"刑法规定的'信用卡',是指由商业银行或者其他金融机构发行的具有消费支付、信用贷款、转账结算、存取现金等全部功能或者部分功能的电子支付卡。"显然,刑法调整的信用卡包括"借记卡"(储蓄卡)。一般老百姓都知道,储蓄卡不能透支,不具备"信用"功能,而"法律是对道德的固定",为什么法律和一般人的理解和道德标准不一致呢?本案例中的舒某及其辩护人就持这种观点,拒不认罪。但是,法律就是法律,在被废除前司法机关必须遵照执行。舒某及其辩护人认为"借记卡不是信用卡"且拒不认罪的行为不仅无助于问题的解决,反而会误导被告人并导致被告人受到较重的刑事处罚。

2015年8月,徐汇区人民法院作出一审判决,以妨害信用卡管理罪判处舒某有期徒刑4年。

使用他人身份证、借记卡(无论是亲戚朋友的或是购买他人身份证、借记卡)用于结算票据贴现款的单位和个人,应当吸取本案的教训,谨记非法持有他人借记卡10张或者骗取银行借记卡(用他人身份证自己到银行去办卡)3张就构成犯罪。

四、骗取票据承兑罪

该罪源于2006年6月29日的刑法修正案。《刑法修正案(六)》第十条规定:"以欺骗手段取得银行或者其他金融机构贷款、票据承兑、信用证、保函等,给银行或者其他金融机构造成重大损失或者有其他严重情节的,处三年以下有期徒刑或者拘役,并处或者单处罚金;给银行或者其他金融机构造成特别重大损失或者有其他特别严重情节的,处三年以上七年以下有期徒刑,并处罚金。"对于如何理解该罪名中的"造成重大损失"或者"其他严重情节",新出台的最高人民检察院、公安部《关于公安机关管辖的刑事案件立案追诉标准的规定(二)》中有明确规定:"以欺骗手段取得贷款、票据承兑、信用证、保函等,数额在一百万元以上的应予立案追诉。"

最值得关注的是,该案并不是以"银行受到损失"为构成要件,而只是"以骗取手段取得"(情节严重,一般以3次以上为标准)就可以构成本罪。

在现行体制下,开具银行承兑汇票融资的交易背景基本上都是虚假的,包括提供的发票、合同和企业报表等,这种"造假"并不是企业的过错而是银行的要求,是银行要求企业(有时还指导和帮助企业)去造假(当然,这和现行法律和行政法规以及人民银行的要求有关,我们在此不去评价立法的价值取向和合理性),根本谈不上企业"骗取银行"的问题。一方提供保证金并支付一定的费用,另一方承兑,这原本就是一个民事法律关系,如果一方违约,按照"承兑合同"约定承担违约责任即可,但现行法律规定,如果开票时用的资料是虚假的,超过3次就有可能触犯刑律。

"骗取票据承兑罪",是以"给银行造成损失"和"其他严重情节"为条件,其中给银行造成损失自不必说,如果没有给银行造成损失,但"有其他严重情节的"也一样构成犯罪,这种严重情节包括提供虚假的纳税证明、增值税专用发票、合同等票据承兑时所需要的资料,只要超过3次,就可以认为是"情节严重"。

在该案中,因为张某、陈某利用虚假合同、发票、税务登记证和纳税证明申请开具银行承兑汇票的时间为2007年12月以前,超过了5年的追溯时效,我们向检察院出具法律意见书,要求检察机关作不起诉处理。但我们代理的其他案件作为被告人的"票贩子"就没有那么幸运了,无一例外地被追究刑事责任。

五、伪造公文、印章罪

这是两个传统的罪名,立法的目的是为了保护国家机关正常管理活动和信誉以及国家对公司印章的管理秩序,但是,在司法实践中,其被追究的范围被无限地放大了。首先,在开具(申请承兑)票据过程中,纳税证明、税务登记证、营业执照(收款人的)等应当由国家机关颁发的证照,很可能是开票企业为了方便(采取复印方式)伪造的,这就构成了"伪造公文罪"(尽管是复印件,但司法实践中一般按照有罪处理)。其次,在"收款人"是虚拟的情况下,为了票据流转方便,收款人的法人章和财务章也只能是"私刻"的,而在背书章"模糊"和"断线"等不符合要求的情况下,银行不予付款,找"背书不规范"的其中一个前手出具证明不仅"不远万里"而且"困难重重",于是"私刻"背书单位公章(用于出具证明)就成了许多持票人的选项。而所有这些,均构成"伪造公文、印章罪"。

一般来说,伪造的所谓"公文"通常是营业执照、税务登记证、纳税证明等国家机关颁发的证照、证明和文件。在司法实践中我们发现,即使提供的"伪造件"是复印件,如果已经达到了目的(达到了收款、背书等目的)也被认为是犯罪。因此,不能伪造国家机关颁发的证照、证明和文件。

伪造印章一般分为两类:一是国家机关的印章(在票据买卖行业很少),二是公司、企业的印章,最常见的有公司财务章、法人章和公章,其中尤以收款人单位"背书章"和在背书不符合要求需要出具证明时,伪造背书单位的公章最为普遍。但是,伪造虚拟公司的行为,按照刑法谦抑性原则,一般不认为是犯罪。

本案中,其余8个罪名均可能"不构成""不处罚",但唯有该罪可谓是"证据确实充分,事实清楚",因为在申请开具银行承兑汇票时,公司的税务登记证、纳税证明是通过复印方式伪造的(尽管伪造的是复印件),现行法律对伪造公文是否一定要"伪造原件"没有规定,在司法实践中一般认为,只要是伪造属于国家机关颁发的"公文"并且达到了目的,就构成本罪。我们查阅了国内相关判例,几乎全部追究了刑事责任,如果以伪造的"仅仅是复印件"抗辩,法院仅仅作为一个量刑情节予以考虑。

对于"背书模糊"需要背书单位出证明而该单位又不愿出证明的,持票人完全可以通过起诉银行和出票人来实现自己的权利①,没有必要去冒因私刻他人印章而承担刑事责任的风险。

六、伪造、虚开增值税专用发票罪

这两个罪都是传统罪名,包括伪造增值税专用发票罪和虚开增值税专用发票罪,以申请承兑、贴现时提供的增值税专用发票是真的还是变造的相区别。如果发票是真的,只要没有实际交易,涉嫌"虚开";如果发票本身就是假的,涉嫌"伪造"。这两个罪名原本和票据买卖没有什么关系,因为票据的承兑环节和贴现环节要求有真实的交易关系,银行要求提供增值税专用发票,导致了这两罪和票据的"承兑"及"贴现"环节有了密切的联系。

按照现行税法规定,开具增值税专用发票就意味着应当依法缴纳销项税,因此,在单纯地为融资而开具承兑汇票(或为贴现而提供)时,其增值税专用发票不可能是真的,否则就不符合市场交易的基本规则。前些年,在票据申请承兑(开票)和贴现时,其增值税专用发票(复印件)基本上是假的,是采取挖补、修改、复印方式制作的,基本上没有原件,但现在申请"承兑""贴现"时,不提供增值税专用发票原件去申请银行"承兑"和"贴现"已经没有可能。

所谓伪造,是指行为人仿照增值税专用发票的图案、色彩、形状、式样,包括发票所属的种类、各联用途、内容、版面排列、规格、使用范围等事项,使用印刷、复制、复印、描绘、拓印、蜡印、石印等方法,非法制造假增值税专用发票的行为。由于票据承兑过程和贴现过程要求提供增值税专用发票,因此,在票据承兑和贴现时,伪造增值税专用发票的情况司空见惯。

---

① 《中华人民共和国票据法》第十八条,票据利益返还请求权。

由于各地、各省、市、县商业银行的要求不同，有些银行仅仅要求"复印件"（审核原件），有些则要求必须提供原件，所以其涉嫌增值税专用发票犯罪的表现形式也不同，一种是提供发票复印件即可，所要解决的问题"复印增值税专用发票是否构成犯罪？"另一种是"增值税专用发票是原件"，其行为一定构成犯罪，所要解决的问题仅仅是何为"虚开"和"伪造"？

我们认为，仅仅是制作了虚假的增值税专用发票复印件，并不构成伪造增值税专用发票罪。从主观方面来说，复印虚假的增值税专用发票并不是追求"偷逃税款"，客观上也没有造成国家税收的损失，其目的仅仅是为了"符合银行办理承兑和贴现的要求"，而票据承兑、贴现"要存在基础交易关系"并不是法律对票据主体设定的义务，而是《支付结算办法》和中国人民银行的行政规章在法律之外为票据主体设定的义务，理论界对是否应当取消"提供合同和增值税专用发票"的争议很大。如果将申请承兑和贴现时发现的增值税专用发票都认定为"伪造增值税专用发票的犯罪行为"，我国商业银行的票据业务将无法进行。

从形式上说，既然是伪造，应当达到"能够使用并足以乱真"的程度。增值税专用发票的用途是"抵扣进项税款"，而且伪造的发票能够达到（至少是接近）其目的。而复印的发票本身就是黑白的，一眼就能够看出，根本不可能使用。因此，仅仅是复印增值税专用发票并仅仅是用于申请承兑和贴现，不能按照伪造增值税专用发票罪定罪。

另一种是提供的发票是原件（包括虚开的真票和伪造的真票）。目前各大国有商业银行在汇票业务中，无论是开票（承兑）还是贴现，要求必须提供增值税专用发票原件，这就迫使企业开票和贴现时一定要提供真实的发票，申请人作为专门从事票据中介且从来没有实体经营的企业。其"虚开"和"伪造"发票就成为必然。

所谓"虚开"增值税专用发票罪，是指在没有交易背景的情况下，虚开增值税专用发票，在被追究刑事责任时是否已经抵扣不影响罪名的成立。所谓"伪造",就是行为人仿照增值税专用发票的图案、色彩、形状、式样,包括发票所属的种类、各联用途、内容、版面排列、规格、使用范围等事项,使用印刷、复制、复印、描绘、拓印、蜡印、石印等方法,非法制造假增值税专用发票的行为。

对"虚开"和"伪造"增值税专用发票的,最高处10年以上有期徒刑或无期徒刑,而涉税金额达到50万元就构成"数额特别巨大",应当判处10年以上有期徒刑或无期徒刑。因票据业务的特殊性,可能"虚开""伪造"一张发票金额就超过50万元。

据我们了解,目前票据市场因"承兑"和"贴现"涉及增值税专用发票的做法有四种:一是"套用他人真票",就是将他人现金收入的发票、交易凭证再使用一遍,给被套用单位一定的利益,这样,发票、合同和交易都是真的,只是被"再利用了一次",因为不存在"伪造""虚开"问题,因此,我们认为不构成相关"涉嫌增值税专用发票犯罪",如果是其本身成为了一种"骗取的手段",应当按照目的行为定罪量刑;第二种方式为"先开后废",就是先把增值税专用发票开出来,去银行申请票据承兑或者贴现,等目的达到后,再将开出的发票"作废"。这种行为是否构成虚开增值税专用发票罪,理论界和司法实践过程中的争议很大,一种观点认为,既然是虚开罪,如果没有交易背景,一旦开出就构成本罪,不论是否抵扣,是否作废,该行为已经扰乱了国家对增值税管理的秩序,具有社会危害性,况且在客观上已经实现了"骗取票据承兑(或贴现)的目的"应当定罪处罚。而另一种观点认为,"虚开"罪在主观上要有骗取税款的故意,客观上造成了国家税款的损失,而且"发票作废"是很正常的事情,即使故意"先开后废"也很难查处,因此,应当由行政机关对其进行查处,不属于刑法调整的范围。我们同意后一种观点,目前,在全国范围内还没有看到为了票据业务"先开后废"被追究刑事责任的判例。第三种做法是"大头小尾",就是一张增值税专用发票分开来两次打印,其中"报税联"金额极小,几万或者几千元,而用于开票的"发票联"金额极大,数百万或上千万,开汇票需要多少金额就打多少金额,又称"阴阳发票"。此种行为属于标准的伪造增值税专用发票行为,在司法实践中,均按照"发票联"(而不是报税联)的金额定罪量刑。第四种是注册 3 个以上相关公司,循环开票,照章纳税,其特征类似于"福费廷"(信用证贴现)套现模式。这种方式我们认为虽不构成犯罪但存在被税务机关查处的风险。

本案中,由于张某、陈某伪造的仅仅是增值税专用发票"复印件",因此,检察机关并不认为构成该罪而起诉到法院。

七、销毁会计凭证、会计账簿、财务会计报告罪

所有以票据业务为主的公司,均有一个非常纠结的问题——是否建立会计制度?如何记账?如何做账?在接受司法、行政机关的调查时,是否应当提供相关的会计账簿、会计凭证和财务会计报告?

在本案中,公安经侦大队民警于 2013 年 1 月 5 日以涉嫌"销毁会计凭证、会计账簿、财务报告罪"进入公司办公地(犯罪现场),但并没有检获公示的会计凭证、会计账簿,搜查中只检获一本黑色封面笔记本,上面密密麻麻地记载着每天的收支状况,因该笔记本并非按照会计分录和记账规则记账,对公安机关来说无异于"天书",经深入调查发现,该公司确实没有会计账簿、会计凭证,对于公司用一本笔记本记账,是属于"没有账簿"还是未按规定记账?需要行政机关来认定。

本罪侵犯的客体是国家对会计档案的管理制度,保护的是公司的会计核算和会计账簿、财务会计报告管理制度。原本和买卖承兑汇票没有什么关系。但是,我们接触过的票据中介(或者以买卖承兑汇票为业的公司)大多没有建立完善的会计核算制度,也没有完整的会计凭证、会计账簿。究其原因:一是每日庞大的业务量使统计工作变得很难;二是对工商、税务稽查"天然的恐惧";三是对行政处罚和刑事处罚的恐惧。我们访问了多家业内公司,他们坦言,其最根本的原因其实是"贴现款收入"无法做账、入账。

贴息差价的实质是"利息收入",由于我国采取严格的金融管制,非金融

机构不得收取利息①,而从事票据贴现的公司主营业务就是利息收入,因此,票据从业公司要么不做账,要么做假账。

本罪是1999年12月25日通过的《中华人民共和国刑法修正案》第一条增加规定的新罪名。1997年《刑法》对虚报注册资本、虚假出资、提供虚假的财务会计报告以及中介组织及其人员提供虚假证明文件等直接做假账,严重破坏会计秩序的行为作为单独的犯罪作了规定,但对隐匿、故意销毁会计凭证、会计账簿、财务会计报告的违法行为则没有单独规定为犯罪。当时主要是考虑到隐匿、故意销毁会计凭证、会计账簿、财务会计报告行为本身很少体现为犯罪目的,一般情况下实施这种行为是为了掩盖犯罪事实、毁灭犯罪证据,或者是以此作为进行某种犯罪的手段,如《刑法》第二百零一条规定的偷税罪就是纳税人采取伪造、变造、隐匿、擅自销毁账簿、记账凭证,在账簿上多列支出或者不列、少列收入,经税务机关通知申报而拒不申报或者进行虚假的纳税申报的手段,达到不缴或者少缴应纳税款的偷税目的。其他如骗取出口退税罪、贷款诈骗罪、侵占罪、贪污罪、私分国有资产罪、挪用资金罪、挪用公款罪等,为了掩盖罪行,逃避法律追究,通常都会隐匿、销毁相关的会计资料,因此未对此种行为单独作为犯罪加以规定。随着社会主义市场经济的发展和各项改革的不断深入;会计工作在加强经济管理、提高经济效益、维护社会主义市场经济秩序、实现国家强化宏观经济调控的目标等方面的特殊作用也显得越来越重要。而在近年来的实践中,隐匿、销毁会计凭证、会计账簿、财务会计报告的行为频频发生,有些单位为了小团体的利益弄虚作假,有的甚至直接从事某些经济犯罪活动,但当有关部门监督检查时,不但不积极予以配合,而且将有关的会计资料转移、隐藏起来,拒不接受监督检查,更有甚者,直接将会计资料予以销毁,严重影响执法活动。为了

---

① 我国现行法律对非金融机构的公司之间借款,一律认定无效,对利息收入不予保护。最高院最新出台的司法解释虽然放宽了对民间借贷的限制,但企业间的借贷仅仅作了企业间同行拆借资金予以保护的规定,2015年9月1日实施。

维护国家利益、公众利益和社会经济秩序,严厉打击隐匿、销毁会计资料的违法行为,《刑法修正案》第一条规定,在《刑法》第一百六十二条后增加一条,作为第一百六十二条之一:"隐匿或者故意销毁依法应当保存的会计凭证、会计账簿、财务会计报告,情节严重的,处五年以下有期徒刑或者拘役,并处或者单处2万元以上20万元以下罚金。""单位犯前款罪的,对单位判处罚金,并对其直接负责的主管人员和其他直接责任人员,依照前款的规定处罚。"

但是,如果经营主体是小规模纳税人乃至个体户,可以没有会计账簿,税款可以由税务机关按照同行业、同规模企业核定,如果是一般纳税人,应当有会计账簿、会计凭证。如果没有,相关管理机关可以责令补齐,并进行行政处罚(2万元以下的罚款,吊销会计人员执业证),鉴于刑法的"谦抑性原则",目前我国法律对不设会计账簿并没有规定刑事责任。

本案中,张某、陈某的公司因为根本没有会计账簿、会计凭证和财务会计报告,当然也就不存在隐匿、销毁问题,至于流水账是否属于"建立了会计制度"以及财务制度不健全如何处罚,显然不是刑法调整的范围,因此,当地检察院未就该罪名移送起诉。

八、逃税罪

逃税罪是指纳税人采取欺骗、隐瞒手段进行虚假纳税申报或者不申报,逃避缴纳税款数额较大的行为。从目前民间票据活动的情况看,从事票据中介业务的不乏大型公司和管理相当规范的公司,他们也想依法纳税并为此进行了不懈的努力。例如,采取"保理合同"方式使得贴现利息(变成保理费)收入合法化。其主要操作方法是,成立一家保理公司,从事"收购企业应收款"业务,用银行承兑汇票质押,在约定的时间内不能收到应收款,保理公司就可以取得承兑汇票的处分权,将票据出售变现,这种操作模式除了不用向贴现银行提供增值税专用发票外,还有一个可取之处就是取得的贴现利息以"保理费用"的名义入账,然后照章纳税,不涉及"逃税"问题。

但是这种模式也存在问题:一是需要来"送票"的企业提供"存在有应收款"的凭证(包括合同、送货单等),并将所谓的应收款转让给自己,而这些所谓的"应收款""交易合同送货单"均是虚假的,是收票企业(保理公司)要求票据转让人自己制作的(还有些保理公司为了方便客户,干脆自己注册"包装户"制作虚假资料交给贴现银行)。目前,我国法律对买卖双方串通虚构交易背景处置国家限制经营的产品、项目尚没有规定刑事责任,但一定会有行政责任,只要是有人举报,相关行政机关就会立案查处(本文会在相关文章里专题讨论这个问题)。二是通过"质押"取得票据权利可能无效,票据出质人通过诉讼主张"受让票据行为无效"可能会得到法院的支持。我国《票据法》明确规定,票据的质押应当在票据上记载,没有记载的,不能认定为"票据质押",而在现实操作过程中,企业、个人之间通过质押方式转让票据几乎没有在票据上记载"质押"字样的(因为票据一旦质押就不能再转让,大部分企业都不会将票据一直保管到票据到期,而是尽快将票据转让出去)。《担保法》第七十五条规定:"汇票、支票、本票……可以质押"。《票据法》第三十五条第二款规定:"汇票可以设定质押,质押时应当以背书记载'质押'字样。被背书人依法实现其质权,可以行使票据权利。"因此,保理公司实现质权的条件有两个:一是主债务到期出质人没有还款(应收款不能回收,一般以取得票据为目的的保理合同,还款期或收款期的约定很短,也没有办理债权到期催收与债务人无法还款的手续),质权人保理公司就将票据处置了(实际上当天就拿到银行贴现了),票据质押属于"远期权利"质押,这里还涉及其付款日可能是半年以后,当日能否处分票据、如何处分问题。票据权利包括付款请求权和追索权,而"付款请求权"要等票据到期的半年以后,那么,保理公司有无权利采取"民间贴现"或直接向银行贴现的方式取得票据款实现质权?

我们认为不能。未到期的票据拿到银行去申请贴现并取得现金,其性质属于"票据质押贷款"①,而在"保理法律关系"中,票据本身就是通过质押

----

① 《贷款通则》将票据贴现界定为贷款的一个种类,并非转让票据的行为。

取得,如果保理公司申请贴现属于"再质押",除非双方有约定,这种"再质押"行为无论在票据法意义上还是在传统的担保法意义上均"无效"。因此,通过这种商业操作模式来解决"纳税的合法化"问题还可以,但要解决增值税专用发票问题以及票据权利的取得合法化问题,其本身的合法性就值得商榷。

因为法律禁止"融资性票据",票据贴现仅仅是金融机构的特权,"贴息差"属于"利息"的范畴,非金融机构不可能有这种收入,因此,利息收入在会计记账上都没有办法处理,又如何纳税申报?

事实上,绝大多数以票据业务为主营的准金融公司根本就想"依法纳税"只是苦于"报国无门",并对于赚取的"利息差"部分没有纳税而惶惶不可终日。

逃税罪是《刑法修正案(七)》新修改的一个罪名,其定义是:"纳税人采取欺骗、隐瞒手段进行虚假纳税申报或者不申报,逃避缴纳税款数额较大并且占应纳税额百分之十以上的,处三年以下有期徒刑或者拘役,并处罚金;数额巨大并且占应纳税额百分之三十以上的,处三年以上七年以下有期徒刑,并处罚金。扣缴义务人采取前款所列手段,不缴或者少缴已扣、已收税款,数额较大的,依照前款的规定处罚。对多次实施前两款行为,未经处理的,按照累计数额计算。有第一款行为,经税务机关依法下达追缴通知后,补缴应纳税款,缴纳滞纳金,已受行政处罚的,不予追究刑事责任;但是,五年内因逃避缴纳税款受过刑事处罚或者被税务机关给予二次以上行政处罚的除外。"这其中,最令人欣慰的就是引入了"刑事免责宽宥权"理论。上述修改开创了刑事立法上入罪与去罪相结合的先例,即使行为已构成犯罪,只要行为人满足了法律规定的条件,就不予追究其刑事责任。这是法律给纳税义务人的一种宽宥,不是恩赐,比起原有的偷税漏税罪更加科学合理。因为纳税义务人是否应当纳税?是否逃税?逃税多少的认定是行政(税务机关)的权力,在税务机关没有稽查和认定并依法追缴、行政处罚以前,是否"逃税"(有税务机关的"追"才会有纳税义务人的"逃")和数额多少是不确定的,

因此,行政查处的前置程序是科学合理的。

既然纳税义务人有"刑事免责宽宥权",如果税务稽查确定应当补交税款,就应当积极地补交并接受行政处罚,以免承担刑事责任。

本案中,因为追究"逃税罪"的行政前置程序,公安机关将相关案情资料移送到当地税务机关,税务机关因张某、陈某用于申请开票和贴现的公司均没有办理税务登记证,尚不是纳税主体,因此,向其法定代表人发送了《限期整改通知书》,要求办理税务登记证和申报纳税,而该公司法定代表人因涉嫌犯罪被羁押,当时使用的印章等资料已经丢失,无法按照税务机关的要求办理。

九、诈骗罪、挪用资金罪及侵占罪

2014年5月,湖南某钢铁公司(以下简称"湖南公司")开出4张金额均为500万元的银行承兑汇票试图到民间市场贴现,湖南公司财务人员通过电话联系并寻找到江苏某制衣公司(以下简称"江苏公司"),江苏公司法人张某称可以帮其贴现且贴现扣息"点数"较低,双方电话达成协议后,湖南公司财务人员带票赶赴江苏常州,与江苏公司法定代表人张某接洽,商定票据贴现具体事宜。

同年5月13日,江苏公司将湖南公司的票据拿到银行贴现并于当日打给湖南公司1 000万元,其余970余万元未打(后经警方调查,余款均被挪用并归还个人或公司合法借款)。2014年5月,湖南某市公安局以"诈骗罪"立案,并将张某等4人抓获,追回赃款赃物200余万元,其余已经无法追回。

本案的问题有三个:一是打回部分贴现款是刑事案件还是民事纠纷?二是如果构成犯罪是"诈骗罪""挪用资金罪"还是"侵占罪"?三是该案能否再通过民事诉讼方式救济?如何救济?

诈骗罪是指以非法占有为目的,用虚构事实或者隐瞒真相的方法,骗取数额较大的公私财物的行为。

本案中,江苏公司法人主观上没有非法占有贴现款的故意(但有"挪用并归还对他人的欠款"的故意),客观上也没有虚构"能够贴现成现金"的事实,在票据贴现后,故意扣押了其中的970万元贴现款用于偿还对他人的欠款。

问题是,该案件发生后,湖南公司为了尽快追回剩余的票据款,主动与江苏公司签订了还款协议并接受了江苏公司的"欠条",也就是说,对于未支付的970万元贴现款,江苏公司也"没有非法占有的故意",他是愿意归还并且湖南公司也同意他的暂时挪用行为。

"贴现"本身也是湖南公司主动找到江苏公司并承诺"愿意承担风险"的,其财务人员对于票据民间贴现风险明知的情况下,为了追求高利润铤而走险。

既然客观上没有"虚构或伪造事实"(湖南公司对贴现制作的虚假交易背景去贴现是明知的),主观上也没有非法占用的故意(只是挪用部分票据款偿还自己合法债务),"诈骗罪"就值得质疑!

湖南公司深知,如果不能以"刑事立案"方式追缴赃款,剩余的贴现款几乎没有可能收回。湖南公司在江苏当地无法立案的情况下,找到湖南当地市委领导,当地公安机关违反刑事诉讼管辖规定,在当地立案并将相关人员从江苏抓捕带回湖南羁押。

2015年8月,经两次转换级别管辖和两次退侦后,湖南某市检察院无奈以"诈骗罪"起诉并要求判处被告人无期徒刑。

我们认为,按诈骗罪追究张某的刑事责任证据不足,首先是"以非法占有为目的"的主观故意很难证明。张某拒不认罪(同案的其他人也不认罪),一口咬定没有想占有湖南公司的钱,只是"暂时挪用一下,打算归还",实际上,张某的公司还确实有偿还能力(有对外的债权200万元和近300万元的厂房、设备)。案发后,张某还委托律师将其工厂的服装以100万元的价格抵债给了湖南公司,湖南公司据此书写了"刑事谅解书"并要求法院对其从轻处罚(以期尽快回归社会,归还其剩余的票据款)。客观上,存在一个委托张某去贴现的问题(即张某对票据曾经具有"合法占有并处分的权利"),不存在"瞒着湖南公司擅自、非法将别人的东西卖掉"的行为。只是张某在合法占有票据款后,因工人工资未发、高利贷催债人催债,将特定的"用于归还票据权利人"特定用途的部分钱款挪作他用①,尽管张某不是湖南公司的职工,但基于"委托贴现并将贴现款打入自己账户"的协议,张某挪用该贴现款时,被挪用款项实际上是处于"合法占有"的状态。本案关键的问题是"最后未归还部分"的性质,是"占有"?"挪用"?"经催要不还?"还是"已经同意日后归还"?那么,按照认定的性质,也分别是"诈骗""挪用资金""侵占"和"民事纠纷"。按照"疑罪从无"的原则,我们认为,张某没有诈骗、挪用的行为,其行为充其量不过是"经催要不还",属于侵占。而"侵占罪"为亲告罪,告诉才处理,不属于检察机关公诉的范围,因此,应当认定张某"无罪"。

值得关注的是,近年来,此类"帮助贴现打回部分贴现款"的情况极为普遍,本案的被告人张某之所以帮助湖南公司贴现并挪用贴现款,源于江苏某律师事务所律师告知他"如果打回一半以上的贴现款就不构成犯罪,属民事纠纷,江苏公安不予立案"的解释。我们走访了江苏省公安厅,该省公安机关从来没有"贴现款超过一半就不构成犯罪"的规定和说法,浙江、山东、福建等票据业务发达城市的公安机关也没有此类规定,与张某共事的其他人,同样也因"打回部分贴现款余款未打",已经被常熟市检察院以诈骗罪起诉至常熟市中级人民法院。我们查阅了全国此类案件的判例,只要是追究刑事责任的,基本上都做了有罪判决,只是罪名不同而已,对于那些根本没有偿还能力,以非法占有为目的骗取他人贴现款用于赌博、挥霍的,一旦认定为"诈骗",刑期将会超过10年。

十、非法集资罪、非法吸收公众存款罪

2013年2月至2014年5月,江苏许某因其后手张某称能够给付1分的

---

① 2015年4月,江苏太仓市周某代理单位向他人收取汇票,专卖后将票据款用于赌博和偿还他人借款,太仓市人民法院以挪用资金罪判处周某有期徒刑4年。

利息,开始向社会上不特定多数人收取银行承兑汇票,采取"利息付清,本金打条"的方式向他人融资。因利息较高,徐某本人也"比较厚道",很快扩大了经营规模。因其"后手"张某本身就是"低进高出",只是为了"积累信用"以便骗取更多的资金,当张某对许某的债权高达5 000万元时卷款逃逸。届时,许某共欠他人票据款3 000余万元,经多方筹措,许某仍拖欠他人2 000万元无力偿还,许某无法抵挡债权人的追讨,于2013年12月赶赴尼日利亚避债。2014年2月,公安部通过外交途径将许某引渡回国(这也是我国首批从非洲引渡罪犯回国),2014年8月,江苏某市人民检察院以"诈骗罪"向人民法院提起公诉,2015年2月,江苏某市人民法院以"非法吸收公众存款罪"判处许某有期徒刑4年,一审判决后,许某没有提起上诉。

目前票据市场上这种现象非常普遍,一是追求高利率,谁给的"点数高"就找谁贴现;二是熟人就可以"隔天打款"(违背先款后票的"做票规则")。其结果往往是"一单生意,几年白忙",有些票据中介因碰到前手资金断裂甚至是一蹶不振,倾家荡产,债台高筑。

综观近年来我国发生的票据大案,一个共同特征就是"熟人诈骗",其表现方式为:利率较高,收票人很少赚钱甚至不赚钱①;隔天(或隔数天)打款,但利息当天必须打给你;高进低出,根本就是在"亏本经营";其资金运作为"拆东墙补西墙",短期内在当地做大。

这种现象的普遍存在有其深层次的原因。对持有票源的"散户"中介来说,其秉承的理念是利益的最大化,谁贴现扣息低就到谁那儿贴现(和是否朋友没有关系)。而"隔天打款"和"先付利息,本金打条"更是迎合了散户们追求高利息的心理,认为我已经赚钱了,本金归还是迟早的事,在不知不觉中已经进入了"本金债权早已没有保障"的圈套之中。对收票人来说,往往想在当地垄断票源,把规模做大,占领更大的市场以便谋取更大的利润。但

---

① 江苏淮安楚州区周某被追究刑事责任,其在为朋友贴现时,不赚利息,100万元汇票给100万元现金。

是,这是一条不归路,往往是还没有垄断市场就"壮志未酬身先死",因资金链断裂而身陷牢笼。近年来,几乎所有的票据案件都跳不出这个怪圈。

本案中,许某在主观上没有非法占有的故意,客观上也没有实施骗取他人财物的行为,是因为后手张某"跑路",资金链断裂才导致的无法偿还债务。如果许某不"跑路"应当也没有刑事责任,正是因为出逃尼日利亚才导致众多受害人报案,此后,被骗受害人多次到县、市两级政府上访,当地领导不堪当地众多的融资被骗案件,责令当地公安机关对许某穷追不舍,不惜跨国追踪。

对许某定性为"违法吸收公众存款罪"还是比较客观、准确的,因为票据"贴现"的性质本身就是"贷款",为他人贴现就是吸收存款,至于其他法院就同一性质的案件按照"非法集资罪"定罪就值得商榷了,因为票据不是资金,仅仅是一种财产权利(半年以后的期权),代表的是一种对特定人(承兑人、出票人)的请求权,包括付款请求权和追索权,这些权利还存在不能实现的风险,并不是资金。为特定多数人办理贴现,没有支付贴现款就属于"非法集资",无论在学理上还是在务实上均说不通。

第二节 商业承兑汇票业务中涉嫌的罪名研究

一、票据诈骗罪、徇私舞弊造成亏损罪

2015年1月5日,上海某公司以自己的关联公司为收款人,开出10张商业承兑汇票,金额均为5 000万元,总价值5亿元。票据开出后,通过某票据中介找到内蒙古某村镇银行(以下简称"内蒙村镇行"),称该商业承兑汇票将由江苏某商业银行(以下简称"江苏商行")担保并出具保函。贴现后还可以找其他商业银行转贴现。随后,上海公司工作人员带着内蒙村镇行工作人员、票据中介到湖南商行营业部,由湖南商行营业部副主任某甲亲自制

作了"银行保函"(主要内容是对该批票据的出票人付款承担担保责任)并加盖了票据业务专用章。随后,三人携带票据、保函赶赴浙江某商业银行(以下简称"浙江商行")。浙江商行看了相关资料后同意转贴现但要求在其前手必须有两家以上商业银行的"过桥背书"。上海公司、票据中介遂找到甲、乙两家商业银行票据部,要求过桥背书。因有丰厚的利润,两家商业银行均同意过桥背书。随后,各方签订了相关合同,浙江商行将贴现款通过两个过桥行打给内蒙村镇行,内蒙村镇行让票据中介控制的"包装户"背书两手,将中介费汇到包装户账户,将贴现款直接汇入上海公司账户。

2015年5月,上海公司又以同样方式开出商业承兑汇票6亿元,依然是由湖南商业银行出具保函到浙江商行转贴现。浙江商行这才感觉事情"蹊跷"并向湖南商行查询,湖南商行工作人员立刻向银行领导作了汇报,银行领导大惊,对"本行对5亿元商业承兑提供担保事宜"闻所未闻,马上到当地警方报案,要求立案查处。

经初步核实,湖南商业银行出具的《银行保函》上的"票据业务专用章"系营业部副主任某甲伪造,保函也没有按照法定的形式和内容填写。因第一批票据将要到期,上海公司打算再做一笔业务并偿还第一批的票据款,循环贴现,最终达到"不能支付是因为资金链断裂,没有刑事责任并侵吞巨额资金"的目的。

事件远远没有结束。2015年6月5日,票据到期。浙江商行通过上海公司的开户行向其提示付款,开户行出具"退票理由书"并告知"该公司1年没有任何营业收入,账户没有资金",浙江银行向当地公安机关报案,要求对该事件立案侦查。

本案涉及如下三个法律问题:一是刑事责任的主体是否涉及湖南银行、浙江商行、内蒙村镇银行、两个过桥背书的商业银行以及票据中介?二是湖南商业银行是否应当承担保证责任?如果承担责任,什么人应当承担什么罪名?三是内蒙村镇银行是否存在刑事责任?

(1)上海公司相关人员以及与该公司串通"骗取他人票据款"的湖南

商业银行某甲构成票据诈骗罪。按照法律规定,属于数额特别巨大,如果票据款无法追回,应当会被判处无期徒刑。上海公司及其关联公司、湖南商业银行不构成单位犯罪,因为"单位"仅仅是犯罪嫌疑人用于犯罪的一个工具。浙江商行、过桥银行以及票据中介主观上没有"共同犯罪的故意",客观上也没有实施"共同的骗取票据款的行为",不构成票据诈骗罪。

(2) 湖南商行不应当承担保证责任。有一种观点认为,尽管印章是某甲伪造的,但合同签订地是在银行,某甲的身份是营业部副主任,"足以使人误认",因此构成"表见代理",银行应当承担保证责任。我们认为,印章的真伪是本案的关键,如果印章是真实的,无论保函是否符合法定形式要件、是否符合银行本身保函管理的法定程序,均构成表见代理,银行应承担保证责任。但本案的印章是某甲自己伪造的,按照"被伪造人不承担法律责任"的原则[①],湖南商行不应当承担责任。但是,如果印章是真实的,银行应当承担保证责任,按照修订后的《刑法》第三百九十七条规定,将玩忽职守罪的主体从"国家工作人员"改为"国家机关工作人员"。因此,如果给银行造成巨大损失,不构成玩忽职守罪而构成"徇私舞弊造成亏损罪"[②],湖南商行的印章管理人员和主要责任人难辞其咎。

(3) 内蒙村镇银行工作人员和主要负责人应当承担"徇私舞弊造成亏损罪"的刑事责任。本案中,上海公司能够诈骗成功的关键就是内蒙村镇银行对商业承兑票据业务的无知。虽然在形式上看是浙江商行受到损失,但由于前手背书了两家商业银行(过桥行),浙江商行在不能收到票据款时,完全可以向前手追索,而两家商业银行对5亿元还是有偿还能力的。第一手过桥行可以向内蒙村镇银行追索,虽然村镇银行实力不够雄厚,5亿元也能够

[①] 《最高人民法院关于审理票据纠纷案件若干问题的规定》第六十七条规定:"依照票据法第十四条、第一百零三条、第一百零四条的规定,伪造、变造票据者除应当依法承担刑事、行政责任外,给他人造成损失的,还应当承担民事赔偿责任。被伪造签章者不承担票据责任。"

[②] 山东省青岛市中级人民法院(1996)青刑初字第242号判决。

偿还,但严重的是,村镇银行的前手没有一家具有偿还能力(上海公司及其关联公司均是空壳,背书的票据中介控制的两个"包装户"公司也无偿还能力),因此,村镇银行的工作人员和主要负责人一定会承担相应的刑事责任。

二、贪污罪、职务侵占罪

2009年9月,江西省某商业银行工作人员何某,因涉嫌贪污被检察机关刑事拘留。何某从2005年开始,利用其在银行工作之便,把到银行申请贴现的客户擅自介绍给其同伙——倒卖票据的胡某,由胡某按照承兑汇票的到期时间长短贴现给持票人。两人合伙赚取贴息差价。4年中,涉案票据金额3亿多元,共赚取利润60余万元。2009年9月2日,因同事揭发被检察机关传唤,次日,由检察机关决定对两人刑事拘留。

本案涉及五个法律问题:一是利用职务之便"谋取私利"是否包括"将申请到本行贴现的票据介绍给别人"?二是将申请到本行贴现的票据介绍出去是否损害本银行利益?三是贴息差价是否属于"公共财产"?四是贪污的数额如何认定?五是本案是"贪污罪"还是"职务侵占罪"?

(1)将申请本行贴现的汇票介绍给别人属于"利用职务之便谋取私利"的职务行为。

作为商业银行专门负责票据贴现的工作人员。其主要职责就是受理、审查和办理票据贴现。其中,受理是其法定的首要职责。持票人一般首先是通过银行的窗口去申请贴现,而何某将申请人介绍给别人是利用了"在银行窗口受理"这一职务便利条件。因此,应当认定为利用职务之便。

(2)将申请本行承兑的票据介绍给别人损害了本银行利益。

将未到期的银行承兑汇票贴现,银行有两方面利益:一是增加贴现利息;二是完成票据业务量,增加揽存。而存款量的增加又促进了贷款总量的增加,存贷差的增加,从而增加银行利润。何某将原本到本行贴现的票据介绍给他人,无疑减少了本银行的上述两方面收益,损害了本银行利益。

(3) 贴息差价不属于"公共财产",而是银行"可得利益的减少"。

何某与胡某共同将本银行可得的贴现票据转让给他人而谋取利益,其侵害的是本银行的"可得利益"而不是"公共财产"。因为所谓"公共财产"是国家或国有企业已经实际占用的财产而不是"可期待利益"。在刑事诉讼中,对贪污罪的"犯罪对象——公共财产"应当作"严格解释"而不能任意扩大其范围,这是"疑罪从无"的基本理念所决定的。因此,贴息差价不能等同于"公共财产"。

(4) 贪污的数额应当是实际占用的数额而不是银行实际损失的数额。

按照我国《刑法》对贪污罪关于对数额的规定,是"非法占有"的数额而不是损失的数额。本案中,银行因两人行为损失的数额包括两个方面[如(2)所述],因为银行的信贷职能,实际损失会远大于两人倒卖票据所获得的收益。但是,既然是"非法占用"就应当按照"占用"的数额来认定。最高人民法院 1993 年 12 月《关于贪污、挪用公款所生利息是否计入贪污、挪用公款数额问题的批复》对数额问题也作出了限制性的解释,因为本案本身损失的就是利息,因此,我们认为,应当按照实际取得的数额来定罪量刑。

(5) 本案认定为"职务侵占"更符合案件的特征。

从本案主体上说,何某是商业银行职员,不属于"国家工作人员"或"受委托管理、经营国家财产的人员"。而该商业银行已经上市,其他所有制形式股权比例超过 50%,不属于"国有企业",而银行的资产也不能界定为"国用资产"。因此,无论是主体上还是客体上,更符合"公司职员利用职务之便侵犯公司财产"的特征。

关于本案中 60 余万元的利息差异收益的合法性问题。我们认为,倒卖票据取得的收益违反国家相关金融法规,其收入是非法的,在本案中应当返还银行。如果没有受害人,应当予以没收。关于民间买卖银行承兑汇票的合法性问题,学术界有一种说法,要求修改立法,允许民间买卖票据。但在目前,国务院 1997 年关于取缔非法金融活动办法中,将未经中国人民银行批准的票据贴现活动界定为"非法金融活动"(尽管我国目前实际存在着一个庞大的民间买卖票据市场)。我们预见《票据法》修改可能会允许民间买卖票据,但肯定会设定一些限制条件(如我国台湾地区的票据必须在承兑以后,在票据交易场所才能交易)。

在本案中,无论买卖取得票据及利息是否合法,因为其前提是损害了本银行的利益,因此,不影响罪名的成立。

三、合同诈骗罪

2015年2月9日,浙江某公司对自己的另一家子公司开出12张商业承兑汇票,每张金额5 000万元,共计6亿元人民币,浙江公司注册资金5 000万元,年销售收入从未超过100万元,一般来说,开商业承兑汇票的金额不超过销售收入的30%,也就是说,该公司开具商业承兑汇票一次不超过30万元才算正常。

票据开出后,出票人与上海某集团公司签订了《担保合同》,其主要内容是上海某集团公司对出票人承担保证责任,但保证的期限约定为合同签订后6个月。浙江公司持商业汇票、担保合同找到某票据中介,某中介又找到"出资银行"(转贴行)四川某商业银行,四川银行看到担保合同后对上海某上市公司进行了调查,发现其实力雄厚,答应为其转贴,但要求直贴行必须为商业银行(村镇银行除外)。票据中介找到某市商业银行,该商业银行法务在审查资料时发现了《担保合同》中"担保期为合同签订之日6个月"的条款,经请示领导后向当地公安机关报案,要求查处浙江公司和上海某集团公司的票据诈骗行为。

公安机关经调查认为,《担保合同》约定的期限仅仅到提示付款期不构成诈骗,合同是否有效是民事纠纷,告知某市商业银行不予立案,因该案浙江公司的商业承兑汇票未能在该行贴现,也未提起民事诉讼。

该案涉及的法律问题有两个:本案到底是票据诈骗还是合同诈骗?浙江公司和上海某集团公司的行为是否已经构成犯罪?

首先,我们认为该案是合同诈骗而不是票据诈骗。该商业承兑汇票是浙江公司付给自己子公司的货款(至少形式上是这样),如果该 6 亿元的票据不再流通,一旦交付就完成了历史使命,对浙江公司来说毫无意义。如果"出票"就是诈骗的话,浙江公司对自己子公司开具虚假的商业承兑汇票,岂不成了"自己骗自己",于理不通。综观全案,浙江公司开出虚假的商业承兑汇票就是为了流通,而流通的主要载体不是票据而是《担保合同》以及担保人的强大经济实力,银行之所以同意贴现,是因为有上海集团公司的担保。而上海集团公司在签订合同时就明知"自己不用承担担保责任"(因为该商业承兑汇票 6 个月后才到付款期,持票人向出票人提示付款被退回后才能够向担保人主张权利,而这时,约定的担保期限已经超过),签订合同的目的就是"诈骗不特定的人购买票据上的债权",为根本没有支付保障的商业承兑汇票买单。而且,如果担保合同有效,最终取得票据款的途径可能是基于"合同"从集团公司取得而不是基于"票据"从出票人(营业收入不足百万)处取得。因此,我们认为该案属于"合同诈骗"。

其次,浙江公司和上海某集团公司的相关人员已经构成犯罪并应当追究刑事责任。行为人利用虚假的合同(通过约定担保期掩人耳目,巧妙规避了担保责任)骗取他人财物并已经着手实施了犯罪,开出没有支付能力的票据,签订虚假合同,找相关人员洽谈。因为被骗人"发觉"才导致没有实现目的,属于犯罪未遂。

最高人民法院《关于审理诈骗案件具体应用法律的若干问题的解释》第一条规定:已经着手实行诈骗行为,只是由于行为人意志以外的原因而未获取财物的,是诈骗未遂。诈骗未遂,情节严重的,也应当定罪并依法处罚。本案涉案金额高达 6 亿元人民币,如果公安机关不查处并收缴相关票据,浙江公司有可能再去骗其他人。我们认为,当地公安机关的做法有待商榷,如果不立案也应当将案件移送中国人民银行,由中国人民银行收缴该批没有资金保证的票据并依据《票据实施管理办法》对浙江公司进行处罚。

第三章　票据业务中的行政责任

第一节　出票人违规开票的行政责任

1. 案情简介

2007年年初,因资金周转困难,浙江某科技公司(以下简称"浙江公司")通过其控股子公司虚构贸易背景开具银行承兑汇票进行融资。截至2007年12月31日票据到期,尚有5 200万元(无真实贸易背景的承兑汇票)的"敞口"未付给承兑银行,直至2008年3月10日,才将全部票据款付清,票据到期时,承兑人已经完成对上述票据持有人的付款。

2012年,浙江公司拟跨入创业板大门,预计发行不超过2950万股,占发行后1.18亿股总股本的25%,募集资金将用于芯片研究等项目,预计总投资4.5亿元。上市之前,该公司请律师就该违规行为的风险出具法律意见书。

2. 本案的法律问题

一是违规出票包括哪些？二是出票人开具融资性票据和到期不能支付票据款属于行政违法还是民事违法？三是本案中持票人应当承担哪些行政责任？

3. 分析

1) 出票违规包括出票人主体违规、客体违规和内容违规。

首先,是主体违规。《票据管理实施办法》第八条规定："商业汇票的出票人,为银行以外的企业和其他组织。向银行申请办理汇票承兑的商业汇票的出票人,必须具备下列条件：(一)在承兑银行开立存款账户；(二)资信状况良好,并具有支付汇票金额的可靠资金来源。"因为在现行法律制度下,开票企业到银行购买票据时,银行一般要审查购买企业的主体情况,因此,我们还没有见过不具出票资格的企业开具商业汇票的情况发生。

其次是客体违规,也就是"票据"本身不合法,如自己印制票据的行为等。《票据管理实施办法》第三十四条规定："违反中国人民银行规定,擅自印制票据的,由中国人民银行责令改正,处以1万元以上20万元以下的罚款；情节严重的,中国人民银行有权提请有关部门吊销其营业执照。"在现实中,这种现象也鲜有发生。

在现实中最多的就是签发没有交易背景或不能到期兑付的票据。不能兑付的票据包括"空头支票"和商业承兑汇票。其中,"签发空头支票或者签发与其预留的签章不符的支票,不以骗取财物为目的的,由中国人民银行处以票面金额5%但不低于1000元的罚款；持票人有权要求出票人赔偿支票金额2%的赔偿金"。而商业承兑汇票到期不能承兑,我们认为仅仅是一种民事违约行为,不构成行政违法。目前,存在问题最多,争议也最大的是"签发没有交易背景的票据"。

2) 出票人开具融资性票据和到期不能支付票据款属于行政违法还是民事违法?

首先,《中华人民共和国票据法》第十条规定:"票据的签发、取得和转让,应当遵循诚实信用的原则,具有真实的交易关系和债权债务关系。"也就是说,票据的"签发"(出票环节)就应当有"真实的交易关系或债权债务关系",对于无需银行承兑的商业承兑汇票,因为出票人就是付款人,没有相关法律、法规或部门规章规定相关的"罚则",但是,对于需要"银行承兑"的票据,银行在"承兑时"必须遵循中国人民银行的部门规章,审查基础交易关系,要求申请人提供交易的合同和发票,如果违规承兑,由中国人民银行对承兑银行予以行政处罚,①该部门规章规定的处罚结果是"暂停贴现、转贴现业务,对相关责任人给予行政处分"。但并没有直接对出票人出票"没有真实的交易背景"设定罚则。

我们认为,出票人开具"没有交易背景"的票据(为了融资)并不构成行政违法(当然,如果采取虚开增值税专用发票等方法"骗取承兑",其手段行为构成犯罪应当追究刑事责任),要求"出票时就有真实的交易背景"并没有相关的法律或行政法规为其设定应当承担的行政法律责任。

其次,到期不能支付票据款仅仅是"民事违约",不应当承担行政责任。

出票人与银行之间的"承兑协议"是平等的民事法律主体之间签订的合同,在承兑时提供50%的保证金,票据到期前再付清全额票据款是双方的约定,按照《支付结算办法》第九十一条之规定:"银行承兑汇票的出票人于汇票到期日未能足额交存票款时,承兑银行除凭票向持票人无条件付款外,对出票人尚未支付的汇票金额按照每天万分之五计收利息。"实际上采取行政规章的方式规定了"违约金",但并没有关于中国人民银行处罚的"惩罚性条

---

① 《票据实施管理办法》第三十二条;《商业汇票承兑、贴现与再贴现管理暂行办法》第三十一、第三十二条。

款"。我们认为,即使这种不存在行政责任的"法定违约金"也是"多度地"保护银行利益,于法于理不公。商业银行是从追逐最大的商业利益出发,与申请承兑企业签订"授信协议""贴现合同"的,而授信本身就存在着风险,如果出票人的"敞口"部分到期不能归还(乃至无力归还)应当由银行自己承担后果,凭什么用行政规章处分合同双方的私权利,并规定了一个"天价"的违约金?

3) 浙江公司没有行政责任,但应当向银行支付逾期付款的违约金。

浙江公司与关联公司之间的银行承兑汇票往来虽然没有真实的交易背景,存在不规范之处,但公司已清理完毕,并没有造成银行经济损失。上一章我们也提到,实践中有许多商业银行帮助开票企业虚构交易背景以便开出银行承兑汇票,所以,开票时"是否为了支付货款"与"票据到期前付清全部票据款"完全是两个法律关系,"延期向承兑银行付清票据款"按照合同约定和支付结算办法,向银行支付延期付款的违约金即可。尚不构成"扰乱金融行政秩序",因此,不存在行政责任。

本案中,律师据此出具法律意见书,"浙江公司的出票行为违规不应当成为其发行上市的行政法律障碍"。

第二节 承兑人违规承兑的行政责任

1. 案情简介

邮政储蓄银行长沙分行违规承兑汇票被查处①。审计署发布2014年第23号公告,通报移送至2014年11月已办结40起经济案件和事项处理情况。经审计发现,2012年至2013年,中国邮政储蓄银行长沙市分行部分职工违规办理银行承兑汇票业务,长沙作威金属材料有限公司等3家企

---

① 转载自人民网—财经频道2014年12月24日。

业利用伪造资料办理银行承兑汇票贴现15亿多元并从中谋利。2014年7月,审计署将此问题移送银监会组织查处。2014年11月,银监会责成中国邮政储蓄银行对18名员工给予撤职、记过、严重警告、警告和通报批评等处分。

2. 本案的法律问题

承兑商业汇票是否应当遵守"一定有基础交易关系"的规定[①]？违反"严禁承兑、贴现不具有贸易背景的商业汇票"的规定是否构成行政违法？

3. 分析

商业银行承兑没有基础贸易背景的商业汇票有被行政处罚的风险。

1) 相关法律规定。

首先,从法律层面上看,《票据法》第一百零四条规定:"金融机构工作人员在票据业务中玩忽职守,对违反本法规定的票据予以承兑、付款或者保证的,给予处分；造成重大损失,构成犯罪的,依法追究刑事责任。由于金融机构工作人员因前款行为给当事人造成损失的,由该金融机构和直接责任人员依法承担赔偿责任。"由于我国现行《票据法》第十条否定了融资性票据的合法性,只要是违规承兑,就可以对相关人员给予行政处分,而行政处分当然是行政处罚的一部分。

其次,从行政法规和部门规章上看,《金融违法行为处罚办法》第十四条规定:"金融机构对违反票据法规定的票据,不得承兑、贴现、付款或者保证。金融机构对违反票据法规定的票据,予以承兑、贴现、付款或者保证的,给予警告,没收违法所得,并处违法所得1倍以上3倍以下的罚款,没有违法所得的,处5万元以上30万元以下的罚款；对该金融机构直接负责的高级管理人员、其他直接负责的主管人员和直接责任人员,给予记大过直至开除的

---

① 《中国人民银行关于切实加强商业汇票承兑贴现和再贴现业务管理的通知》(银发〔2001〕236号)、《关于加强商业汇票管理、促进商业汇票发展的通知》(银发〔1998〕229号)、《商业汇票承兑、贴现与再贴现管理暂行办法》(银发〔1997〕216号)。

纪律处分;造成资金损失的,对该金融机构直接负责的高级管理人员,给予撤职直至开除的纪律处分;构成对违法票据承兑、付款、保证罪或者其他罪的,依法追究刑事责任。"

《商业汇票承兑、贴现与再贴现管理暂行办法》第三十二条规定:"金融机构有下列情形之一,同级人民银行暂停对其办理再贴现,情节严重的,由其上级行责令其暂停承兑、贴现业务:一、对未以商品交易为基础的商业汇票办理承兑、贴现的;二、将未以商品交易为基础的商业汇票用于申请再贴现的;三、越权承兑商业汇票的;四、未按规定办理票据查复或查复内容不真实。"第三十五条规定:"对未以商品交易为基础的商业汇票办理承兑、贴现、再贴现,并造成信贷资金损失的,分别由中国人民银行上级行、有关商业银行上级行对有关责任人给予纪律处分,情节严重并构成犯罪的,由司法机关依法追究其刑事责任。"《中华人民共和国银行业监督管理法》第四十三条至第四十九条更是详细规定不同违规情况下的行政处罚措施。

2) 本案的处理。

从本案的处理上看,中国银行业监督管理委员会作为商业银行的监督管理机构①,依据上述规定作出的行政处罚于法有据。

第三节 票据中介的行政责任

一、从事买卖票据的公司不建立会计账簿、会计凭证的行政责任

1. 案情简介

2014年2月,河南某市税务机关在开展集贸市场专项整顿中,发现一

---

① 《中华人民共和国银行业监督管理法》第二条:国务院银行业监督管理机构负责对全国银行业金融机构及其业务活动监督管理的工作。

专门从事"票据中介"业务的私营企业没有按有关规定设置会计账簿,主管税务机关责令其限期改正,并处以1 000元罚款。2015年,税务机关又对该票据中介公司进行复查,发现该公司仍然未设立会计账簿、会计凭证和建立会计核算制度,又对该公司作出罚款5 000元的处罚。该公司老板在缴纳了罚款后仍然不建立相关会计账簿、会计凭证和会计制度。

2. 本案的法律问题

企业经营是否一定要建立会计账簿、会计凭证和财务会计报告制度?如果不建立该制度是否应当处罚?

在票据中介行业中,不乏愿意依法纳税、正规经营的经营者,但是,因为我国目前的金融管制政策,非金融企业无法将利息收入(贴现差额)作为会计科目进行记账,导致无法建立会计账簿、会计凭证和财务会计报告制度。国家要求经营者建立会计账簿、会计凭证和财务会计报告制度。该制度包括如下。

1)账簿设立。

(1)从事生产、经营的纳税人应当在领取营业执照之日起15日内按照规定设置总账、明细账、日记账以及其他辅助性账簿,其中总账、日记账必须采用订本式。生产经营规模小又确无建账能力的个体工商业户,可以聘请注册会计师或者经主管国家税务机关认可的财会人员代为建账和办理账务;聘请注册会计师或者经主管国家税务机关认可的财会人员有实际困难的,经县(市)以上国家税务局批准,可以按照国家税务机关的规定,建立收支凭证粘贴簿、进货销货登记簿等。扣缴义务人应当自税收法律、行政法规规定的扣缴义务发生之日起10日内,按照所代扣、代收的税种,分别设置代扣代缴、代收代缴税款账簿。

(2)纳税人、扣缴义务人采用电子计算机记账的,对于会计制度健全,能够通过电子计算机正确、完整地计算其收入、所得的,其电子计算机储存和输出的会计记录,可视同会计账簿,但应按期打印成书面记录并完整地保存;对于会计制度不健全,不能通过电子计算机正确、完整反映其收入、所得的,应当建立总账和与纳税或者代扣代缴、代收代缴税款有关的其他账簿。

(3) 从事生产、经营的纳税人应当自领取税务登记证件之日起15日内,将其财务、会计制度或者财务、会计处理办法报送主管国家税务机关备案。纳税人、扣缴义务人采用计算机记账的,应当在使用前将其记账软件、程序和使用说明书及有关资料报送主管国家税务机关备案。

2) 记账核算。

(1) 纳税人、扣缴义务人必须根据合法、有效凭证进行记账核算。

(2) 纳税人、扣缴义务人应当按照报送主管国家税务机关备案的财务、会计制度或财务、会计处理办法,真实、序时逐笔记账核算;纳税人所使用的财务、会计制度和具体的财务、会计处理办法与有关税收方面的规定不一致时,纳税人可以继续使用原有的财务、会计制度和具体的财务、会计处理办法,进行会计核算,但在计算应纳税额时,必须按照税收法规的规定计算纳税。

3) 账簿保管。

(1) 会计人员在年度结束后,应将各种会计账簿、会计凭证和有关资料按顺序装订成册,统一编号、归档保管。

(2) 纳税人的会计账簿(包括收支凭证粘贴簿、进销货登记簿)、会计凭证、报表和完税凭证及其他有关纳税资料,除另有规定者外,保存10年,保存期满需要销毁时,应编制销毁清册,经主管国家税务机关批准后方可销毁。

(3) 账簿、记账凭证、完税凭证及其他有关资料不得伪造、变造或者擅自损毁。

4) 税收证明管理。

(1) 实行查账征收方式缴纳税款的纳税人到外地从事生产、经营、提供劳务的,应当向机构所在地主管国家税务机关提出书面申请报告,写明外出经营的理由、外销商品的名称、数量、所需时间,并提供税务登记证或副本,由主管国家税务机关审查核准后签发《外出经营活动税收管理证明》。申请人应当按规定提供纳税担保或缴纳相当于应纳税款的纳税保证金。纳税人到外县(市)从事生产、经营活动,必须持《外出经营活动税收管理证明》,向经营地国家税务机关报验登记,接受税务管理,外出经营活动结束后,应当按规定的缴销期限,到主管国家税务机关缴销《外出经营活动税收管理证明》,办理退保手续。

(2) 乡、镇、村集体和其他单位及农民个人在本县(市、区)内(含邻县的毗邻乡、镇)集贸市场出售自产自销农、林、牧、水产品需要《自产自销证明》的,应持基层行政单位(村委会)出具的证明,到主管国家税务机关申请办理。

(3) 纳税人销售货物向购买方开具发票后,发生退货或销售折让,如果购货方已付购货款或者货款未付但已作财务处理,发票联及抵扣联无法收回的,纳税人应向购货方索取其机构所在地主管国家税务机关开具的进货退出或者索取折让证明,作为开具红字专用发票的合法依据。

该制度保护的首先是国家对经营者的税收监管,如果企业不能建立完整的会计账簿、会计凭证和财务会计报告制度,国家就无法对企业核定应纳税金额,无法完成国家对企业的征税。其次是维护公司所有人(股东)的利益,企业按照法律规定,建立会计账簿、会计凭证和财务会计报告制度,有利于保护投资人的利益,让公司的收入、支出和利润合理合法并透明。

依据《税收征管法》第六十条明确规定:"纳税人有下列行为之一的,由税务机关责令限期改正,可以处二千元以下的罚款;情节严重的,处二千元以上一万元以下的罚款:(一)未按照规定的期限申报办理税务登记、变更或者注销登记的;(二)未按照规定设置、保管账簿或者保管记账凭证和有关资料的;(三)未按照规定将财务、会计制度或者财务、会计处理办法和会计核算软件报送税务机关备查的;(四)未按照规定将其全部银行账号向税务机关报告的;(五)未按照规定安装、使用税控装置,或者损毁或者擅自改动税控装置的。"

3. 分析

税收事关国家经济和社会发展,国家势必要加强税收征收管理,规范税收征收和缴纳行为,而进行核算税额则需要根据合法、有效的记账凭证记账。重庆①、杭州②等多地的国税局更是通过地方规范性文件来进一步规范税务机关的行政处罚权。同时,财务、会计制度的建立还事关公司所有权人的利益。

因此,我们建议该河南公司在税务机关调查时应该主动配合,并尽快建立会计账簿、会计凭证和财务会计报告制度,避免再次被税务机关处罚。

二、专门从事买卖票据的企业不纳税申报的行政责任

1. 案情简介

北京地税新招,企业零税收不申报将上税务黑名单③。2015年5月,北京市通州区某贸易公司(以下简称"北京公司"),是一家专业从事票据中介的公司,因从来没有纳税申报被当地税务机关查处。由于北京公司没有会计账簿、会计凭证和财务会计报告,税务机关无法核定应纳税金额,也无法证明该公司有营业收入和纳税行为。故税务机关以"零申报"为由,将该公司纳入"税务黑名单"并向社会公示。该公司认为税务机关的做法没有法律依据,要求该税务机关撤销对公司的"黑名单公告"。

---

① 重庆市国家税务局"关于公开行政处罚事项有关问题的公告"(重庆市国家税务局公告2014年第6号)。

② 杭州市国家税务局关于修订《杭州市国家税务局税务行政处罚自由裁量权基准》的公告(2015)。

③ 转载自《北京现代商报》,2005年3月30日。

2. 本案的法律问题

从事票据中介的公司是否有义务进行纳税申报？如果不申报应当承担怎样的行政责任？将不纳税申报的企业纳入黑名单有无法律依据？

3. 分析

首先，无论从事何种业务的公司，均有义务纳税申报。

目前，专门从事票据中介的公司，因为无"金融行业许可证"，利息收入不合法，加上对买卖承兑汇票是否能够得到法律保护的质疑，大部分中介公司选择了不记账、不申报的做法，当税务机关查处时采取"能够核定多少就缴纳多少"的应对措施。

针对市场上普遍存在的"零纳税申报"的情况（不仅仅是票据中介行业），北京市地税局从 4 月征期起，将实行"无应纳税（费）款申报"制度。即 4 月 1 日起，企业即使当月无税款入库，也要按时向税务机关填报《无应纳税（费）款申报书》；否则，将会被纳入"税务黑名单"，并处以最高 1 万元的罚款甚至吊销营业执照。

新制度要求，在北京市地方税务机关办理税务登记的纳税人，如果当月无北京市地方税务局负责征收的各项税、费、附加等入库款项，必须在法定申报期限内向所在地主管税务机关填报《无应纳税（费）款申报书》。这项措施主要是针对北京市的企业出台的，对个体户、行业协会以及个人等暂不实行。

石景山地税局陈天培介绍，在当月纳税期内，北京大概有 1/3 的企业没有税款入库，但在 2013 年 4 月之前也要进行"零申报"。2004 年 4 月，北京地税部门由于新系统上线，导致企业上网申报出现了拥堵现象，地税局随后规定，在纳税期内无税款入库的企业可以不申报。这造成了一些企业连续数月不申报，甚至出现了企业"失踪"的现象，无形中增加了税务机关的管理成本和稽核难度。

北京市地方税务局征收管理处郑姓工作人员亦表示，新制度实行后，对于没有按时申报的企业将根据《税收征管法》第六十二条的规定进行处罚：

"……扣缴义务人未按照规定的期限向税务机关报送代扣代缴、代收代缴税款报告表和有关资料的,由税务机关责令限期改正,可以处以2000元以下的罚款;情节严重的,可处以2000元以上1万元以下的罚款。"

另外,1个月未申报的企业,税务机关将进行实地查找,如果找不到该企业将会列为"非正常户";如果企业3个月内持续是"非正常户",企业的税务证件将失效,税务机关还可以提醒工商部门吊销企业的营业执照。

纳税人可以采取网上申报、邮寄申报、上门申报等任意一种方式申报。实行网上申报的纳税人,在每月申报期内登录北京地税网站,录入计算机代码后,选择"无税申报"按钮,进入《无应纳税(费)款申报书》的界面,确认保存后退出,即完成网上申报。由于网上申报有可能会出现拥堵现象,该工作人员建议纳税人采取上门申报的方式。

其次,如果不按照相关法律规定(包括地方性法规和规章)进行纳税申报,可能会受到行政处罚。

法律、行政法规规定负有纳税义务的单位和个人均为纳税人。少数单位或因利益驱使或因企业零收入,忽略"纳税申报"。按照《中华人民共和国税收征收管理法实施细则(2012修订)》第三十二条规定:"纳税人在纳税期内没有应纳税款的,也应当按照规定办理纳税申报。"不纳税申报,可能会导致税务机关按照《税收征管法》第六十二条的规定对企业进行处罚"责令限期改正,可以处以两千元以下的罚款;情节严重的,可处以两千元以上一万元以下的罚款"。同时依据《税收征管法》第九十六条规定:"纳税人、扣缴义务人有下列情形之一的,依照税收征管法第七十条的规定处罚:(一)提供虚假资料,不如实反映情况,或者拒绝提供有关资料的;(二)拒绝或者阻止税务机关记录、录音、录像、照相和复制与案件有关的情况和资料的……"第七十条规定:"纳税人、扣缴义务人逃避、拒绝或者以其他方式阻挠税务机关检查的,由税务机关责令改正,可以处一万元以下的罚款;情节严重的,处一万元以上五万元以下的罚款。"

再次,将不纳税申报的公司纳入"税收黑名单"没有法律依据,该行为属于"具体行政行为",可以以行政诉讼的方式要求法院撤销。

"目前至少有十几个部委设立有黑名单制度,其中最广为人知的就是中国人民银行的信用黑名单制度和法院系统的老赖黑名单制度,前者并不对社会公开,后者可在最高人民法院的官网上查询。

通过并不轻松的搜索后,记者发现,现在还有环保部门的环评黑名单、安监部门针对重特大事故的企业黑名单、商务部门针对侵犯知识产权的企业黑名单、食品药品监督部门针对食品药品安全的黑名单、住建部等十部委针对房企囤地违规信贷违规销售等行为的黑名单(房地产开发企业诚信信息共享系统)、最高人民检察院针对行贿犯罪的黑名单(行贿犯罪档案库)、证监会针对证券业内违法违规案件的黑名单(中国证监会诚信档案数据库)、教育部门针对招生和办学秩序有不良记录的学校黑名单,以及工信部意在整治泄露个人隐私、垃圾广告等安全隐患拟推的《移动互联网黑白名单规范》等各类黑名单管理制度。一旦被纳入这些部门的黑名单之中,失信者就要受到这些部门的惩戒,同时若有联动机制,还可能受到各种部门的牵制。"①

问题是,将公司纳入"黑名单"没有法律依据,综观各部委上黑名单的"缘由",大部分是故意违反法律、法规且情节"恶劣"的行为,较少"不作为"行为,而"不纳税申报"是一种不作为行为,原因也很复杂,在很多情况下并非主观原因造成(如公司暂时歇业、停业,公司经营者出国等)。如果公司一旦不纳税申报就将其纳入黑名单,可能会严重影响公司的"商誉",有侵犯公司"商誉"之嫌②。

---

① 2014年3月12日,法制周末——法制网。
② 我国法律目前关于商誉权的保护仅仅规定于《反不正当竞争法》第十四条中:"经营者不得捏造、散布虚伪事实,损害竞争对手的商业信誉、商品声誉。"而在《民法通则》第一百零一条、《民通意见》第一百四十条中,法条规定了法人名誉权,并在《最高人民法院关于审理名誉权案件若干问题的解答》中具体规定消费者、新闻单位对生产者、经营者、销售者的产品质量或服务质量进行批评、评论,主要内容失实,损害其名誉的,应当认定为侵害名誉权。在司法实践中,大多数侵害商誉权的案件都是通过侵害法人名誉权来解决。

三、买卖票据借用他人身份证、银行卡的行政责任

1. 案情简介

2015年2月,专业从事票据中介的某甲,因担心"买卖票据的合法性",从老家找来6张亲戚的身份证,并要求其办理银行借记卡,并开通网银,用于结算买卖银行承兑票据款并交替使用。2015年5月某日,出借身份证和银行卡的某乙向某甲借款,某甲未借款给某乙,某乙凭其长辈地位要求某甲立刻返还多人的身份证、银行卡,某甲因款未转出且没有应急的账户,未及时归还。某乙遂向当地公安机关举报,要求追究某甲的刑事责任。

公安机关经调查发现,某甲借用某乙等6人的银行卡用于买卖票据转款,身份证已经归还,用该6人的身份证已经累计转款9000余万元,但未发现"洗钱、诈骗和非法交易"的情况,对"买卖票据是否合法"无法判断且持有他人的借记卡没有超过10张(不构成"妨害信用卡管理秩序罪"),公安机关作出"不予立案决定"。但按照相关法律规定,责令某甲归还该6人的银行卡并对其处以罚款200元的行政处罚。

2. 本案的法律问题

借用他人的身份证、银行卡是否合法?应当怎样处罚?

3. 分析

首先,非法持有他人的身份证、银行卡违法。

在买卖(贴现)银行承兑汇票过程中,常常需要借用他人的身份证、银行卡,其主要目的是为了规避银行和公安机关的监管。在现行体制下,银监局和公安机关网监机构(包括国家安全机关)为了防止和打击洗钱、套汇、逃汇等犯罪活动,会对"网银转账"(网上转账结算系统)进行监控。而买卖票据业务,因为其本身的特性,其结算金额会"特别巨大"(例如,买卖一张1000万元的票据,一单生意本身只赚取了几千元,但打出打进的金额却有900余

万元),非常容易引起执法机关的注意,因此,票据中介一般采取"化整为零"的做法,使用他人多张身份证、银行卡并不断变换账户,以规避执法机关的监管。

《中华人民共和国居民身份证法》第十六条规定:"有下列行为之一的,由公安机关给予警告,并处二百元以下罚款,有违法所得的,没收违法所得……(二)出租、出借、转让居民身份证的……"第十七条:"有下列行为之一的,由公安机关处二百元以上一千元以下罚款,或者处十日以下拘留,有违法所得的,没收违法所得:(一)冒用他人居民身份证或者使用骗领的居民身份证的;(二)购买、出售、使用伪造、变造的居民身份证的。"

而借用(使用)他人的银行卡(借记卡)在现实生活中普遍存在,我们没有找到相关行政处罚的法律规定,一般认为,在不给出借人造成经济损失的前提下少量使用(借用)其银行储蓄卡,没有行政法律责任(但涉及的民事责任应当按照相关法律规定处理)。

而持有他人借记卡超过10张,可能涉嫌犯罪(妨害信用卡管理秩序罪,在本书相关章节中会有详细论述)。

其次,本案中,某甲持有他人身份证属于"冒用他人身份证",属于行政违法行为,公安机关对他的处罚具有法律依据,而罚款200元也在法定的处罚范围之内,并没有瑕疵。

四、为票据贴现借用其他公司(包装户)的营业执照、账户的行政责任

1. 案情简介

2015年2月,浙江某贸易公司(专业从事票据中介业务的公司,以下简称"浙江公司")从某票据中介某甲手中收到一张承兑汇票,并向该中介付清了票据款,随后,以杭州某金属材料公司(以下简称"杭州公司")和余杭某金属材料公司(以下简称"余杭公司")为包装户,制作了杭州公司和余杭公司的交易合同和发票,以杭州公司的名义向江西某村镇银行(以下简称"江西银行")申请贴现,江西银行贴现后又将票据转贴给江苏某商业银行。

因收款人没有实际收到票据中介某甲的票据款,以实际后手某甲为犯罪嫌疑人向当地公安机关报案,请求以诈骗为由追究某甲的责任并要求追缴票据款为"赃款赃物",公安机关立案侦查后认为,票据中介某甲涉嫌犯罪,应当予以追诉,而浙江公司非法持有两个公司(杭州公司和余杭公司)的账户,伪造交易背景到银行贴现,不能取得票据权利,票据款应当作为赃物而予以追缴。

2. 本案的法律问题

浙江公司借用他人公司(作为包装户)是否合法?因包装到银行贴现后的票据款是否应当返还被诈骗人(收款人)?借用他人营业执照、账户有什么法律责任?

3. 分析

首先,借用他人营业执照、银行账户经营在现行法律制度下并没有行政法律责任。

从法律层面上说,"借用"包括承包经营、租赁经营、挂靠经营等。从"鼓励交易"的角度出发,这些经营模式并不违法,只是在民事法律层面上,借用人和被借用人要承担连带赔偿责任而已。

其次,浙江公司"包装贴现",银行"即使贴现了不真实交易背景的商业汇票,也不能据此而认定贴现金融机构不会享有票据权利,则一般应认定贴现银行享有票据权利"①。"借用包装户的贸易背景"只是贴现所要求的"形式要件",而且是部门规章并非法律设定的义务。浙江公司已经支付对价

---

① 吴庆宝等:《商事裁判标准规范》,人民法院出版社 2006,第 301 页。

取得票据,"包装贴现"虽然形式上是虚假的,但不能否认"持票人支付对价"的事实,即便是持票人不能取得票据权利,基于一般的债权债务关系,已经支付的票据款应当返还(当然另一方应当返还票据),如果仅仅因为"没有交易背景或伪造交易背景"而导致票据转让无效,基于"债权的相对性"原则,票据款只能返还银行,而票据也需返还申请贴现人余杭公司(或者实际控制包装户且已经支付对价取得票据款的浙江公司),"票据转让无效,票据权利就归属没有收到款的失票人"的判断没有任何法理依据。再者,即使票据转让无效,也应当"逐手返还"而不应当"隔墙返还";应当仅仅确认"每一个交易合同确认无效"而不是"所有流转环节都一律无效",这是私权自治的基本原则。而且,是否转让无效,是否应当返还应当由人民法院来判断而不是公安机关。按照善意取得的相关法律规定和关于赃款赃物范围的相关司法解释,本案的票据款根本不是赃款赃物,公安机关不能予以追缴。

最后,"被骗人"的票据款应当通过民事诉讼的方式救济,不能要求公安机关没收并返还被骗的票据款。至于借用他人营业执照和账户产生的法律责任,按照"借用人和被借用人承担连带责任"的原则,可以在民法层面上去解决。

我们认为,本案中借用人无需再另行承担行政责任。

五、票据中介买卖票据(民间贴现)的行政责任

1. 案情简介

2013年5月,浙江某公司打算从事"买卖商业票据"业务,但不知存在什么样的法律风险,要求我们就买卖票据的性质、法律关系和法律后果出具法律意见书。

2. 本案的法律问题

买卖银行承兑汇票是否违法?违反什么法?如何处罚?

3. 分析

民间票据贴现在我国已经形成了一个庞大的市场,一些票据中介甚至能够控制银行授信、开票、承兑、贴现、转贴和收款的全过程,对票据金融市场有很大的影响。但是,由于我国现行法律体制下,要求票据的签发和转让有真实的贸易关系或债权债务关系,因此,民间票据贴现行业一直处于"灰色地带",该行业的从业人员冒着"随时被取缔和处罚"的风险。关于票据民间贴现的性质以及可能涉及的刑事责任、民事责任,我们已经在本书相关章节中详述,本章专题讨论民间买卖票据涉及的行政法律责任。

国务院1998年7月13日颁布的《非法金融机构和非法金融业务活动取缔办法》第二条、第四条、第二十二条规定,未经中国人民银行批准从事票据贴现的,为非法金融活动,必须予以取缔。第二十二条规定:"设立非法金融机构或者从事非法金融业务活动,构成犯罪的,依法追究刑事责任;尚不构成犯罪的,由中国人民银行没收非法所得,并处非法所得1倍以上5倍以下的罚款;没有非法所得的,处10万元以上50万元以下的罚款。"

显然,买卖票据营利的行为属于"非法金融活动",属于应当取缔的范围,当地的中国人民银行还可以对其处10万元以上,50万元以下的罚款。

但笔者涉及票据法律行业的十多年里,极少见"因单纯买卖票据"被处罚的票据中介。究其原因:一是因为取证困难,民间票据贴现一般是在一个固定的小"圈子里"秘密进行,只要无人举报就很难发现,加上中国人民银行并没有司法调查权,查处和取缔很难;二是与民间融资的大环境有关,参与民间票据贴现的个人和企业太多,而"票据中介"确有其存在的必要性。既然是中介,他们实际上提供的是一种"票据买卖供需信息",赚取"信息不对称"的费用,正是这些票据中介,将持有票据的融资方和需要票据的企业或贴现银行链接起来,使得商业汇票在我国异常繁荣地流通起来,在客观上确实起到了缓解中小企业融资困难的作用。而开展票据业务,商业银行本身就是为了自身的利益,于是,银行不仅不排斥票据中介,而且还配合甚至指导票据中介从事票据买卖业务。这样,所有的民间贴现参与者就组成了一个"利益共同体",使得中国人民银行对民间贴现市场的实际监管困难重重。

正是这种行政违法成本较低(处以5万元以上,50万元以下罚款)的法律、法规和相对宽松的执法环境,造就了我国民间贴现市场的繁荣。

第四节 商业银行违规贴现、转贴现的行政责任

一、商业银行违规贴现的行政责任

1. 案情简介

四银行违规承兑贴现资金流入股市被查处[①]。2001年7月,人民银行严肃查处了沈阳、阜新部分商业银行分支机构违规承兑贴现资金流入股市的行为和有关责任人,并将有关情况进行了通报。

通报说,2000年4月至2001年1月,交通银行(5.65,-0.17,-2.92%)沈阳分行假日支行、中国银行(3.77,-0.12,-3.08%)沈阳分行、中国建设银行(4.99,-0.15,-2.92%)阜新分行、华夏银行(9.82,-0.06,-0.61%)沈阳分行五爱支行四家金融机构,擅自放宽条件,对一些企业签发的无真实贸易背景的23.77亿元商业汇票给予承兑与贴现,致使其中5.1亿元贴现资金违规流入股市。

根据《金融违法行为处罚办法》等有关规定,人民银行决定并责成有关

---

① 转载自《人民日报》,2001年7月27日。

金融机构,对上述四家金融机构及其责任人进行了严肃处理。

对交通银行沈阳分行假日支行行长张军和副行长周亚宇给予撤职处分,对交通银行沈阳分行前任行长蔡正豪(事发时任沈阳分行行长)和主管副行长赵玉军分别给予记过处分和撤职处分,并对其他相关责任人给予相应行政处分。取消沈阳分行假日支行行长张军在金融机构的终身任职资格,取消交通银行沈阳分行主管副行长赵玉军高级管理人员任职资格2年,暂停交通银行沈阳分行承兑贴现业务,责令其进行整改。

对中国银行沈阳分行、中国建设银行阜新分行、华夏银行沈阳分行五爱支行有关责任人也分别给予撤职等处分,并暂停这些银行承兑贴现业务,责令其进行整改。

2. 本案的法律问题

贴现的性质是什么?违规贴现应当承担怎样的行政法律责任?

1) 贴现的性质是什么?是贷款还是转让票据权利?

《商业汇票承兑、贴现与再贴现管理暂行办法》第二条规定:"本办法所称贴现系指商业汇票的持票人在汇票到期日前,为了取得资金贴付一定利息将票据权利转让给金融机构的票据行为,是金融机构向持票人融通资金的一种方式。"将"贴现"的性质界定为"转让票据权利的票据行为"。按照《贷款通则》第九条规定:"票据贴现,系指贷款人以购买借款人未到期商业票据的方式发放的贷款。"按照《支付结算办法》第九十五条规定,贴现、转贴现银行不获付款时,应当向其前手追索票据款,可以从申请人账户收取票据款。

我们认为,贴现是一种贷款方式,贴现行为不应当是票据法调整的范围,既然是贷款,要求申请贴现企业提供交易背景就没有法律依据。

2) 违规贴现的表现方式。

商业银行违规贴现主要表现为两种方式:

第一种表现在对贴现审查把关不严,甚至擅自放宽条件,对不具有贸易背景的商业汇票办理了贴现,有的甚至内外勾结,弄虚作假,违法违规使用信贷资金,引发新的金融风险。在前面"承兑人违规承兑的行政责任"一节中,我们就提到过中国人民银行通过多个部门规范性文件"严禁承兑、贴现不具有贸易背景的商业汇票",《中国人民银行关于切实加强商业汇票承兑贴现和再贴现业务管理的通知》(银发〔2001〕236号)明确规定:"所办理的每笔票据贴现,必须要求贴现申请人提交增值税专用发票、贸易合同复印件等足以证明该票据具有真实贸易背景的书面材料,必要时,贴现银行要查验申请人的增值税专用发票原件。""对不具有贸易背景的商业汇票,办理贴现",按照《金融违法行为处罚办法》实行责任追究制度,对金融机构进行罚款,并责成金融机构对直接负责的高管人员、其他主管人员和直接责任人员给予纪律处分,相关的行政处罚办法与违规承兑时的处罚一致,这里不再赘述。

对没有贸易背景的票据贴现是"违规贴现"的主要表现方式,其行政法律责任主要是"对责任人个人的行政处分和对商业银行的暂停贴现业务,责令改正"。

第二种方式表现在某些承兑银行信用观念淡薄,结算纪律松弛,故意压票、拖延支付,扰乱票据流通秩序。

《中华人民共和国商业银行法》第四十四条规定:"商业银行办理票据承兑、汇兑、委托收款等结算业务,应当按照规定的期限兑现,收付入账,不得压单、压票或者违反规定退票。"第七十三条规定了处罚措施,对商业银行违反票据承兑等结算业务规定,不予兑现,不予收付入账,压单、压票或者违反规定退票的,对存款人或者其他客户造成财产损害的,由国务院银行业监督管理机构责令改正,有违法所得的,没收违法所得;违法所得5万元以上的,并处违法所得1倍以上5倍以下罚款;没有违法所得或者违法所得不足5万元的,处5万元以上50万元以下罚款。

实践中,贴现行押票、延迟付款的很少,因为对贴现行来说,更重要的是尽快将票据转贴出去,防止占用资金,押票和延迟付款不符合自己的利益。对于这类违规行为的主要行政处罚措施是罚款。

二、商业银行违规转贴现的行政责任

1. 案情简介

为拓宽融资渠道,提高资金使用效益,广州某农商行于2013年2月对外开办票据转贴现业务。该行采取"票据买断""票据回购(不背书)""代管代收"等转贴现方式,为同样具备办理转贴现业务资格的商业银行、农信联社等其他行(社)转入或转出未到期、已贴现、要素完整的商业汇票,以达到融通资金的目的。该行的违规行为被中国人民银行通报。

2. 本案的法律问题

转贴现的性质是什么?违规转贴现的主要表现方式是什么?应当承担怎样的行政法律责任?

3. 分析

转贴现系指金融机构为了取得资金,将未到期的已贴现商业汇票再以贴现方式向另一金融机构转让的票据行为,是金融机构间融通资金的一种方式[①]。

目前票据市场上出现的违规转贴现主要表现为以下几种方式。

1) 名为"转贴",实为"直贴",对没有交易背景的票据违规贴现。

因为票据市场上每天都存在天量的融资性票据,申请贴现企业无法提供增值税专用发票原件,于是,贴现银行要求申请贴现企业找一家金融机构"背书",只要前手是银行背书,转贴行不再要求提供发票、合同,与前手背书银行签订转贴现合同后就可以打款,一旦被查处,就将要求提供交易发票的责任(对交易背景的审查义务)推给前手银行。

2) 名为"代保管、代收款",实为"转贴现"。

申请贴现企业与某商业银行分行(以下简称"分行")签订"代保管、代收款"协议并由分行背书,将票据质押给某保险公司,再由该商业银行的支行

---

① 《商业汇票承兑、贴现与再贴现管理暂行办法》第2条。

(以下简称"支行")与申请贴现企业签订贷款合同,当所有的合同签订并交付质押的票据后就放款。票据到期后,分行托收票据款,将票据款付给支行,用于偿还申请贴现企业的贷款。通过这种运作,申请贴现企业无需再提供增值税专用发票和相关交易背景凭证,完全避开了"商业银行不得对无交易背景的票据贴现"的限制。

3)名为"过桥背书"实为"转贴现"。

这种情况往往出现在特大金额的商业承兑汇票贴现过程中,因为商业承兑汇票没有银行承兑,即便是已经与某国有商业银行签订了转贴现协议,出资银行(贴现行)不仅要求找一家银行在前手背书(让该第一手背书的银行承担对申请人真实交易的审查责任),而且要求再找至少两家省一级的商业银行"过桥背书"。原因很简单,商业承兑汇票如果到期不能获得付款,后手银行会行使追索权,对自己进行追索,如果前手背书仅仅是一家村镇银行,根本没有若干个亿的偿还能力。因此,要求申请人至少提供两家省级商业银行的过桥背书,一旦发生不获付款的现象,可以向前两手商业银行追索。这种"过桥背书"银行当然是要收费的,具有"转贴现"的性质,但在实际操作过程中,为了规避银监机构的监管,往往是只背书,不做转贴现手续。

由于银行和申请贴现企业相互配合,通过各种变通方式,规避中国人民银行要求商业银行在办理贴现转贴现过程中"严禁承兑、贴现不具有贸易背景的商业汇票"的强制性规定。所以,中国人民银行对此类违规的转贴现行为规定了严格的行政法律责任。

按照中国人民银行的相关规章规定,对违规贴现、转贴现的商业银行,一般有以下行政措施:①建立通报制度。要加强对票据市场秩序的监管力度,加强现场检查,及时向辖内各金融机构通报恶意贴现的企业名单和故意压票、拖延支付的承兑银行名单。对违规的辖区外承兑银行,要按季将名单报送总行,总行将通报全国。②实行退出交易制度。对违规办理承兑、贴现的金融机构,以及故意压票、拖延支付的承兑银行,一经查实,要视情节轻重,责令其暂停或停办承兑、贴现业务,中国人民银行要暂停或停办对其再贴现。③实行责任追究制度。金融机构承兑、贴现不具有贸易背景的商业汇票,除责令承兑银行无条件付款外,还要依据《金融违法行为处罚办法》第十四条规定处以罚款,并责成该金融机构对直接负责的高级管理人员、其他直接负责的主管人员和直接责任人员,给予纪律处分[①]。

---

① 《中国人民银行关于切实加强商业汇票承兑贴现和再贴现业务管理的通知》银发〔2001〕236号。

第四章 票据业务中的民事责任及案例分析

第一节 出 票

一、出票人到期无力向承兑行清缴票据款系银行工作人员帮助制作虚假报表所致,谁来承担责任

1. 案情简介

2012年4月,江西某商业银行(以下简称银行)工作人员刘某为完成揽存任务,找到江西某洗矿公司(以下简称江西公司),称能够帮助开出1 000万元银行承兑汇票,并承诺在汇票开出当日就可以找个人贴现,取得965万元现金。

该公司法定代表人陈某当时正愁于资金短缺贷款无门,遂一口答应并通知财务人员配合操作。银行工作人员刘某要求江西公司财务人员修改公司近3年的会计报表并要求找两家公司为该公司"联保",公司财务人员因不知财务报表如何修改,遂将报表电邮给刘某,由刘某代为修改。因该公司找来的另外两家提供担保的公司也不符合条件,刘某要求这两家提供担保的公司也按照要求修改了会计报表。

资料做好后,江西公司与银行签订了《授信合同》和《商业汇票承兑合同》,由江西公司借来500万元人民币存入该银行保证金账户,当日,刘某即帮助开出1000万元银行承兑汇票交给公司,按照刘某的介绍,该公司当天就找私人将票据贴现,取得现金965万元,归还500万元借款后,得款465万元。

2012年10月,票据到期,按照约定和相关法律规定,该公司应当在票据到期当日,交存另外50%票据款500万元。由于该公司经营不善,根本无力归还;而提供担保的两家公司均是年收入不足20万元的小企业,同样无力偿还。刘某向银行领导汇报后以该公司涉嫌"骗取票据承兑罪"为由向公安机关报案,公安机关在了解相关情况后,以"骗取银行贷款罪"立案并将该公司法定代表人陈某"上网追逃"。

2. 本案的法律问题

一是江西公司陈某是否涉嫌骗取票据承兑?二是银行刘某是否应承担刑事责任?三是相关人员属个人行为还是职务行为?四是民事责任如何承担?

3. 分析

1) 陈某主观上没有"隐瞒真相、制造假象"的故意,客观上也没有实施相关的"诈骗"行为。不构成"骗取票据承兑罪"。

本案的关键是谁在"制造假象"?是银行工作人员刘某还是公司的陈某?在没有"授信制度"的情况下,不存在"骗取票据承兑"的问题,因为开票的前提是存在"资金关系"和100%的保证金,只要有真实的委托关系并有等额的资金,不存在到期不能偿还问题。授信制度的引进打破了这种平衡,也使得"承兑汇票"具有了"活力",这种操作模式居然可以让企业"空手套白狼",但其前提是,必须有银行的许可和配合。那么,到底谁是案件的始作俑者?应当由谁为这种风险买单呢?

首先,授信制度下,风险的承担主体是银行而不是企业。所谓"授信"就是授予信用,承担风险及获取利益[1]。其中,授信风险是商业银行最大的风险,授信的好坏牵扯到银行的社会责任。授信需要对企业进行授信风险评估、授信计划编制、征信及申请、债权保障(担保)、授信审核、授信资产管理等一系列环节和流程,其目的就是管控授信风险,获取最大的利润。由于当下商业银行追逐短期利益最大化以及内部考核机制等因素的影响,科学的授信风险评估审批及控制制度被弱化乃至形式化了,有些商业银行的下属分支机构甚至帮助客户作假,以完成自己的短期揽存任务,拿到提成奖金。

本案中,帮助企业制作虚假会计报表乃至亲自"制造假象"的并不是企业而是银行(刘某),企业实际上将真实的信息(会计报表)完完整整地提供给了银行,包括为授信提供担保的两个公司的真实情况也提供给了银行,因此,企业(包括陈某)不存在"隐瞒真相"的问题,主观上没有隐瞒真相、制造假象的故意,客观上也没有实施这种"造假"的行为。

其次,陈某(企业)没有以非法占有为目的,骗取财物的行为。第一,"取得465万元人民币的半年使用权,半年后归还"的意思表示是真实的、明确的。第二,按照银行要求,企业提供了两家公司"为其提供联保",这种担保也是真实的。第三,取得的款项并没有个人挥霍或挪作他用,全部用于企业的经营,如果不发生意外,经营收入是可以按期偿还"到期借款"的,经营亏损以及不能按期归还票据款是其意志以外的因素导致的。《刑法》是对行为人主观恶性的处罚,如果没有主观恶性,就不构成犯罪。

---

[1] [台]陈嘉霖著:《授信与风险》,立信会计出版社2008年4月第一版。

再次,无法实现债权是银行的过错所致。其过错在主观上表现为贪图小利,为增加揽存,拿到提成奖不择手段。实际上,一个银行职业授信人员对可能存在的风险是明知的。在明知可能存在到期不能偿还乃至形成"呆账"的情况下,为了追逐眼前利益(包括职务的升迁或提成奖金)轻信风险可能会避免,在法律层面上是一种"过于自信的过失"。过失是一种过错形式,也是承担法律责任的基础。在客观上,银行实施了违规操作的行为。为什么银行工作人员刘某要修改企业和担保公司的会计报表,说明商业银行对"授信"是有制度和相关管控规定的,而这些规定或制度是"刚性要求",不能违背,而修改相关公司的会计报表,让其符合授信公司的要求,其违法性是不言而喻的。这种行为导致了银行(实际是社会)对被授信公司资信、经营状况、公司治理、企业文化乃至社会责任的错误认识(出票人出票后,超大金额的汇票在市场上流通,导致持票人对出票人经济实力的认可),而这种错觉是可怕的,可能导致对银行信用的质疑。因此,这种行为的过错,必须由行为人自己买单才符合"罪责自负"的原则。

2) 银行工作人员不应当承担刑事责任,在银行的债权不能实现时,可以按照过错程度追究相关工作人员的民事责任。

首先,刘某主观上没有"非法占有的故意,也没有实施非法占有的行为"。

很显然,刘某在主观上是为了"增加揽存量"进而增加商业银行的利润而实施相关造假行为,对 965 万元的票据款,没有非法占有的故意(也不可能占有),也绝对不存在帮助"骗取票据承兑"的问题,因为这样做不仅对自己没有好处,还可能导致自己丧失宝贵的职业机会。刘某追求的仅仅是"完成揽存"(考核工作任务)。当然,如果商业银行没有相关的漏洞或先例,银行工作人员连这种念头都不可能产生。但是,这种产生违规操作的土壤在商业银行(尤其是地方性商业银行)普遍存在。客观上,刘某也没有实施非法占有或帮助他人非法占有的行为。帮助制造虚假的会计报表的目的是为了帮助客户获得授信额度,他希望客户能够按期归还剩余的 50% 票据款而不是到期不还,如果银行系统本身不能杜绝这种风险(甚至纵容乃至鼓励这种行为),对刘某来说,这种"心领神会"又有什么过错?

3) 是职务行为还是个人行为?

在每一张银行承兑汇票的档案中,我们看到的《合同》等相关法律文件均注明"与原件查验一致"的印章。但在中国大多数商业银行目前的状况却是合同、发票、申请书等相关法律文件均是伪造的,我们质疑,为什么大多数银行承兑汇票都是虚开的? 如果仅仅是银行工作人员个人能够做到吗? 银行本身的默许恐怕是主要因素。况且,刘某开具银行承兑汇票的确是在"履行职务",因此,应当认定为职务行为而不是个人行为,既然是职务行为,相关损失应当由银行来承担。

4) 相关的民事责任问题。

(1) 汇票开出后,不能以"资金关系存在瑕疵"而撤销"承兑"行为,并以此为由拒绝对持票人付款。本案一个非常典型的问题就是《授信合同》和《开具银行承兑汇票合同》签订过程有瑕疵,系采取"欺诈"手段签订的,按照《合同法》规定,可以请求法院确认合同无效。但票据具有"无因性和流通性"的特征,票据关系独立于"资金关系"而存在,无论资金关系是否有瑕疵,均不能影响票据关系,其价值取向是保护交易安全和善意第三人的利益。因此,银行承兑汇票一旦"承兑"并背书转让,不能以任何借口"撤销",银行应当无条件地对最后持票人付款。

(2) 出票人不能足额交付票据款,有法定的救济方式。《支付结算办法》第九十一条规定:"银行承兑汇票的出票人于票据到期日未能足额交存票据款时,承兑银行除无条件付款外,对出票人尚未支付的票据金额按照每天万分之五计收利息。"本案中,银行可以起诉江西公司和担保公司,要求连带支付票据款及利息。

(3) 银行不能实现债权,可以申请对出票人(担保人)进行破产清算,破产清算终结后仍然得不到清偿,可以向刘某(行为人)追偿。我们认为,银行工作人员帮助申请承兑人造假资料在内部是不公开的秘密,银行本身对该损失的造成有过错,因此,全额让行为人刘某承担"有失公平",应当按照单位和工作人员的过错程度分担。

最终,当地公安机关采纳了我们的观点,作出《不立案决定书》,告知银行向有管辖权的人民法院提起民事诉讼。

二、出票人虚构收款人,导致票据背书不连续的处理

1. 案情简介

2014年6月24日,浙江温州某公司(以下简称"温州公司")从网上查到北京某同行业公司名称(以下简称"北京公司"),遂以北京公司为收款人,开出2张各500万元银行承兑汇票,交付给自然人票据中介甲,持票据到民间市场贴现。甲找到同为票据中介的某乙,寻找贴现企业并要求对方报出当天的贴现价,乙找到其好友开设的公司浙江诸暨某公司(以下简称"诸暨公司"),承诺能够帮其贴现且价格符合双方的要求。25日,甲将票据交给乙并交付给诸暨公司,诸暨公司到银行贴现后,扣除贴息将款打入乙个人账户,乙将贴现款中的600万元汇入甲指定的出票人温州公司账户,将其余487万元挪用用于偿还个人合法借款。27日,当甲催要未果并了解贴现款已经被挪用时,借出票人温州公司之名将2张票据挂失并通过法院公示催告。贴现银行打算将该票据转贴现时遭到转贴行拒绝,原因是"票据已经被挂失止付",因贴现行尚未"背书",遂在诸暨公司账户中扣除了贴现款,将票据退还给了诸暨公司。无奈,诸暨公司只能以自己公司的名义向人民法院申报权利,终结公示催告程序。因申报权利时收款人后手只有一手背书且收款人与后手背书没有交易关系,甲遂以出票人名义将诸暨公司告上法庭,要求确认票据转让行为无效,出票人是票据权利人,并要求诸暨公司返还票据。

2. 本案的法律问题

一是持票人出票后,伪造收款人背书并交付他人,出票行为是否完成?二是票据权利人到底是谁?是出票人还是收款人?三是收款人背书虚假是

否属于"背书不连续"？四是并非收款人交付,是否转让票据权利？

3. 分析

1) 出票人出票后,出票行为已经完成,不存在"收款人背书伪造"就属于出票行为未完成的情形。

经审理查明,收款人背书栏中的背书的确是出票人伪造的①,那么,收款人实际上没有收到票据并背书转让是否就能够认为"出票行为未完成",进而认定票据权利没有转移呢？显然不能,在现行票据法体制下,票据的"出票"是出票人为了履行特定的货款支付义务,向收款人开具的,保证"见票即付"的债权凭证,并不以收款人"背书"为条件,而收款人背书是收款人转让票据的表现形式(背书并交付票据),即便是收款人未背书(或背书是虚假的)也不能主张"出票行为未完成"。

2) 票据权利人是"票据上背书的最后被背书人"或持票人。

按照《票据法》和相关法律规定,如无相反证据,票据上记载的最后被背书人为票据权利人②,如果认定出票行为完成,收款人是票据权利人,而如果票据已经背书转让给了诸暨公司,诸暨公司当然是票据权利人。这里还涉及一个"虚假背书"能否转让票据权利问题,按照法律规定,后手约定对其签收背书的真实性承担责任③,而本涉诉票据的收款人的实际后手约定是某甲,某乙无法判断他的真实性,诸暨公司更无法判断他的真实性,而票据采取严格的"文意主义",不能以票据记载以外的证据来否认票据上的记载。即使前手(收款人)的背书是虚假的,因为票据并非直接从收款人处而来,诸暨公司也仅仅有"形式要件"的审查义务,认为持票人某乙就是票据权利人。

---

① 在浙江温州地区,出票人伪造收款人背书并交付票据的情况司空见惯。

② 《最高人民法院关于审理票据纠纷案件若干问题的规定》第五十条规定:"依照票据法第三十一条的规定,连续背书的第一背书人应当是在票据上记载的收款人,最后的票据持有人应当是最后一次背书的被背书人。"

③ 《票据法》第三十二条规定:"以背书转让的汇票,后手应当对其直接前手背书的真实性负责。"

3) 收款人背书虚假也不能认为是"背书不连续"。①

所谓"背书连续",仅仅是"票据形式上记载"的连续,从涉诉票据表面上看,转让人与受让人签章前后衔接,而中间是否还存在未背书的"曾经持有人"以及虚假的背书人在所不问。否则就增加了受让人的义务,影响票据的流通性。从务实上看,债权具有"相对性",票据受让人只能了解与实际前手的交易情况,不可能去了解前手与"再前手"的交易情况。如果让其审查每个环节的交易真实性、合法性(就如同取得一张100元人民币现钞,需要审查从印刷出厂到每一个交易环节都合法一样)无疑是勉为其难,不应当是法律设定的义务。

4) 持有票据的人(票据中介)并非票据上记载的最后背书人,是否认定为票据的"无权处分人"?

在票据法学界,对"个人能否依法持有、买卖取得票据权利"存在争议。实际上,我国《票据法》从来没有否定个人取得票据权利的合法性②,但相关部门规章在法律之外,规定了票据的主体仅仅为"法人"和"其他组织",而行政法规将民间买卖票据界定为"非法金融活动",就普遍认为"个人不能买卖和合法持有票据"。实际上,最高院针对国内普遍存在的民间买卖票据行为,已经确立了"个人能够买卖并合法持有票据"原则③,只要是支付了对价并合法持有票据,就能够取得票据权利。因此,诸暨公司支付了对价并已经实际持有票据,就具有票据权利。

最终,法院认为涉诉票据不存在"出票行为未完成,背书不连续和票据转让无效"的情形,驳回了出票人的诉讼请求。

---

① 《票据法》第三十一条规定:"以背书转让的汇票,背书应当连续。持票人以背书的连续,证明其汇票权利;非经背书转让,而以其他合法方式取得汇票的,依法举证,证明其汇票权利。前款所称背书连续,是指在票据转让中,转让汇票的背书人与受让汇票的被背书人在汇票上的签章依次前后衔接。"

② 《支付结算办法》第七十四条规定:"在银行开立存款账户的法人以及其他组织之间,必须具有真实的交易关系或债权债务关系,才能使用商业汇票。"

③ 2014年8月21日,最高人民法院作出(2014)民二终字第17、第19号判决。

第二节 承 兑

一、承兑人能否以"申请人提供的合同、发票虚假"主张承兑无效而拒绝付款

1. 案情简介

2014年9月,浙江某公司提供500万元保证金,与浙江某城市商业银行(以下简称"城市商行")签订《承兑协议》,开出2张合计500万元银行承兑汇票到民间市场去贴现。因市场原因以及出票人公司法人参与民间借贷被骗,2015年3月票据到期前,浙江公司法人明确告知承兑人"到期无力偿还敞口部分票据款,希望尽快运用法律手段处理后续工作"。无奈,城市商行只好到法院起诉,要求确认双方签订的《承兑协议》无效。

经审理查明,浙江公司申请贴现时提供的买卖合同和增值税专用发票均系伪造,城市商行认为浙江公司属于"采取欺诈手段签订的合同,应当确认为无效合同",因合同无效造成的损失应当由浙江公司承担全部责任。

2. 本案的法律问题

承兑协议签订后能否申请确认无效或撤销?提供买卖合同专用和增值税专用发票是不是"承兑"的必要条件?承兑人能否在《承兑协议》撤销后拒绝承兑?

3. 分析

1) 银行承兑汇票一经承兑,不得撤销[①]。

票据采取严格的"文意主义",债务人按照票据上记载的内容承担责任,

[①] 《票据法》第四条规定:"其他票据债务人在票据上签章的,按照票据所记载的事项承担票据责任。"第四十三条规定:"付款人承兑汇票,不得附有条件;承兑附有条件的,视为拒绝承兑。"第四十四条规定:"付款人承兑汇票后,应当承担到期付款的责任。"

不能以票据记载以外的内容对抗票据上的记载。同时,"承兑"一经付款人签署"承兑"字样并签名立刻发生效力,其行为性质为"单独行为"(单方法律行为)。对于单方法律行为,在作出时即可发生法律效力,但在送达持票人前尚可撤销,在送达持票人后不得撤销①。因为在票据送达前,承兑人持有票据,而送达持票人后,票据权利人已经转移至持票人(甚至可能流转至善意第三人)如何撤销?

综观各国立法,关于承兑之撤销②,有绝对不许撤销者的,如德、日、瑞、匈、荷等国;有于返还票据前(出票人)不许撤销的,如俄罗斯等国;有于票据未返还之前,或对持票人未为承兑之前不许撤销的,如英国及统一票据法;法、美法律虽无明文规定,但学者的解释也是相同的。本案涉诉票据已经交付出票人并流转至现持票人之手,不能撤销。

2)提供买卖合同和增值税专用发票不是"承兑"的必要条件,《承兑协议》是否有效并不影响承兑的效力。

按照"自由承兑的原则",票据上记载的付款人可以根据自己的意志决定是否对票据进行承兑,而不受出票人指定其为付款人的限制。由于票据无因性的特点,票据的承兑行为可以与其原因行为相分离,其效力不因原因关系的存废、变更而受影响③。

首先,出票人与收款人之间是否存在交易以及合同、发票是否虚假与承兑人是否承兑没有关系,银行对商业票据承兑需要真实的基础交易关系也不是法律设定的义务。其次,《承兑协议》是否有效以及是否被撤销也与"承兑的效力"无关。《承兑协议》是原因关系,票据一旦承兑便与原因关系相脱离,按照票据上记载的内容承担权利义务,与先前承兑是否存在瑕疵以及是否被撤销没有关系。

---

① [台]曾世雄等著:《票据法论》,中国人民大学出版社2002年版。
② 乐俊伟著:《比较票据法》,商务印书馆2013年版,第45页。
③ 刘永光、陈恭健:《票据法》,厦门大学出版社2004年版,第151页。

3) 法院不能撤销承兑协议,即使法院撤销,承兑人对持票人仍然应当承担付款义务。

本案的实质是承兑银行试图通过确认合同无效而免除付款责任,将风险转嫁给出票人(实际是将风险转嫁给持票人,因为出票人已经没有偿还能力),按照特别法优于普通法的原则,本案应当适用《票据法》及其相关法律规定而不是《合同法》。虽然我国现行法律没有明确规定承兑人在承兑后能否撤销承兑,但《统一汇票本票法公约》对此作出了与大多数国家相同的规定,即在票据承兑并交付出票人后不能撤销对票据的承兑。① 即使法院认为存在"欺诈"而将合同撤销,也不影响承兑人的付款义务,因为相对于在票据上记载"承兑"来说,其所依据的《承兑协议》仅仅是"原因关系",撤销与否根本不影响票据上记载的"承兑"(票据关系)的效力,否则就颠覆了票据流通性和安全性的基本原则。

该案经过二审,最终法院采信了我们的观点,驳回了城市商业银行的诉讼请求。

二、承兑人在承兑栏中记载"不得转让"的效力

1. 案情简介

2013年12月10日,自然人某甲从河北某煤业有限公司(以下简称"河北公司",系票据上记载的收款人)处收到一张银行承兑汇票,金额100万元。与正常的银行承兑汇票不同的是,该票的正面承兑栏"备注"里记载有"不得转让"字样并有银行工作人员的签名,因字样并未采取通常的"蓝色印章"方式记载,而仅仅是用打印机打印(且字迹色彩非常淡),所以某甲并未注意到"不得转让"字样,按照当天民间贴现利率扣息后,将961 000元现金

---

① 《统一汇票本票法公约》第二十九条规定:"在汇票上作出承兑的受票人,如在归还汇票时涂销承兑,视为拒绝承兑。如无相反证明,该涂销视为在归还汇票前所为。但受票人如已向持票人或任何在汇票上签名的当事人以书面通知其承兑者,仍按其承兑的条件向上述各当事人负责。"

打给了前手河北公司。当其向他人再转让被拒绝时才发现票据不能转让。随后,某甲欲向前手(收款人)退票,收款人以没有偿还能力为由拒绝退票。

因票据收款人河北公司没有实际履行对出票人山东某燃料有限公司(以下简称"山东公司")的供货义务,山东公司以河北公司为被告向河北省某市人民法院提起诉讼,要求解除购销合同(开具汇票的基础法律关系)返还票据。2014 年 6 月 5 日,该市人民法院作出(2014)晋商初字第 00053 号判决,判令"解除双方的购销合同,返还该票据,如果票据不能返还,则票据权利归原告(山东公司)所有。"判决作出后被告河北公司没有上诉,现判决已经生效。

2. 本案的法律问题

承兑人能否在承兑时记载"不得转让"字样,如果记载了有无效力? 承兑人记载有"不得转让"字样的票据(因受让人过失)转让后,受让人是否取得票据权利? 持票人某甲该如何救济?

3. 分析

1) 承兑人记载"不得转让"字样视为没有承兑,不具有票据法意义上的"禁止转让"效力。

在票据上记载"不得转让"的意义一般有两个[①]:一是将原因关系和票据关系结合在一起,多一层民事法律层面上的对抗关系。票据具有无因性,一旦出票,票据关系独立于民事关系(基础法律关系),为了防止收款人不履行民事关系的义务,出票人可以在票据正面记载"不得转让"字样[②],汇票不得转让;背书人为防止后手不履行民事义务(基础法律关系的义务),也可以在票据上记载"不得转让"字样,其后手再背书转让的,原背书人对后手的背书人不承担保证责任[③]。第二个原因是"预防善意第三人出现"。票据出票后,

---

[①] 曾世雄、曾陈明汝、曾宛如著:《票据法论》,中国人民大学出版社 2002 年版。
[②] 《中华人民共和国票据法》第二十七条。
[③] 《中华人民共和国票据法》第三十四条。

汇票会一直流通至持票人,就出票人与收款人之间的关系而言,持票人为第三人,持票的第三人如果支付对价善意取得票据,其票据上的权利应当得到完整保护,出票人不能以对抗收款人的事由对抗支付对价善意取得票据的第三人。出票人如果禁止背书转让,则可以避免票据流入善意第三人之手,以便维护其抗辩利益。

出票人记载"不得转让"的地方应当是在票据正面,至于记载方式可以是书写也可以是盖章,法律和相关行政法规均没有规定,但一般来说,应当用"蓝色条形章",达到"醒目"之目的[①]。本案的票据正是因为记载"非经仔细辨认不能发现"字样,才导致了某甲盲目地收取了该涉诉票据。

2) 承兑人记载"不得转让"没有法律依据,视为"拒绝承兑"。

在现行法律体系下(包括国外法律),没有赋予承兑人可以记载"不得转让"的权利,如果承兑人记载,视为"承兑附条件",按《票据法》第四十三条之规定,承兑附条件的,视为"拒绝承兑"。银行承兑汇票中"银行承兑"的意义是将"商业信用转化为银行信用",以便于票据更好地转让、流通。如果银行承兑时附加了条件且条件是"不得转让",就失去了银行承兑的意义。

本案涉诉票据所记载的"不得转让"字样位置处于银行承兑栏中的"备注"中(在该栏中还有银行工作人员"乙某某"的签字)。从理论上讲,银行承兑汇票的开具有两个环节,开票环节和承兑环节,出票人开出票来签章,再找到银行承兑,银行在票据正面记载"该票到期由我行承兑"字样后加盖承兑章,"出票"和"承兑"过程结束。但在实践中,一般是将两个环节"合二为一",银行制作银行承兑汇票,包括打印金额和其他票据要素,然后是企业盖章,银行盖章,"出票"和"承兑"过程均结束。按照这种程序,该票据上的"不得转让"字样一定是银行工作人员按照出票人的要求打印到票据上的,无论是记载的位置还是"记载书写人"均应当是银行。

[①] 曾世雄、曾陈明汝、曾宛如著:《票据法论》,中国人民大学出版社2002年版,第99页。

庭审中被告山东公司辩称,"不得转让"是出票人委托银行填写的,应当属于出票人记载的并出具了其与收款人之间有关"不得转让"的约定。我们认为,不能认定这种"委托代理关系"存在。首先,"不得转让"字样记载在"承兑人"一栏中而非"出票人"栏中。其次,记载事项为银行工作人员所为而非出票人所为。再次,在票据法意义上的委托代理关系必须"在票据上注明委托代理关系"并签章①,如果没有记载,不能认定为委托代理关系。

按照票据"严格文意主义"的要求,应当认为是银行记载了"不得转让"字样并认定为"拒绝承兑"。

3）承兑人记载"不得转让"的,视为拒绝承兑,其"不得转让"的记载不具有《票据法》上禁止转让的效力。

既然是银行记载并视为拒绝承兑,承兑人的记载就不再具有法律效力,其结果仅仅是"该票据因银行承兑不具效力视为没有承兑",由出票人承担付款义务。如果银行记载的"不得转让"没有效力,某甲就可以取得该张票据的票据权利,以持票人身份要求票据债务人（包括出票人和收款人）承担付款义务,银行因为"承兑附加条件"无效而免除付款责任。

持票人救济方法有：

（1）在程序上应当以"有独立请求权第三人未参加诉讼"为由提起撤销之诉（而不是再审）。按照最新《民事诉讼法司法解释》第二百九十二条规定："第三人对已经发生法律效力的判决、裁定、调解书提起撤销之诉的,应当自知道或者应当知道其民事权益受到损害之日起六个月内,向作出生效判决、裁定、调解书的人民法院提出,并应当提供存在下列情形的证据材料：①因不能归责于本人的事由未参加诉讼；②发生法律效力的判决、裁定、调解书的全部或者部分内容错误；③发生法律效力的判决、裁定、调解书内容错误损害其民事权益。"

（2）在实体上应当以"确认票据权利归山东公司所有"之判决侵犯了持

---

① 《中华人民共和国票据法》第五条。

票人权利为由,提起撤销之诉(并建议增加一个预备之诉,"要求出票人对持票人履行付款义务")。

既然排斥了银行承兑的效力,那么,银行记载的"不得转让"的禁止条款没有效力,某甲持有的票据基于支付对价(961 000元)和善意而取得票据权利,非经法定程序不能被剥夺,人民法院在真正的持票人没有参加诉讼的情况下(推定)票据仍然在山东公司,作出票据权利归山东公司所有的裁判没有法律依据,依法应当撤销。

附加提出的"预备之诉"在我国现阶段没有禁止性的法律规定,我们认为,仅仅提出一个"确认之诉",等结果下来了再提"给付之诉",不仅拖延时间而且浪费司法资源,应当准许这种有前因后果关系的"预备之诉的合并"。

第三节 背 书

一、收款人在票据上背书并交付给个人贴现,未收到票据款时,能否要求确认"票据转让无效"并要求返还票据

1. 案情简介

2010年5月19日,宁夏银川某贸易公司(以下简称"银川公司")开出10张银行承兑汇票,总金额1 000万元,票据开出后公司财务人员找到票据中介,打算到民间市场上贴现。2010年5月25日,辗转通过票据中介强某、丁某找到宁夏石嘴山某贸易公司(以下简称"石嘴山公司")法定代表人马某,马某验票后按照强某的要求将100万元贴现款打给丁某,将其余贴现款打到强某个人卡号。强某收到票据款后未打回银川公司账户,而是挪用后用于偿还个人欠款。银川公司因未收到票据款,遂向当地公安机关报案,公安机关扣押了涉诉票据并将相关涉案人员移送起诉。2012年4月17日,银川市兴庆区人民法院作出刑事判决,认定强某构成非法经营罪,但对公安机关

扣押的涉诉票据归属未作处理。

2011年10月,银川公司向宁夏高级人民法院提起诉讼,要求石嘴山公司返还票据,该涉诉票据在诉讼时的依次背书情况为"收款人公司(后收款人出具证明,证明票据已经返还持票人)"——"石嘴山公司",因此,附加了"如果返还不能赔偿损失及其利息"的诉讼请求。石嘴山公司提起反诉,要求确认票据归自己所有并赔偿相关损失。

2. 本案的法律问题

该案涉及民间票据买卖市场的两个非常重要的问题:一是收款人"背书"并"交付"票据后,没有收到票据款是否还拥有票据权利?二是个人之间票据贴现的效力,即"个人支付了对价能否取得票据权利"?

3. 分析

1) 收款人"背书"并"交付"票据后,票据权利已经转移,不能再主张票据权利。

我国《票据法》规定,票据的法定转让方式为要式行为——"背书"并"交付"票据,除非有证据证明存在有《票据法》第六条、第十二条,《票据法司法解释》第十五、第十六条的情形存在,否则不能主张票据转让行为无效。目前,票据买卖民间市场上存在大量的"开出票据背书后交给票据中介出售"的情况,如果收到了票据款当然承认票据权利已经转移了,如果没有收到票据款,均认为票据权利没有转移,均采取"挂失""报案"等方式,试图挽回损失,追回票据款。

背书的主要意义是为了"转让票据",集中体现了转让的意图,在收款人打算到民间去贴现时,这种转让的意图是自愿的、明确的。票据转让的第二个环节就是"交付",票据法未对"交付"的概念作出解释,按照物权法的解释,交付就是"转移占有权"。收款人背书后,按照自己的意志将票据"交付"给了另一个权利主体(票据中介),已经丧失了票据权利,票据的合法占有人完全可以背书并再次转让,如果否认了持票人合法占有的效力,让受让人对持票人取得票据是否合法?是否支付对价进行判断?实在是勉为其难。

至于持票人对前手没有支付对价(交付货物或者给付现金)属于"原因关系"(基础民事法律关系),收款人可以通过合同关系(买卖关系、委托代理关系、居间关系)或者侵权关系(认为是诈骗自己票据)提起相关民事诉讼。

2) 个人支付了对价可以取得票据权利。

否认个人买卖票据能够取得票据权利的依据,是行政法规和中国人民银行的行政规章否定个人持有票据的合法性。实际上,在法律层面,我们没有看到禁止个人持有票据的强制性规定。综观世界各国立法,均没有排斥个人持有票据的规定,甚至允许没有文化的公民使用票据,对不会书写姓名的公民,规定以"捺印"代替签名①,我们不知道相关行政机关禁止个人拥有和使用票据的理由何在?在市场经济条件下,从法律"应当促进市场交易"的功能出发,我们应当鼓励个人持有和使用票据。

宁夏高院认为,银川公司通过"贴现"方式转让票据的意思表示是真实的,对于票据款支付给强某的情况是"知悉"的,其与票据中介之间是"委托代理关系",石嘴山公司对强某支付票据款属于"支付给了双方知悉的相对方",视为已经履行了贴现款支付义务,并据此驳回了银川公司的诉讼请求。判决作出后,石嘴山公司不服判决,上诉至最高人民法院。最高人民法院认为,"双方当事人从事涉案商业汇票贴现、转让行为而引发,其交易的本质是民间借贷、融通资金活动""原审认定(原告公司)联系汇票贴现的对方是强某,符合本案的实际""依据我国《票据法》第十、第十二条的相关规定,(石嘴山公司)已经依法取得了票据权利"。据此判决,驳回上诉,维持原判②!

该判决确定了两个原则:一是票据民间贴现是"民间借贷行为或资金融通行为,个人是适格的主体;二是向个人(持票人)支付了对价,符合《票据法》第十、第十二条规定,也即具有真实的交易关系和并非是非法取得,依法已经取得票据权利"。

---

① 乐俊伟著:《比较票据法》,商务出版社2013年版,第4页。
② 最高人民法院(2014)民二终字第19号。

二、伪造、变造票据退票后,后手中介起诉前手中介赔偿全额票据款和利息有无依据

1. 案情简介

2013年8月14日,票据中介某甲将一张票面金额为400万元的银行承兑汇票(票号为309000532399**83,出票人吉林省某经贸有限责任公司,收款人辽宁某商贸有限公司,付款行兴业银行长春分行,票面金额400万元,汇票到期日2014年2月2日)以3 864 800元的价格转让给另一中介某乙。同日,某乙支付给某甲票据转让款3 864 800元。某乙取得票据后将涉案汇票交给浙江诸暨某机械有限公司(以下简称"诸暨公司")使用,诸暨公司将涉案汇票背书给杭州某物资有限公司(以下简称"杭州公司")。因怀疑涉案汇票为假票,杭州公司、诸暨公司依次将涉案汇票退还给某乙。某乙遂向实际前手某甲提出退票要求。2013年8月19日至2013年9月3日,某甲向某乙分多次返还票据转让款共计81万元,余额无力返还。

2013年10月11日,某乙向诸暨市人民法院起诉要求某甲返还票据转让款3 054 800元及利息24 867元。诉讼中,经被告代理人申请,诸暨市人民法院法官持票到出票行"兴业银行长春分行"对涉案汇票的真假情况进行咨询,该行经鉴定,涉案汇票为变造票据,该票号为3090005323990081、309000532399**82(金额为1万元,其余票据要素与变造票据一致),其中一张变造而来。

2. 本案的法律问题

一是该诉讼的性质是什么?是票据追索权纠纷,侵权纠纷还是合同纠纷?二是侵权行为构成犯罪时,受害人能否选择民事诉讼方式进行救济?三是某乙怎样诉讼才符合法律规定?

3. 分析

该案件的性质应当是侵权纠纷。

1)本案不是"票据追索权"纠纷,被拒付的持票人不能依据票据追索权

的相关规定向前手进行追索。

首先,票据权利包括付款请求权和追索权,付款请求权为先位权利,持票人行使付款请求权时被拒付后,追索权成立(《票据法》第四、第六十一条)。但是,追索权以票据有效,票据权利存在为前提。

其次,票据上的金额不能修改,修改票据金额的,票据无效(《票据法》第九条)。本案中的票据因修改票据金额(由1万元变造为400万元)导致票据无效,和票据并存的票据权利自然丧失,没有票据权利就没有了追索权。

显然,最后持票人杭州公司向诸暨公司、某乙追索以及乙向前手某甲的追索均没有法律依据。

2) 本案也不是合同纠纷,其票据流转(转卖变造票)的性质属于"民间票据贴现"。

在票据法律关系中,存在三层法律关系:资金关系(开票人与银行的委托付款关系)、基础关系(取得票据的基础交易关系)和票据关系(票据本身的权利义务关系)。其中,所谓的"合同"关系,是指票据的签发、取得和转让应当具有的基础交易关系(《票据法》第十条)。而本案的涉诉票据除最后两手具有基础交易关系外,某乙和某甲取得票据时均没有基础交易关系,是"用票据换取现金并贴付一定金额的利息"俗称"票据贴现"(《商业汇票承兑、贴现与再贴现管理暂行办法》第二条)。但是,票据贴现仅仅能够向金融机构转让票据,从个人处贴现的行为属于"民间票据贴现",是"非法金融活动"的一种表现方式(《非法金融机构和非法金融业务活动取缔办法》第四条第三款),属于国家明令禁止的一种"非法金融活动"。某乙贴现某甲的票据是为了赚取票据利息差价,双方根本不存在合法的合同关系。

3) 本案的实质是"侵权"。

《票据法》第一百零二条中规定:"有下列票据欺诈行为之一的,依法追究刑事责任:(一)伪造、变造票据的;(二)故意使用伪造、变造的票据的……"此案中涉案票据为变造票据,在整个票据流转过程中,必定有人"变造票据"以及"明知是变造票据而购买",涉嫌票据欺诈,应当承担刑事责任。

刑事责任所伴随的财产责任是"侵权"（而不是合同），包括对人身权和财产权的侵害。本案中，无论是票据的变造者还是票据的倒卖者（包括明知是变造票据为骗取财物而倒卖及不知是变造票据为了赚取利息差而倒卖者），对于最后的受害人来说其实质"不是等价交换而是以一张已经丧失票据权利的票据获取票据款"，因此，从本质上看，是一种"侵权行为"而绝不是合同关系。

如果本案中的原告依据《合同法》"与前手存在合同关系，自己已经付了款而前手未履行或瑕疵履行票据给付义务"为由，提起的诉讼，那么，首先应当考量"买卖票据是否违法？""非法行为是否受法律保护？"

合同纠纷以存在合同关系且合同依法成立为前提，因为该案的性质本身就是"票据民间贴现"，属"非法金融活动"，按照相关法规规定"因参与非法金融业务活动受到的损失，由参与者自行承担。"（《非法金融机构和非法金融业务活动取缔办法》第十八条）

4）侵权行为构成犯罪时，受害人不能选择民事诉讼进行救济。

这里首先存在的一个问题就是"财产被侵害已经构成犯罪时，被侵害主体能否自由选择刑事追偿（报案）或民事诉讼（侵权、合同违约赔偿）进行救济？"

刑事犯罪是一种侵权行为，对被侵权人来说，侵犯的客体不仅仅是"个人的人身或财产权利"，同时还包括"社会秩序"。如果说，权利人有权处分自己的财产（包括有财产内容的部分人身权），那么对于侵犯的社会秩序（国家的金融票据管理秩序），被侵权人无权处分。

对侵权人（且侵权行为已经达到犯罪程度的犯罪嫌疑人）来说，如果仅仅承担民事责任就能解决纠纷，无异于"对犯罪行为的放纵"。因为对票据的变造人来说，变造票据取得了利益，按照300余万元的金额，不仅要承担15年以上有期徒刑的人身罚，而且还应当承担"返还赃款"和"没收财产"的财产罚，如果都通过"不去报案，提起民事诉讼"的方式解决问题，无异于是对"犯罪的包庇"。

我国《刑事诉讼法》和相关司法解释均对公民、法人和社会其他组织发现犯罪的"报案义务"作了规定；对"人民法院在审理经济纠纷案件中发现犯罪，应当将案件移交公安机关立案侦查"作了详细规定。

还有一个非常重要的问题：本案中票据欺诈的主体——票据变造人以及明知票据是变造而倒卖的人并不清楚，而人民法院并不具有"刑事侦查权力"，如果仅仅在"几个过手的中介谁应当全额赔偿"上纠结，必然会使真正的侵权人逍遥法外。

因此，我们认为，该案应当终止审理，移交公安机关，待刑事诉讼结束后，如果受害人（通过追赃）仍然未挽回全部损失，再通过刑事附带民事诉讼或单独民事诉讼的方式进行救济。

本案民事诉讼存在两个层面的问题：

（1）票据上利益返还请求权；承兑行应当支付变造前的票据金额1万元给持票人。

虽然涉诉票据因变造而丧失了票据权利，但持票人的民事权利依然存在，出票人或承兑人应当返还未支付金额的利益1万元（《票据法》第十八条），否则对承兑人来说将构成"不当得利"。

因为出票人基于资金关系，在开票时支付了一定比例的开票保证金，在票据到期后又将未支付的票据款支付给了承兑人，承兑人应当将该笔未支付的资金付给持票人。又因为票据因变造已经导致"票据无效"，持票人只能要求承兑银行返还与未付金额相等的利益1万元。

（2）侵权纠纷。持票人就承兑人支付的剩余部分（400万～1万），向票据变造后的所有经手人（背书和未背书人）主张赔偿（《票据法》第十四条第三款）。

首先，本案中的原告本身就是侵权人（倒卖变造票据人），某乙以及其后手都应当为自己（在整个变造票据买卖过程中的）过错买单，不能"私相授受，转嫁风险"。现持票人因为票据是变造的（应当承担未能识别的责任）丧失了追索权。其损失可以向侵权人追偿，但应当承担自己本身有过错（不能全额要求加害人赔偿)和诉讼后执行不能的风险(如果是真票,有银行信用作保障)。因此,即便是其后手,杭州公司、诸暨公司私下里完成了对实际前手某乙的追索,某乙也不能将没有抗辩而显失公平的结果再转嫁给前手(因为法律上的追索权已经不存在)。

其次,如果是侵权诉讼,就应当先确定侵权主体是否存在共同侵权,各个侵权人的地位和作用。然后由人民法院审查确定是否侵权人,责任大小并以此确定每一个侵权人的赔偿责任和赔偿比例,不能由当事人按照主观好恶,选择其中一个人请求全额赔偿,以优先满足自己的私利。如果仅仅将实际前手列为被告,一手一手"连环诉讼",不仅无法从整体上把握整个案件的责任人和赔偿比例,而且会导致转嫁风险,导致案件中的其中一个环节承担与自己应当承担过错不相适宜的全部责任,有悖于法律的公平正义。

浙江省诸暨市人民法院认为:本案原、被告(乙、甲)之间买卖银行承兑汇票的行为,属于非法金融业务活动。涉案的银行承兑汇票经出票行鉴定系变造票据,其行为已经涉嫌刑事犯罪,应移送公安机关处理。原告的起诉不属于人民法院受理的民事诉讼的范围,其提起的诉讼应当予以驳回。依据《中华人民共和国民事诉讼法》第一百一十九条、《最高人民法院关于在审理经济纠纷案件中涉及经济犯罪嫌疑若干问题的规定》第十一条之规定,作出(2013)绍诸商初字第 3342 号裁定,驳回原告某乙的起诉。裁定作出后,双方均未上诉,目前裁定已经生效。

三、交付票据后票据款未打,通过"公示催告"挽回损失的可能性有多大?

2015 年 7 月,江苏某公司(以下简称"江苏公司")开出一张银行承兑汇票,金额 50 万元,交给票据中介某甲,试图到民间票据市场以较高的价格贴现。某甲拿到票据后将票据贴现并收到贴现款,但其并未将贴现款打给出票人,而是将票据款挪用(用于偿还其他欠款),江苏公司向我们咨询,询问通过"挂失止付"挽回损失的成本和可能性。

以往,贴现的企业或者个人在票据被骗后,均采取"挂失——申请公示催告——取得除权判决——持判决书提示付款"的方式挽回损失,极少向公安机关报案,除通过刑事诉讼途径来挽回自己的损失以外,因为骗子骗到票据后通常已经将票据款挪用,基本没有了偿还能力。按照近几年的统计,采取"伪报票据丧失的方式"可以挽回损失额的10%~70%,票面金额越小,到期日越长,"挂失成功"的比率就越高,乃至在"圈内"已经形成了一个"惯例",一旦收不到票据贴现款,立即到法院去申请公告,江浙沪等经济发达地区的法院为了应付大量的申请公告案件,在立案庭设立了专门的公示催告窗口。

之所以存在这种现象,主要是我国《票据法司法解释》存在漏洞,《民事诉讼法》只规定公示催告的期间"不得少于六十日",并未规定起始时间,而《票据法司法解释》完全无视票据"付款到期日一般为六个月"的实际情况,竟然荒唐地规定公告时间"最长不得超过九十日"。因为法律的缺失导致实践中票据还未到期法院已经判决"票据无效,持票人可以持判决申请银行付款",而票据到期后真正的持票人提示付款时,钱已经被申请公告人提走,持票人反而拿不到票据款。应当说,法律的这种规定是错误的,为"伪报票据丧失,恶意转嫁风险"创造了机会。可悲的是,这种情况居然在我国延续了15年(从2000年《票据法司法解释》出台到2015年),直到今年,这种错误才得到纠正。

2015年2月4日施行的新《民事诉讼法解释》明确规定"公示催告期间届满日不得早于票据付款日后十五日",简而言之,除权判决最早要在票据到期日后15日作出,按照法律规定(《票据法》第五十三条第二款),持票人在付款到期后10日内应当提示付款,如果票据不是丢失(灭失),15日内持票人早已拿着票据去银行提示付款了,一旦发现票据被挂失,只需向法院申报权利,公示催告程序立刻终止,不会等到法院再作出除权判决了。

以后再试图通过申请公示催告的方式来挽回损失,转嫁风险的做法在法律层面上已行不通,申请贴现的企业或个人被骗后再申请公示催告已无意义。

第四节 失票救济的技巧

一、主张已被吊销执照公司的印章背书属"票据上签名之伪造"

1. 案情简介

2009年5月2日,上海某公司丧失一张银行承兑汇票,票面金额20万元,到期日2009年10月30日。失票后,上海公司及时挂失、止付并申请公示催告。在公告期内,浙江某公司持票到法院申报权利,法院裁定终结公示催告程序。2009年9月30日,上海公司起诉到法院,要求浙江公司返还票据,浙江公司以已经支付对价为由拒绝返还。

经查,涉诉票据系自然人某甲从出租车上拾得,未背书以19.85万元卖给自然人某乙。某乙通过朋友介绍,未背书以19.85万元卖给浙江公司。浙江公司系专门从事民间票据买卖的公司,以其财务人员的个人账户给某乙打款19.85万元。随后,浙江公司利用自己控制的"包装户"A公司(因未年检已被工商机关吊销)背书给B公司,由B公司向信用社申请贴现。信用社在委托收款时得知票据因涉诉被查封,遂将涉诉票据未背书退还给浙江公司。

2. 本案的法律问题

一是失票救济程序在何种情况下可以启动,即"票据返还请求权"在何种情况下可以实现?二是虚假背书的效力如何?

3. 分析

1)票据丢失后(如果是真的丢失了,现在市场上绝大多数是民间票据贴现未收到票据款,假"丢失"之名将票据挂失),均应当启动失票救济程序,因为票据的一个主要功能就是"防止丢失"(如果你只需背书给特定人,不让票据继续流通,可以在票据上注明"不得转让"字样,即使将来票据丢失了,持票人也不能取得票据权利)。公示催告的功能不仅是告知"不确定的持票人"向国家公权力机关(人民法院)申报权利,保护善意取得人的利益,而且还有"阻吓不当持有人"的功能,使其不敢行使不当权利。而且,一般人并不认识承兑汇票,可能会认为是一张废纸而丢弃了(在票据丢失后,被当作垃圾处理掉的很多),因此,票据丢失后一定要启动公告程序,寻找丢失的票据。

但是,如果票据流转到了善意第三人手中且已经支付了对价,再行使"票据返还请求权"就不明智了,除非票据上存在"虚假背书""公告后背书"和"非对价取得",失票救济一般不能得到法院支持。

当然,你可以从基础法律关系出发,要求票据上背书的实际后手"返还不当得利",寻找票据的拾得人。

2) 虚假背书相当于"没有背书",不能取得票据权利。

从票据背书栏中可看出,上海公司的后手为A公司,A公司的后手为浙江公司。"自然人某甲从出租车上拾得,未背书以19.85万元卖给自然人某乙。某乙通过朋友介绍,未背书以19.85万元卖给浙江公司"的事情仅被浙江公司作为抗辩理由,并无证据证明,视为不存在。上海公司查询到A公司已被吊销工商执照,其在票据上的签章是伪造的,那么,A公司的背书无效,A公司和浙江公司的交易背景是被浙江公司伪造的,浙江公司为上海公司的唯一后手。上海公司只需申请法院调取浙江公司申请贴现的资料,便可查明增值税专用发票的虚伪。浙江公司不能证明自己善意取得票据并支付了对价,应为恶意第三人,不能取得票据权利,应向上海公司返还票据。

首先,丢失的票据被他人拾到后,若票据被转让到善意第三人手中,善意第三人便合法地取得票据权利,失票人便不能向其主张票据权利。票据若到恶意第三人手中,恶意第三人通常会通过伪造前手的签章、交易背景和增值税专用发票的方式,伪装成票据权利人申请贴现。失票人可通过工商登记信息查询持票人前手的真伪,通过向法院申请调取持票人贴现资料的方式,查明增值税专用发票的真伪。若上述信息都是伪造的,可证明持票人不是善意第三人,失票人可请求其返还票据。

其次,票据丢失后,应当立即通知付款行挂失止付,但"付款人或代理付款人自收到挂失止付通知书之日起12日内没收到法院止付通知书的,自第13日起,持票人提示付款并依法向持票人付款的,不再承担票据责任"。因此,为避免挂失止付到期后付款人向持票人付款,失票人挂失止付后应及时向法院申请公示催告或者直接向法院起诉。

二、最后背书系持票人的前手伪造

1. 案情简介

2012年12月,山东济宁某公司(以下简称"济宁公司")将100万元银行承兑汇票送至济宁某县票据中介张某梅(某甲)处贴现,某甲又将票据送至山东曲阜某乙处贴现,因某甲"低进高出",欠许多应付账款,随将该笔贴现款挪用。2013年2月,某甲被山东省某县公安机关刑事拘留,济宁公司因未收到票据款,以"票据丢失"为名向出票行所在地内蒙古包头市人民法院申请公示催告,公告期间,持票人某乙借用其侄子某丙、某丁的个体经营商号某商店为名背书并以某商店之名义向法院申报权利,包头法院裁定终结公示催告程序。济宁公司向当地公安机关报案,要求查处"丁某的诈骗行为",公安机关找到丁某,核实丁某取得票据的情况,丁某如实相告"从来没有与前手某丙有交易关系,是叔叔借自己的印章背书后去申报权利",公安机关调查后认为不属于刑事犯罪,作出"不立案"决定,并将调查笔录交给了济宁公司(实际上这是济宁公司精心策划的由公安机关介入民事案件调查,然后再提起民事诉讼的典型案件,我们认为,公安机关未经立案介入调查的相关笔录应当认定为无效)。济宁公司凭借公安机关的调查笔录及其他证据向曲阜市人民法院提起诉讼,要求确认涉诉票据的票据权利归原告所有。

曲阜市法院经审理查明：涉诉票据系济宁公司委托他人到某甲处贴现时被骗，遂以"票据丢失"为名挂失，此时，票据已经曲阜票据中介某乙流转至后手多个公司，票据挂失后，持票人逐手退票，将票据又退还给某乙，某乙无奈，借用其侄子的商号背书两手后，以最后一手名义向法院申报权利，某甲未向济宁公司支付票据款。2013年5月，曲阜市人民法院作出一审判决，票据权利归原告济宁公司所有，被告某商店不服，上诉至济宁中级人民法院，济宁中级人民法院驳回上诉，维持原判。

2. 本案的法律问题

票据被骗后能否要求确认已经转让的票据权利归原告？本案的正确案由应当是什么？原告能否取得票据权利？

3. 分析

1) 票据权利与持有票据密不可分，一旦丧失就不再有票据权利。

我们认为，曲阜法院（包括济宁中院）的判决是错误的，在票据返还请求权纠纷中，不存在"确认票据权利"之诉，票据作为票据权利的载体，与"持有"密不可分，谁持有票据，谁就拥有票据权利，而票据返还请求权是一种（基于票据丢失）债权，是对特定人（票据拾得人）的返还请求权，不能对抗不特定的多数人，更不能对抗持有人。

2) 本案的原告仅仅具有票据返还请求权（债权）而没有"确认特定物为自己所有"的物权。

返还请求权仅限于票据拾得人以及明知是拾得物，基于恶意而非法取得的人，如果票据已经转让给了善意第三人，票据返还请求权消失。本案中，原告济宁公司应当就票据的实际取得人某乙"恶意取得"承担举证责任[①]，如果举证不能，就应当判令驳回起诉。

3) 判令原告具有票据权利没有法律依据。

从《民法》的一般法理上看，曲阜法院的判决也难自圆其说，即便是"票

---

① [台]梁宇贤著：《票据法实例解说》，中国人民大学出版社2004版，第139页。

据转让行为无效",无效的法律后果是"相对返还""双方返还",某乙也应当将票据返还给某甲而不是隔着某乙将票据返还给济宁公司,也应当是双方返还,即某乙返还票据,某甲返还票据款,而不是"单方返还",无端地剥夺某乙的财产权利。

综上,如果最后背书人是持票人伪造的,就给了他人想象的空间,有可能要求确认票据权利归原告所有。截稿前,本案已经山东省高级人民法院审查立案,启动再审程序。

三、公示催告期间转让票据无效

1. 案情简介

2012年6月10日,四川某电缆厂(以下简称"电缆厂")从前手买卖取得2张银行承兑汇票,金额均为100万元,拿到票据中介处贴现时未收到贴现款,电缆厂未向公安机关报案,而是找到票据收款人陕西咸阳某公司(以下简称"咸阳公司")出具"票据转让证明"后,到付款人所在地陕西咸阳将票据挂失并申请公示催告。咸阳某区法院于6月25日发出公告,要求持票人申报权利。事实上,票据已经从票据中介处经多次背书流转到浙江温州乐清,由乐清某公司质押给了银行。同年11月,银行在查询时发现该票据已经挂失,随将票据退还给了乐清公司并要求其重新提供担保。乐清公司拿回票据后,重新加盖了一家温州公司的背书章,制作了与前手的交易合同、送货单,并将日期填写到2012年6月20日(公示催告发出以前),然后以温州公司的名义申报权利,法院裁定终结公示催告程序,电缆厂以温州公司为被告起诉到咸阳某区法院,要求"确认票据权利人为原告,被告温州公司不具有票据权利"。因电缆厂掌握了票据质押的情况,在庭审中,申请法院向银行调取了"票据质押情况说明",证明银行在公示催告期间才将票据退还给乐清公司,乐清公司在票据退回后才转让给温州公司,申报权利时提供的合同、送货单上的"时间虚假",票据是在公示催告期间转让,应当认定为转让无效。据此,咸阳市某区人民法院作出一审判决,确认票据权利归原告,被告温州公司不享有票据权利。温州公司不服提出上诉,上诉至咸阳市中级人民法院。

2. 本案的法律问题

公示催告期间转让票据是否有效?温州公司不具有票据权利,享有票据权利的是谁?确认原告享有票据权利有无法律依据?

3. 分析

1) 公示催告期间转让票据,持票人不能取得票据权利。

实际上,本案涉诉票据在公示催告发出前就已经质押到银行,因质押(主债权未到期前)不能取得票据权利,且在公告期间内,以公示催告的质押票据主张权利的,人民法院不予支持①。因此,将票据退回乐清公司,让乐清公司去申报权利是正确的,由于乐清公司也是从个人处买卖取得的票据,与票据上记载的前手没有交易关系,"画蛇添足"地又背书一手并制作了"与前手的交易关系",鉴于交易资料是虚假且是"公示催告期间"转让的,温州公司当然不享有票据权利。

2) 公示催告转让票据无效仅仅是对"该时间区段的特定交易"的否定,不能否定该区段以前的所有交易。

本案中,确认无效的仅仅是"乐清公司对温州公司的转让",不能确认乐清公司在公示催告以前从实际前手取得(以及再前手取得)的效力。因此,确认温州公司不是票据权利人,仅仅是对温州公司票据权利的否定。

3) 确认原告电缆厂享有票据权利没有法律依据。

电缆厂不是票据的丢失人②,即便是真的丢失,也仅仅具有对特定人(拾得人)的返还请求权,是一种对特定人的债权(而不是物权)。如果票据丢失背书的直接后手就是乐清公司,申请法院确认票据权利尚有可能,但本案的

---

① 《最高人民法院关于审理票据纠纷若干问题的规定》第三十四条。
② 按照相关法律规定,票据在丢失、灭失和被骗(相对人处于不确定状态)时,才可以申请公示催告。

涉诉票据从电缆厂到乐清公司在票据上记载的就有6手背书,仅仅是"乐清公司对温州公司的转让"在公告期内,可以确认无效,其余6手均不能够确认无效。那么,票据权利人应当是不能确认无效的最后持票人——乐清公司,与原告"电缆厂"风马牛不相及。

本案的处理结果是咸阳中院采信了我们的观点,改判为驳回电缆厂的诉讼请求。但本案的教训是惨痛的,如果乐清公司就是原告的直接后手,如果不能证明乐清公司与原告之间还存在其他交易人,电缆厂可能会赢得诉讼。

第五节 除权判决

票据被除权后,后手以"未实际履行付款义务"起诉前手,能否获得法院支持

1. 案情简介

2013年1月8日,浙江某医药公司(以下简称"浙江公司")与武汉某医药公司(以下简称"武汉公司")签订一份购销合同,交易后,浙江公司收到武汉公司2张银行承兑汇票,金额均为10万元,因该2张票据在前手流转中因票据款未清,被收款人以丢失为名挂失。在公示催告期间无人申报权利,该2张票据已经分别被山东某法院和石家庄某法院除权。票据除权后,按照背书顺序,逐手退到浙江公司手中,浙江公司要求武汉公司退票时遭到拒绝,遂以武汉公司为被告起诉到金华某市法院,要求武汉公司重新支付货款20万元及违约金2万元。

2. 本案的法律问题

以交付时尚未除权的银行承兑汇票付款能否认为"已经全面履行了付款义务"?交付后票据被挂失、除权,交付人是否承担责任?浙江公司正确的救济方式是什么？其中存在哪些风险？

3. 分析

1) 以交付时未挂失的票据履行付款义务视为"完全履行了付款义务"。

银行承兑汇票本身就是作为一种支付手段存在，在我国现行《票据法》制度下，主要就是"支付功能"。在支付时如果票据本身不存在瑕疵，一旦背书交付，就认为是"履行了付款义务"，如果否定了这种"已经清结账款"的效力，票据就不再有存在的价值了。

2) 票据背书转让后，出让人固然要承担因背书记载而应当承担的票据责任（如被追索、对前手背书的真实性负责等义务），但一经背书转让，对转让后发生的"票据挂失""票据被除权"不负责任，因为这些事件"发生在票据交付之后"。

尽管在理论上不存在"事件发生在前手"的情况，但现实中"丢失"恰恰就发生在前手。一般来说，从出票到票据流转是一个非常快的过程，2~3天就完成流转进入银行（质押、贴现或转贴现）。但此时，由于票据中介将票据款占用或挪用，贴现款还到不了收款人手中，而收款人需要时间向资金占有人催要，短则七八天，长则二三十天，实在要不回来时才会将票据挂失。届时，票据早已完成了流转，就出现了"票据早已经进入银行，出票人的票据又丢失了"的奇怪现象。因为票据行业"票据圈、信息圈"的特定性，出让人可能会早于后手知道前手将票据挂失的信息，应当及时告知后手，逐手通知现持票人去申报权利。

3) 浙江公司首先应当拒绝退票。

按照我国现行法律规定，公示催告程序终结后，申请人可以申请除权判决，除权判决作出后，申请人凭除权判决有权领取票据款，并无担保制度。因此，在除权判决终结后，即便是申请撤销除权判决，如果申请人已经凭判决书取走票据款，即赢得诉讼，其判决也不再是对所有票据债务人具有效力（包括对承兑银行的付款请求权和票据上背书的所有前手的追索权），有的仅仅是对取走票据款的申请人（特定的公司）"返还票据款"的债权。而这种针对特定公司的债权是与市场上普遍流通的银行承兑汇票是基于"银行信用"——金融证券流通性的基本原则相悖的。因为除权—取走票据款—撤销除权—特定人返还票据款,早已经没有了金融机构保证付款的影子。[①] 仅仅剩下了对申请人的债权,如果申请人本来就是借来用于虚假诉讼的皮包公司,持票人即使取得了胜诉判决,也拿不回票据款。因此,接受退票并退回票据款本身就意味着"自愿承担后手转嫁的风险"。

其次,按照行政法规规定,[②]汇票交付是法定的"支付货币"的方式,付款义务人的"交付货款"行为已经结束。票据受让人不再具有合同法律关系(基础关系)中的"支付货款请求权",有的仅仅是票据上的"付款请求权"和"追索权",而当票据因被他人挂失后无人申报权利被法院除权的,按照《民事诉讼法》及其相关司法解释的规定,"利害关系人"应当以申请人为被告,向作出除权判决的法院提起"撤销除权判决"之诉。[③]

问题是提起"撤销之诉"存在着风险。首先是"原告适格"问题。按照《民事诉讼法》第二百二十三条的规定,提起诉讼的原告应当是"利害关系人",但《票据法》对票据上的利害关系人没有作出规定。因我国民事诉讼立法及相关司法解释对利害关系人的概念缺乏明确界定,在司法实践中,对"利害关系人"的理解和把握缺乏一个统一的标准,不少民事诉讼法学教材曾一度将当事人定义为:"因民事上的权利义务关系发生纠纷,以自己的名义进行诉讼,并受人民法院裁判拘束的直接利害关系人。"[④]在票据法实践中

---

① 对于票据被除权后的处理,司法实践过程中比较混乱,一般认为,如果除权后票据没有付款,其案由应当是"撤销除权判决"以恢复票据权利。一旦申请人凭除权判决将票据款取走,票据上的全部债务人的责任解除,持票人只能依据基础法律关系以申请人为被告提起"损害赔偿"之诉(侵权之诉),但最高院新颁布的《民事诉讼司法解释》却否认了这种观点,我们将在以后的"付款"一章中专题讨论这个问题。

② 《支付结算办法》第三条。

③ 《民事诉讼法》第二百二十三条,《民事诉讼法司法解释》第四百六十一条。

④ 柴发邦、江伟等:《民事诉讼法学》,法律出版社1982年版;张晋红:《中国民事诉讼法》,中国政法大学出版社1997年版。

一般认为：在除权判决以后，"实际持有票据的人"是利害关系人，因为如无相反证据，持有票据的人就是票据权利人。我们认为这种界定不全面，应当再补充一条"且已经支付对价的人"，包括从前手取得票据时已经完成了货物交付义务的人和从后手退票时，已经向后手支付了票据款的人。但问题远非这样简单。在实际操作中，往往是在票据除权后，后手将票据退给前手，让前手去诉讼（撤销除权判决），而前手几乎不可能首先将票据款退还给后手。道理很简单，票据是在后手手中被除权的，是当时的持票人未尽"谨慎审查义务"而没有发现法院公告并及时申报权利才导致票据被除权。应当为除权所造成的后果（包括诉讼风险）埋单。但是，现实是在垄断普遍存在的中国市场，并非都是"买方市场"，一些大型国有企业（尤其是资源型企业）牢牢掌握着某一特定行业市场，许多配套的民营企业不得不"先款后货"，当这些国企收到的票据在自己手中被除权后，首先想到的不是"维权"，而是向前手退票，让前手去诉讼，等诉讼结束了再处理相关的损失。这时，持票人实际上并没有损失，当这些持票人去诉讼时，很可能因为"不是利害关系人"而不能得到法院的支持。其次是实体上的风险。提起"撤销之诉"，还需要法定的"正当理由"才可以撤销，《民事诉讼法》第二百二十三条规定的正当理由包括：①因发生意外事件或者不可抗力致使利害关系人无法知道公告事实的；②利害关系人因被限制人身自由而无法知道公告事实，或者虽然知道公告事实，但无法自己或者委托他人代为申报权利的；③不属于法定申请公示催告情形的；④未予公告或者未按法定方式公告的；⑤其他导致利害关系人在判决作出前未能向人民法院申报权利的客观事由。在诉讼中我们发现，让持票人举证证明存在上述理由几乎不可能，最多的是"票据不是丢失"，但往往需要调取挂失人同时向公安机关报案材料才能够证明。如果申请人"只挂失不报案"，利害关系人根本没有理由申请撤销。再次是执行风险。如果票据款已经被申请人凭除权判决取走，即使除权判决被撤销，利害关系人仅仅取得对申请人的"返还票据款"判决，可能执行不到票据款。

本案中，人民法院认为，"原被告以支付货款为目的的收受汇票，原告收受汇票后将汇票有偿背书转让给后手已经实现票据权利,故原因关系中被告的付款义务已经履行完毕,债务随之消灭,原告不再享有依买卖合同所生之付款请求权。"并据此驳回了浙江公司的起诉,[①]浙江公司未上诉。

第六节 票据质押、保证

一、签订"质押转让票据协议",能否起到转让票据权利的目的

1. 案情简介

2007年9月,票据中介某甲从票据中介某乙处收到一张银行承兑汇票,金额100万元,扣息后支付某乙97.2万元,为防止意外,某甲拿出一份由律师帮助起草的《质押转让票据协议》让某乙签署。该协议约定,某乙将该票据质押给某甲,期限24小时,如果某乙不能在24小时内还款,票据权利转让给某甲,某甲有权自由处分。协议签订后,某甲将票据款打入某乙个人账户,然后用自己的"包装户"江苏某公司(以下简称"江苏公司")背书后,伪造了江苏公司和票据上记载的收款人之间的合同、发票(复印件)到江苏某商业银行贴现。

因票据中介某乙并未将全部票据款交付给收款人(认为其中的100万元已经用于替朋友扣除收款人法定代表人对某丙的欠款),收款人与某乙发生纠纷,收款人遂将票据挂失。

某乙为防止某甲找其麻烦,告知某甲前去发出公告的河南某法院申报权利。某甲遂将票据从贴现银行取出,以江苏公司(贴现行未在票据上背书)的名义申报权利。在看票时,收款人发现江苏公司申请贴现时提供的发票与合同是虚假的,遂向河南某法院提起诉讼,要求确认江苏公司不具有票

[①] 浙江省某市(2015)东横商初字第213号。

据权利。

2. 本案的法律问题

通过签订"票据质押转让合同"能否取得票据权利？实现票据质权的条件是什么？该案应当如何处理？

3. 分析

1) 签订《票据质押转让合同》而不再在票据上记载"质押"字样的，不具有票据法上质押的效力，不能取得票据权利。

目前的民间票据贴现市场上，为解决票据权利转让问题，采取的最为普遍的措施就是签订《票据质押转让协议》（并由律师起草），企图通过质押取得票据。但是，按照《票据法》的规定，票据质押应当在票据上记载，[①]记载有"质押"字样的票据不得再背书转让、背书和委托收款。因此，尽管双方签订了《票据质押转让合同》，因没有在票据上记载"质押"字样，不能以质押为由取得票据权利。

在司法实践中，认定质押无效的同时，按照基础法律关系处理相关的纠纷，如果确认质押无效，基于原因法律关系取得的相关资金应当返还相对方，票据同时返还相对方。

2) 在哪些条件下才能实现票据质权？

首先，票据质押成立。在票据上加盖背书、记载"质押"字样并交付票据（因担保债权是从债权，一般认为，质押债权的成立首先还需要存在一个"主债权"，在该案中，首先应当存在一个"借贷关系"）。如果借贷关系成立，并已经记载"质押"字样，质押关系成立。

其次，质权的实现。按照法律规定，质权的实现需要两个条件：一是主债权到期；二是出质人不能偿还债务。本案中，双方约定主债权为24小时（仅仅是一个借口），超过24小时，质押权人就有了票据的处置权，问题是对质物的处置权到底是什么？按照《票据法》规定，"被背书人依法实现质权

---

① 《中华人民共和国票据法》第三十五条。

时,可以行使票据权利",票据权利包括付款请求权和追索权。而这些权利均应当在票据到期时再行使,而不允许再"背书"转让、质押和委托收款。一般认为,"贴现"是贷款的一种形式,属于票据"质押"贷款。因此,即便是江苏公司的质权成立,其质权实现的方式也是有限制的(不允许再"背书"转让、质押和委托收款),其票据权利也应当是到票据到期后才能行使。因此,如果引发诉讼并诉至法院,江苏公司的"质押取得票据行为"和"将票据贴现行为"可能会被法院认定为"无效"。

3) 江苏公司不能取得票据权利,收款人随着"背书交付"也已经丧失了票据权利。

本案中,因在票据上没有记载"质押"字样。不能认定票据质押关系存在,也不能认定江苏公司的票据权利,但是,某甲和某乙的借贷关系不能因为票据质押关系的无效而无效,某乙应当归还某甲借款97.2万元(某甲归还某乙票据)。本案的焦点是收款人是否丧失票据权利,是否可以要求返还票据? 按照最高人民法院的最新司法观点,个人只要支付对价,依然可以取得票据权利。本案中,收款人已经"背书并交付"票据,票据权利已经转移,即使某乙没有完全支付票据款,也属于另外一个法律关系,收款人只能就某乙为被告另行主张权利。

本案的处理结果是,河南某市法院作出判决,确认江苏公司不是票据权利人(但因原告并未主张要求确认自己为票据权利人,法院未就原告是否票据权利人作出裁判)。

二、商业承兑汇票中银行保函的效力,如果"保证"无效,基于相信银行保函而受让的持票人如何救济

1. 案情简介

2015年4月,浙江某公司以其关联公司上海某公司为收款人开出5张商业承兑汇票,金额均为500万元,共计2500万元,为了保障票据流通,浙江公司找到上海某商业银行负责人某甲,要求帮助出具保函,随后,

商业银行(违规)出具保函一份,内容是商业银行愿意为浙江公司对上海公司的付款行为提供担保,如果到期浙江公司不能付款,由商业银行承担付款责任。

因《银行保函》是当着票据中介某乙和票据受让人江苏某公司开的,票据开出后,江苏公司以 2 250 万元的价格将该 5 张涉诉票据买断(其中向票据中介支付 50 万元),打算向其他公司转卖,但因持票人注册资金不足 500 万元且基本处于停产状况,票据在手中压了近 50 天仍未找到"出口",江苏公司找到我们,要求分析法律关系、法律后果并出具法律意见书。

保函又称保证书,是指银行、保险公司、担保公司或担保人应申请人的请求,向受益人开立的一种书面信用担保凭证,保证在申请人未能按双方协议履行其责任或义务时,由担保人代其履行一定金额、一定时限范围内的某种支付或经济赔偿责任。

银行保函是由银行开立的承担付款责任的一种担保凭证。银行根据保函的规定承担绝对付款责任。银行保函大多属于"见索即付"(无条件保函),是不可撤销的文件。银行保函的当事人有委托人(要求银行开立保证书的一方)、受益人(收到保证书并凭以向银行索偿的一方)和担保人(保函的开立人)。其主要内容根据国际商会第 458 号出版物《UGD458》规定:①有关当事人(名称与地址);②开立保函的依据;③担保金额和金额递减条款;④要求付款的条件。

本案中,因保函是违规开出的,该银行保函并不具法定的形式,其开立过程也违反了商业银行保函开具的审批程序。

2. 本案的法律问题

违反法定形式和法定程序的银行保函是否有效?保函的效力如何?是否具有票据法意义上的保证效力?如果保证对票据受让人无效,如何救济?

3. 分析

1) 违反法定形式和法定审批程序开出的银行保函仍然有效,不能以"形式违法和程序非法"对抗善意第三人。

银行保函并没有《票据法》上规定的"必须形式要件",未记载规定事项的票据无效。保函的实质是"保证合同",只要具备了合同的基本条款,合同就成立。本案的银行保函具备了合同的基本条款且意思表示明确、真实,当然已经成立,至于商业银行出具的银行保函是否履行了内部审批程序,不影响其对外的效力,因为保函的相对人并不了解银行的内部审批程序,对是否履行了"银行内部审批程序"也没有审查义务,只需尽到善意第三人对保函本身的书面审查义务即可。

2) 未在票据上记载"保证"的"银行保函",银行不承担票据上的保证责任。

《票据法》规定,保证应当在票据上记载"保证"字样,保证人和被保证人名称,保证日期并由保证人签章。① 票据上的"保证"不同于传统意义上的保证责任,属于"票据行为"的一种,产生票据上的效力。保证人一旦保证,就成为票据权利义务主体,行使票据权利,承担票据义务。首先,票据上的保证是一种"要式行为",必须记载"保证"字样,保证人名称和住所,保证人签章。② 缺乏必须记载的事项,不具票据上的保证效力。其次,票据保证是"独立行为"和"不要因行为"③。一旦保证,"即与前后之票据行为维持互不相干",也不受原因关系的影响。在本案中,无论出票人与收款人是否实际存在买卖关系,是否交付货物,买卖合同的履行是否存在瑕疵,如果票据保证成立,保证人均应当无条件承担票据责任。

3) 商业银行仅仅承担民法上的保证责任,可以以"主合同未履行"抗辩债权人并主张免除保证责任。

本案中,出票人浙江公司与其关联的上海公司并无真正的"买卖关系",完全是为了融资开出商业承兑汇票。而银行保函保证的范围是"出票人到

---

① 《中华人民共和国票据法》第四十六条。
② 刘永光、陈恭健著:《票据法》,厦门大学出版社 2004 年版,第 167~168 页。
③ 曾世雄、曾陈明汝、曾宛如著:《票据法论》,中国人民大学出版社 2002 年版,第 132 页。

期对收款人的付款行为",是针对特定的被保证人——浙江公司,对特定的主合同履行——浙江公司对上海公司支付货款承担保证责任。如果浙江公司对上海公司的买卖合同根本没有履行(上海公司没有给浙江公司供货),浙江公司作为后履行的付款义务当然不存在,主债务不存在,担保责任当然也不存在。

4) 如果保证无效,持票人如何救济?

首先,江苏公司以"诈骗"为由向公安机关报案,因达不到刑事立案标准,公安机关不会立案。从客观方面来看,本案不存在"制造假象、隐瞒真相"的情形,商业银行保函和商业承兑汇票均是真实的。从结果上看,因票据未到承兑期,"到期不能承兑"的现象还未出现(即没有造成损害结果)。因此,在损害结果尚不确定的情况下,推定"浙江公司和上海公司已经非法占有自己的财产",而要求公安机关立案没有事实依据。其次,通过民事诉讼救济条件尚未成就且很难让商业银行承担责任。因票据未到付款期,江苏公司无法直接要求上海公司退票(行使票据追索权),按照《最高人民法院关于审理票据纠纷若干问题的意见》规定,持票人在票据到期后首先应当向付款人行使付款请求权,不获付款后才能行使追索权。而行使追索权,因商业银行不是票据主体,不能将其挂为共同被追索人;按照一般的民事法律关系起诉可以将商业银行列为共同被告,其法律依据是债权人在保证期间转让主债权给第三人的,保证人在原保证范围内继续承担保证责任[①]。商业银行可能会以浙江公司和上海公司"串通,骗取保证人提供保证"以及"双方买卖合同没有实际履行"抗辩。但是,我们认为,商业银行要想证明有利害关系的案外人(关联公司)之间"相互串通"以及"没有实际履行合同"很难举证。

我们认为,持票人以"基础法律关系"中银行担保成立而提起诉讼,仍然可能胜诉。

---

① 《中华人民共和国担保法》第二十二条。

第七节 付 款

一、银行未识别出票据上伪造的印章而付款,属于重大过失,不能免除付款义务

1. 案情简介

1998年8月28日,天津某工贸有限公司(以下简称"天津公司")到中国建设银行天津分行南开支行开户并存入现金2 000万元。同年12月9日,该公司发现该笔存款已经被他人以本公司的名义取走1 999.8万元。天津公司遂于12月11日向天津市高级人民法院提起诉讼,请求判令南开建行支付2 000万元利息、滞纳金、诉讼费。

经天津市公安局查明,该款系犯罪嫌疑人成某伪造该公司印章加盖在票据上,从银行取走的,成某已经涉嫌票据诈骗被公安机关刑事拘留。

2. 本案的法律问题

犯罪嫌疑人被追究刑事责任,是否影响要求银行赔偿之民事案件的审理?银行是否只对票据进行"形式要件的审查"?银行未识别票据上的伪造印章是否是"重大过失"?

3. 分析

1)犯罪嫌疑人被追究刑事责任,不影响票据权利人要求赔偿的权利。

在传统意义上,因为犯罪而导致被害人受到财产损失的,一般要等到刑事案件审理结束后,再单独向人民法院提起民事诉讼。正是这个原因,在司法实践中,许多法院对被害人在刑事案件审结前提起的民事诉讼不予受理,或者受理了也固执地认为损失是犯罪嫌疑人的犯罪行为造成的,应当由犯罪嫌疑人承担损失,起诉银行属于"转嫁风险"。

实际上,这种观点完全是对票据法律制度的曲解。

《票据法》的立法精神就是维护交易安全和票据流通。① 票据作为汇兑工具,具有携带安全,非经法定条件不能贴现,丢失后仍有法定救济途径之特点,正是这些特点才赋予票据经久不衰的生命力。既然是维护交易安全,那么,银行作为票据法律制度的核心参与者,就被法律赋予了最基本的义务——"安全保证"义务,违反了这种义务,就应当承担相应的法律责任。

《最高人民法院关于审理票据纠纷案件若干问题的规定》第七十四条规定:"人民法院在审理票据纠纷案件时,发现与本案有牵连但不属于同一法律关系的票据诈骗犯罪线索的,应当及时将犯罪线索提供给有关公安机关,但票据纠纷案件不应当因此而中止审理。"

由此可见,犯罪嫌疑人被追究刑事责任,不影响票据权利人要求赔偿的权利。

2) 银行只对票据进行"形式要件的审查",是对我国现行票据法律制度的曲解。

在同类案件中,银行的最大抗辩理由就是"银行只对票据进行形式要件的审查"。实际上,我国现行票据法律制度不仅规定了银行的形式要件审查义务,而且还规定了实质要件审查义务。

《票据法》第五十七条第一款规定:"付款人及其代理人付款时,应当审查汇票背书的连续,并审查提示付款人的合法身份证明和有效证明"。一般来说,该规定被视为法律为银行设定的"形式要件的审查"义务。除此之外,学界一般认为,我国票据法律制度还规定了银行的实质要件审查义务。《最高人民法院关于审理票据纠纷案件若干问题的规定》第六十四条规定:"付款人或付款代理人未能识别出伪造、变造的票据或者身份证件而错误付款"属于"重大过失"。此外,该《规定》第七十条还规定了4种付款人应当自行承担民事责任的情形。

因此,银行只对票据进行"形式要件的审查",是对我国现行票据法律制

---

① 曾世熊:《票据法论》,中国人民大学出版社2002年版,第16页。

度的曲解。

3) 银行未识别票据上的伪造印章属于"重大过失"。

除《票据法》第六十四条规定:"付款人或付款代理人未能识别出伪造、变造的票据或者身份证件而错误付款"属于"重大过失"外。按照《商业汇票承兑、贴现与再贴现管理暂行办法》规定,票据贴现时,还需提供存在基础交易关系的相关合同和增值税专用发票。尽管该行政规章对银行设定的附加义务,司法实践中有不同的看法,甚至有人认为是增加了银行的负担,但有一点是肯定的,作为银行,应当尽职业管理人之谨慎审查义务,违反这种义务,就应当承担相应的法律责任。

天津市高级人民法院作出一审判决,支持了原告的诉讼请求。被告建设银行南开支行不服,上诉至最高人民法院。2002年2月21日,最高人民法院作出(2001)民二终字第126号判决。驳回上诉,维持原判。

二、买卖银行承兑汇票,票据涉嫌变造被付款银行扣留该如何处理

1. 案情简介

2010年8月,无锡某投资咨询公司(以下简称"无锡公司")从河南某公司(以下简称"河南公司")通过买卖方式取得一张银行承兑汇票,票面金额200万元,支付现金198.3万元。无锡公司背书后将汇票转卖给上海某塑料公司(以下简称"上海公司"),上海公司取得票据后,持票据到上海市某商业银行申请贴现(以下简称贴现行),票据到期后,贴现行背书并到河南某银行(以下简称"付款行")申请付款时遭到拒绝。付款行称,汇票属于"变造票据",并按照有关规定将变造票据扣留。

经查,该票据并非"变造",仅仅是"被背书人"是非票据权利人记载和修改所致。

在收购票据时,上海公司曾向无锡公司提出:"被背书栏"中的填写不是河南公司所为,要求河南公司修改,河南公司则请无锡公司(无权修改人)对

"被背书人"进行修改并出具了"该栏目中相关内容是本单位修改"的证明。

票据被承兑行扣留后,上海公司并未将相关情况告知无锡公司,而是在无锡公司将下一张1 000万元的银行承兑汇票卖给他时,从中多扣除了200万元票据款后,同时向无锡公司出具了贴现行和付款行的关于票据系变造的说明,证明其扣除200万元票据款的合理性。

2. 本案的法律问题

无锡公司能否起诉上海公司、贴现行、付款行?上海公司是否有权扣除200万元票据款?付款行是否有权扣留涉嫌变造的票据?本案如何处理?

3. 分析

1) 无锡公司无权起诉付款行、出票人、上海公司和贴现行。

无锡公司没有"追索权",因为票据追索权以"持有票据"为前提,随着票据的丧失(卖给了上海公司)也失去了票据上的追索权。

2) 无锡公司只能起诉上海公司,要求补足扣除的票据款。

首先,上海公司与无锡公司的1 000万元票据买卖过程中,未全额支付票据款属于"买卖票据合同纠纷",而贴现行的200万元票据因涉嫌"变造"(或其他原因)被付款行拒付,属"票据追索权纠纷"或者"侵权纠纷"①,不是一个法律关系。因此,上海公司无权扣除另一起买卖票据中1 000万元票据买卖款中的200万元。

其次,在我国现阶段,票据贴现是指将未到期的银行承兑汇票卖给金融机构的行为,并不允许民间买卖银行承兑汇票。国务院曾经发出通知,将民间买卖银行承兑汇票界定为"非法金融活动"予以取缔。但是,我国现阶段民间买卖银行承兑汇票现象却大量存在。人民法院在审理民间票据买卖纠纷时,对于已经支付对价(双方约定的贴现价格)买卖取得银行承兑汇票的,一般会认为"已经取得票据权利"而不是一概地认定"合同无效",进而恢复

---

① 如果票据因伪造、变造而"无效"就侵犯了相对人的财产权利构成犯罪,构成"侵权之债"。

原状,按过错程度承担损失。从这个意义上说,我们有理由相信,本案中的两个票据买卖合同是成立的。既然是成立的两个合同关系,就应当得到法律的保护。合同具有相对独立性,当事人之间的每一笔交易都是一个相对独立的法律关系。无锡公司给付了上海公司1000万元的银行承兑汇票,上海公司应当给付对价,未经无锡公司同意的任何所谓"扣款"都是违约行为,应当承担给付200万元票款的义务。

再次,以"票据让银行(非法)扣押"留置该笔票据买卖款没有法律依据。

为保证合同的全面履行,我国现行《合同法》对"留置权"作了专门规定,留置权人仅仅对"保管费、加工费"等特定的费用具有留置权,而贴现未获全部票据款,应当找扣押票据的银行和贴现行主张权利,并不是法定可以留置的项目。本案中,上海公司没有法定的留置权,因此,在1000万元的票据买卖中扣除200万元没有任何法律依据。

3) 银行没有扣留涉嫌变造票据的权利。

本案中,付款行扣留涉嫌变造票据的法律依据是1991年3月25日《中国银行、公安部关于严厉打击不法分子伪冒票据的诈骗活动的通知》和1991年5月6日《中国银行关于没收伪冒票据处理办法的通知》。按照通知要求,"中国银行在办理柜台业务时,如果确认客户出示的票据系伪造、涂改、挂失或非合法有效票据,应加盖伪票图章并扣留原票,立即向当地公安机关报案。"该规定离我们已经有24年之久,我们虽没有看到相关废止的规定,但该规定与现行《票据法》(2004年颁布)的规定相悖,应当予以废止。

首先,该通知规定过于笼统,没有界定"涂改"票据的范畴。使人足以认为"只要是票据存在涂改、更改,就一律无效,可以扣留。"《票据法》第九条规定,除票据金额、日期、收款人名称不得更改,更改的票据无效。换言之,除"金额、日期、收款人"之外的事项是可以涂改的(只要是票据权利人为之),"涂改"并不影响票据的效力。

其次,因为票据涉嫌"涂改""更改"而武断地扣留,侵犯了其他票据权利人的权利,不利于权利人行使追索权。

《票据法》第十四条规定:"票据上有伪造、变造的签章的,不影响票据上其他真实签章的效力。票据上其他记载事项被变造的,在变造之前签章的人,对原记载事项负责;在变造之后签章的人,对变造之后的记载事项负责;不能辨别是在票据被变造之前或者之后签章的,视同在变造之前签章。"显然,这些均是在票据涉嫌变造,票据权利人不能得到付款并通过法律手段救济时有关责任人的规定。如果票据因为涂改而被银行(一个商业机构)扣留,如何行使追索权?

再次,本案中,涉嫌"变造"的内容只是"被背书人"名称,而且有权利人B公司的说明,证明这种"涂改"行为是权利人所为,不影响票据的效力。因此,票据根本不属于"变造票据",付款行拒付并扣留票据没有任何法律依据。

本案的处理:

首先,本案的无锡公司应当以上海公司为被告提起"归还票据款200万元"之诉。该诉不是票据纠纷而是"买卖合同"纠纷,按照一般的合同纠纷规则和审理原则审理即可[①]。

其次,可能存在的上海公司因行使抗辩权而对无锡公司的反诉,应当告知上海公司另行起诉,且被告应当是贴现行和承兑行,不是无锡公司。

再次,可能存在上海公司因无力偿还200万元票据款而启动的上海公司对贴现行的"代位权",无锡公司只需对贴现行提起"支付贴现款"(或返还票据)之诉即可,属于借贷纠纷而非票据纠纷。因为"贴现"是贷款的一个种类,随着票据的交付(质押),银行应当发放贷款(交付贴现款),至于到期是否能够托收(承兑)与上海公司无关。

最后,贴现行在支付贴现款后,如果票据不存在"变造",可以直接要求付款行付款;如果确实因为"变造"导致票据无效,则可以直接从申请贴现人

---

① 最高院认为,民间买卖票据的性质属于"借贷关系和资金的融通"见最高院(2014)19号裁定。

账户中扣除相应的款项,①将票据交还给上海公司,由上海公司按照"票据利益返还请求权"起诉承兑人。②

三、付款人已经凭"除权判决"向申请人付款,除权判决撤销后,是否还应当再向持票人付款

1. 案情简介

2012年7月,上海某钢铁贸易公司(以下简称"上海甲公司")以另一家上海钢铁贸易公司(以下简称"上海乙公司")为收款人,开出800万元银行承兑汇票一张。票据开出后,收款人将票据交给票据中介某丙到江苏吴江某丁处贴现,某丁将该票据到某戊处贴现后将票据款挪用。某丙遂让收款人上海乙公司以"票据丢失"为名将票据挂失,上海市某区人民法院发出公告,要求持票人向法院申报权利,因该票据已经由最后持票人秦皇岛市某国有企业质押到银行,在公告期间无人申报权利,发出公告的第59天,上海市某区法院作出判决,宣告票据无效,申请人可以持判决书要求付款人付款。2012年10月28日,票据到期,上海某乙公司向付款人天津银行上海支行提示付款,天津银行上海支行向乙公司付款800万元。同月30日,持票人的票据进入天津银行,天津银行以"票据已经被除权,票款已经支付"为由退票。

2013年1月,江苏某公司(现持票人)以上海乙公司(申请公告人)为被告提起诉讼,要求撤销除权判决。2013年8月,上海市第二中级人民法院作出终审:撤销除权判决。2013年9月,江苏公司以"票据追索权纠纷"为由诉至法院,要求出票人、收款人和付款人连带承担付款责任。

2. 本案的法律问题

本案的案由是"票据损害责任赔偿"还是"票据追索权纠纷"?如果是票

---

① 《支付结算办法》第九十五条。
② 《中华人民共和国票据法》第十八条。

据追索权纠纷,银行是否应当(第二次)付款? 法律依据是什么?

3. 分析

1)"票据损害责任赔偿"没有法律依据。

在新《民事诉讼法司法解释》出台以前,关于票据除权后如何救济,在司法实践中比较混乱,为了应对社会上越来越多的票据纠纷,浙江省、江苏省、山东省等票据使用较频繁地区的省高级人民法院纷纷出台了审理票据纠纷的指导意见。① 其主要观点为:如果票据被除权后票据款没有取走,应当按照"撤销除权判决"恢复票据权利立案;如果票据被除权后,票据款已经被申请人取走,则按照"票据损害责任纠纷"立案。其主要依据是《票据法》第六十条,付款人依法足额付款后,全体汇票债务人的责任解除。

我们认为,这种观点存在无法逾越的障碍。首先,"票据损害责任"是一种侵权行为,无论申请公告、除权判决是否正确,但"确认票据无效"的判决是法院作出的,所以"法院只进行形式审查,是否真正丢失以及是否应当除权不在审查范围之内"没有法律依据。进一步推论,如果是因人民法院的判决导致了持票人受损失属于"侵权行为",那岂非法院也成了侵权主体? 这显然是荒谬的。其次,侵权的第二个特征是"违法性",如果按照"票据损害责任"处理,是否意味着法院本身作出的除权判决就"违法"? 因此,我们认为,按照"票据损害责任"没有法律依据。

2)撤销除权判决后,票据权利是否恢复? 持票人是否重新拥有票据权利?

2015年2月颁布的《民事诉讼法司法解释》第四百六十一条规定:"利害关系人仅诉请确认其为合法持票人的,人民法院应当在裁判文书中写明,确认利害关系人为票据权利人的判决作出后,除权判决即被撤销。"一般认为,司法解释确认了除权判决作出后,利害关系人提起诉讼的事由为"撤销除权

---

① 虽然在现行法律制度下,省高级法院没有法律解释权,但以"指导意见"下发的规范性文件对各省审判案件依然具有指导意义。

判决"。问题是,除权判决撤销后,票据权利是否恢复?如果票据权利恢复,作为付款人的银行如果已经付款,是否应当承担付款责任?

我国《民事诉讼法》和相关司法解释并无规定,但按照国外相关法律规定,除权判决的撤销,并非产生"恢复票据权利"的效果,仅对特定人和特定的给付产生效力。从撤销除权判决的案件对当事人的效力来看,仅限于"除权判决申请人"和"持票人"(利害关系人),按照"判决仅对当事人有效"的原则,撤销除权判决的效力仅限于申请人,[①]与票据上的其他票据义务人(包括出票人、收款人、承兑人等没有参加诉讼的人)已经没有关系;从对已经发生的给付来说,"义务人根据除权判决所为的给付,对第三人,特别是对除权判决的原告,不失其效力,但义务人在给付时已知除权判决被撤销者,不在此限"[②]。换言之,尽管申请撤销人的"给付请求权"对他人有效力,但除非付款人在付款时知道除权判决被撤销的情形,否则不再承担付款责任。

这种情况的后果是严重的,因为在新的《民事诉讼法司法解释》颁布的前15年间,最高院司法解释规定公示催告时间不少于60天,但最多不超过90天,并未考虑票据的"付款到期日"导致票据未到期就被法院除权,在提示付款期内就被申请人抢先取走票据款。导致真正的票据权利人手中的票据"成了一张废纸"。

2015年2月的《民事诉讼法司法解释》尽管对除权判决时间作了限定,要求"公示催告期间届满日不得早于票据付款日后15日"。从制度上排除了在提示付款期到来之前将票据款取走的情形,但与票据法关于票据权利消失的规定时间仍然不一致[③],存在票据被恶意挂失取走票据款,使得持票人在撤销除权判决后仍然无法取得票据款的可能。

我们认为,申请人在申请除权并取得判决后,在付款时应当提供等额的

---

① [德]罗森贝克、施瓦贝、戈特瓦尔德著,李大雪译:《德国民事诉讼法》,中国法制出版社2007年版,1356页。
② 《德意志联邦共和国民事诉讼法》第一千零一十八条。
③ 《中华人民共和国票据法》第十七条规定,汇票的票据权利自出票日起2年。

担保,①期限为票据权利存续期间,以防止除权判决撤销申请人持有票据却无法得到执行的情况发生。

四、汇票因变造而无效,付款人应当向谁付款

1. 案情简介

2014年除夕上午,山东某贸易公司(以下简称"山东公司")业务员某甲到山东某商业银行(以下简称"山东商行")开出金额均为2万元的汇票10张,金额为3万元的汇票20张。因与银行工作人员熟悉再加上临近春节,某甲要求自己填写(手写)票据时工作人员不假思索地答应了。某甲在填写票据时故意在"贰万元"的"贰"和"万"之间留了一个空格;在"叁"和"万"之间留了一个空格。票据填写好后交给银行工作人员盖章,该工作人员问:为何在数字和"万"字中间留有空格?某甲称"养成书写习惯了",因是熟人,该工作人员也未多想,将银行的"票据承兑专用章"交给了某甲,让其自己盖章并催促其快点,好早一点回家过年。

票据开出后,某甲在数字与万元之间均添加了"拾"字,将金额为"贰万元"的变造成"贰拾万元";将金额为"叁万元"的变造成"叁拾万元"。在变造过程中,因有4张预留的空格太小,能够看出修改痕迹,某甲随将该4张票据销毁(1张叁万元和3张贰万元)。将其余26张分别以"贰拾万"和"叁拾万"的票面金额向当地的票据中介出售,后经票据中介流转到全国各地。

2014年8月,票据到期,持票人通过开户行向付款人山东商行提示付款,山东商行发现该批票据均系变造,遂以"票据与底联不符"为由退票。持票人了解情况后从全国各地赶赴山东潍坊,向当地公安机关报案。2014年9月,公安机关以"票据诈骗罪"立案并将某甲抓获归案。但是,某甲已将出

---

① 《澳门民事诉讼法》第八百六十四条"临时证券之裁判作出后,原告得作出保全其权利之行为,如证券已经到期或见票即付者,亦得在提供担保后要求支付该证券,或要求提存证券之金额。"

售变造票据所得款项部分用于偿还个人合法债务,其余大部分用于赌博,赃款已经无法追回。

2. 本案的法律问题

付款人山东商行对变造票的现持票人是否还有付款义务?应当承担多少付款义务?被某甲销毁掉的4张票据如何处理?

3. 分析

1) 付款人在票据因变造而"无效"后,仍然有按照变造前的金额向持票人付款的义务。

本案的所谓"变造",实际上是"对票据金额进行修改"。按照《票据法》的规定,修改票据金额的票据无效[1]。但票据无效仅仅是《票据法》意义上的"票据权利"的丧失,仍享有民事权利,可以要求出票人或者承兑人返还其与未支付的票据金额相当的利益[2],俗称"票据利益返还请求权"。问题是,票据一旦变造,按照银行管理制度,不可能对"已经修改金额"而无效的票据付款(尽管在道理上应当支付),商业银行均要求持票人一定要拿到法院判决才能付款。因此,该案的所有持票人应当以山东商行为被告,提起"票据利益返还请求权"诉讼。

2) 付款人应当将销毁掉的4张票据按照变造前的金额返还给出票人山东公司。

出票人和付款人之间是"委托付款"关系[3],存在银行的"保证金"是用于保证对银行付款,银行再对持票人付款,既然是委托关系,出票人是委托人,银行仅仅是代理人(代理出票人向持票人付款),如果银行最终没有付款(因4张票据灭失而没有了请求权凭证),没有付出的款项当然要返还出票人。

---

[1] 《中华人民共和国票据法》第九条。
[2] 《中华人民共和国票据法》第十八条。
[3] 《中华人民共和国票据法》第十九条、第二十一条。

3) 持票人变造前与变造后票据金额的"差额",属于犯罪嫌疑人诈骗所造成的损失,可以对包括变造人、票据中介、背书之前手、山东商行在内的所有人提起"侵权之诉",要求其赔偿损失(我们在相关文章中有专题论述,恕不赘述)。

五、直接向商业承兑汇票出票人提示付款,付款人将票据销毁后谎称"未收到票据"的处理

1. 案情简介

2015年5月,陕西某运输公司(以下简称"陕西公司")因收取运费,从山西某水泥集团(以下简称"山西集团")收到一张商业承兑汇票,金额200万元,出票人为上海嘉定某贸易公司(以下简称"上海公司")。同年7月,票据到期,因为以前从没有操作过商业承兑汇票(这次收取商业承兑原因是收取山西集团常年拖欠的运费,实属无奈之举),陕西公司不知如何托收,于是打电话给上海公司,询问票据收款相关事宜。上海公司告知,因为是商业承兑汇票,和银行也没有什么关系,要求陕西公司将票据以快递形式直接邮寄到上海公司。票据到达上海后,上海公司专门安排非本公司员工在门卫对快递进行了签收,然后将票据销毁并告诉陕西公司"没有收到票据"。

山西公司听到消息后火速赶到上海,以"诈骗"为由向当地公安机关报案,公安机关经过初步调查后答复陕西公司"本案不属于刑事案件,建议向人民法院提起民事诉讼"。

2. 本案的法律问题

商业承兑汇票如何收款才能避免风险?本案如何救济?

3. 分析

1) 商业承兑汇票到期,持票人应当向出票人之开户银行提示付款,以免出票人扣票(或不承认收到汇票)。

商业承兑汇票持票人的提示付款期限为票据到期后10日,持票人可以通过开户银行委托收款或者直接向付款人提示付款,异地委托收款的,可以

匡算邮程,提前通过开户行委托收款①。可见,收款人可以选择向付款人的开户银行提示付款或直接向付款人提示付款,在异地的企业也允许以"邮寄"方式提示付款。但是,在企业信用机制还没有完全建立的时候,仅仅依靠"信用"是没有保障的。正确的方法是委托自己的开户银行,向付款人的开户银行提示付款。

2) 在票据被付款人销毁后,正确的办法不是以付款人为被告提起诉讼,要求补发票据或支付票据款,而是以"票据丢失"为由向法院申请公示催告。

因为无论是请求判令持票人"补发票据"还是"要求支付票据款",均以证明自己是票据的最后合法持票人为前提。但是随着票据的丧失,陕西公司几乎无法举证,证明自己是票据的合法持票人身份(尽管前手山西集团可以证明涉诉票据确实转让给了陕西公司,但仅仅能够证明"曾经持有票据"而不能证明现在仍然持有票据,况且,因为票据灭失,前手山西集团的证明属于"证人证言"的范畴,是否能够达到民事诉讼"盖然优势"的程度不得而知)。而向法院申请公示催告几乎毫无悬念地能够成功且节约诉讼成本。首先,涉诉票据确实丢失了,按照法律规定,可以申请公示催告,寻找票据的"拾得人"。其次,陕西公司可以取得申请公示催告所需的所有资料,包括公安机关的报案材料、证明曾持有票据的与前手的交易凭证、票据复印件、证明票据丢失的快递单等。再次,因为票据已经被出票人销毁,在公告期间不会有人来"申报权利",能够顺利地拿到除权判决。即便是付款人能够补发票据,因票据是统一从银行购买的,每张票号不同;即便是可以通过变造票号方式开出同样的汇票,因后手的背书不同,票据也不会相同②。如果无人申报权利,陕西公司可以申请法院作出判决,宣告票据无效,并凭判决书再次要求出票人上海公司付款。

---

① 《支付结算办法》第八十九条。
② 我国应当建立申请公示催告资料的保密制度,非经持票人申请并持有票据原件,不得查看申请人提交的"丢失票据"复印件,以防止仿造。

本案的结果：陕西公司因申请公示催告取得了除权判决，依法申请出票人偿还全部票据款及利息。

第八节 追 索 权

一、转贴银行与前手银行签订"放弃追索权声明"（合同）是否有效

1. 案情简介

2015年2月，浙江某公司开出4张金额均为3 000万元的商业承兑汇票，票据开出后通过票据中介找到江苏某市商业银行（出资银行，以下简称"贴现行"）要求签订转贴现合同，贴现行同意转贴，但前手应当有其他商业银行的"过桥背书"，票据中介随后找到浙江某商业银行（以下简称"过桥银行"）要求过桥背书，因利润可观，该银行同意背书但要求前手有银行背书。票据中介又找到江苏某村镇银行（以下简称"村镇银行"）协商背书及贴现相关事宜。经协商，村镇银行同意在票据上背书（贴现），但要求后手银行必须出具《放弃追索权声明》（合同），合同签订后，贴现行背书，后经过桥行背书至转贴行，转贴行将票款通过过桥行打给贴现行，贴现行将票据款直接汇给浙江公司（出票人），中介费汇给票据中介提供的包装户账户。

2015年8月，票据到期，转贴行向出票人提示付款被退票，理由是"资金不足"。贴现行随后向过桥行追索，过桥行在支付了贴现行票据款后，向前手村镇银行追索，村镇银行抗辩称：双方签订有《放弃追索权声明》（合同）过桥银行无权向其追索。

2. 本案的法律问题

转贴行取得的权利是票据权利（付款请求权和追索权）还是贷款债权？债权和追索权能否通过协议的方式放弃？转贴行放弃了追索权，其后手的

追索权是否存在？除了放弃追索的直接前手，对其他前手的追索权是否存在？

3. 分析

1) 转贴行对前手的权利是"追索权"还是"贷款债权"？

支持"转贴行到期不获票据款具有对前手的追索权"观点的依据是中国人民银行1997年5月22日颁布的《商业汇票承兑、贴现与再贴现管理暂行办法》。该办法第二条规定："本办法所称贴现系指商业汇票的持票人在汇票到期日前，为了取得资金贴付一定利息，将票据权利转让给金融机构的票据行为，是金融机构向持票人融通资金的一种方式。本办法所称转贴现系指金融机构为了取得资金，将未到期的已贴现商业汇票再以贴现方式向另一金融机构转让的票据行为，是金融机构间融通资金的一种方式。"将"贴现""转贴现"的性质界定为"转让票据权利的票据行为"。既然是票据行为，当然可以取得票据权利，在提示付款不获付款时，有权按照《票据法》的规定向票据债务人行使追索权。

但是，我们查遍了相关法律（包括国外票据法），没有将"贴现"关系纳入票据法律关系中调整的。换言之，贴现法律关系不是票据法律关系，贴现银行也不是票据法律关系主体。

支撑这种观点的，首先是现行法律。我国《票据法》第十条明确规定，票据的签发、取得和转让应当具有真实的交易关系和债权债务关系，排斥了"融资性"票据权利的取得。而贴现本身就是一种融资行为，申请贴现企业与贴现银行没有任何交易关系和债权债务关系。其次，其他行政规章无论对"贴现"的性质界定还是对贴现行"到期不获付款"的处理，均没有"票据追索权"的概念，而是按照"贷款债权"来处理。按照《贷款通则》第九条规定："票据贴现，系指贷款人以购买借款人未到期商业票据的方式发放的贷款。"按照《支付结算办法》第九十五条规定，贴现、转贴现银行不获付款时，应当向其前手追索票据款，可以从申请人账户收取票据款。从被追索对象上看，没有对"出票人、背书人和汇票上的其他债务人"追索的规定，仅仅是"对前手追索";从追索的金额来看,没有规定票据追索权被追索的范围(包括票据金额、利息以及取得拒绝证书和发出通知的费用)。这符合债权(贷款合同关系)的相对性原则。我们认为,应当认定为贷款债权而不是票据追索权。

2)追索权和债权能否通过协议方式放弃?

首先,自己的追索权能够通过协议方式放弃,但不影响后手的法定追索权。按照私权自治原则,当事人的民事权利当然可以通过协议方式放弃(只要不违反法律并损害第三人利益),追索权是一种法定权利(法律设定的权利),不依靠当事人的约定而存在,也不因当事人的约定而消亡。只要持票人提示付款被拒绝,就可以行使对前手的追索,不因当事人的约定而灭失。本案中,尽管约定了转贴行对贴现行没有追索权,但这种约定仅仅对合同双方当事人(转贴行和贴现行)有约束力,对其他后手(其他转贴行)没有约束力,仍然可以对作为实际前手的村镇银行行使追索权,不能因为与直接后手有协议就免除其他人对其(村镇银行)被追索义务。其基本法理是,当事人只有约定和处分自己的权利,无权约定和处分他人的权利,"放弃追索权声明"对票据上记载的其他人无效。

其次,协议即使有效,仅仅能够免除贴现行(合同当事人)的"被追索"义务,不能免除其他"法定被追索对象"的义务。《票据法》规定,被追索的对象包括出票人、背书人和汇票上的其他债务人,持票人可以不按照汇票债务人的先后顺序,对其中的一人、数人或者全体行使追索权。① 追索权不是一种"环环相扣"的债权,而是法定的(一种特定的)票据权利,不因其中一个债权人放弃债权使得"债权环环相扣的相对性"断裂而影响其他人的权利。

再次,如果是"贷款债权",不涉及其他人的权利义务,"放弃追索权声明"当然有效,转贴行不能再向贴现行追索。但是,即使按照一般民事法律关系来处理,"显失公平和重大误解"的合同依然可以申请法院撤销。本案

---

① 《中华人民共和国票据法》第六十八条。

1.2亿元的票据不能承兑,过桥行("浙江商行"实际属于转贴行)签署放弃追索权声明,其实质是单方免除村镇银行的债务,应当属于"显失公平",可以要求法院予以撤销。

本案的处理结果:"放弃追索权声明"不能对抗法律、法规的规定,仅仅对合同双方当事人有约束力,对法律、法规规定的权利义务没有约束力,如果有约定的,约定无效。

二、票据被公安机关冻结,持票人提示付款被拒付,是否可以行使追索权

1. 案情简介

2011年9月,江苏某航运公司(以下简称"航运公司")以自己的关联公司为收款人开出金额为100万元的银行承兑汇票30张,共计人民币3 000万元。票据开出后,将票据交付给浙江商人胡某贴现,胡某将票据拿到上海,分别找到两家上海贸易公司贴现,上海公司付清了票据款,随后将票据流转到全国各地。因胡某未将贴现款交给航运公司(票据款被其妹妹挪用),该公司随即将该批票据挂失并同时向公安机关报案,当地公安机关以"诈骗罪"立案并将胡某抓获归案。因胡某挪用的票据款大部分被用于偿还合法借款(仅追回约1/3票据款)。按照航运公司的要求,当地公安机关赶赴江苏银行某分行(承兑行),将该3 000万元承兑汇票款全部冻结。

2012年3月7日,票据到期,30张承兑汇票中的1张(票据尾号为30105,金额100万元),其持票人山东某矿业公司(以下简称"山东公司")通过开户行向付款人江苏银行提示付款,江苏银行出具"退票理由书",退票理由是"票据已经被某市公安机关冻结",山东公司向当地人民法院提起行政诉讼,法院以"侦查行为不可诉"为由不予立案。山东公司委托律师通过信访、投诉等多种方式要求解决均没有结果。2012年4月9日,山东公司以前手莒南某矿业公司、江苏银行为被告,向山东莒南县人民法院提起诉讼,要求江苏银行支付票据款及利息,莒南某矿业公司承担连带责任。

2. 本案的法律问题

公安机关能否冻结银行承兑汇票？对公安机关冻结的票据能否提起"票据追索权"诉讼？被告抗辩的"先刑后民"与票据流转后的追索权是否同一法律关系？是否应当将案件移送公安机关？

3. 分析

1) 公安机关将已经流转至善意第三人的票据冻结没有法律依据。

《票据管理实施办法》第二十四条和《支付结算办法》第十八条规定："依法背书转让的票据，任何单位和个人不得冻结票据款项"。《刑事诉讼法》第一百一十七条规定："人民检察院、公安机关根据侦查犯罪的需要，可以依照规定查询、冻结犯罪嫌疑人的存款、汇款。犯罪嫌疑人的存款、汇款已被冻结的，不得重复冻结。"第一百一十八条规定："对于扣押的物品、文件、邮件、电报或者冻结的存款、汇款，经查明确实与案件无关的，应当在三日以内解除扣押、冻结，退还原主或者原邮电机关。"

本案已经查明，胡某后手均付清了票据款，而且票据现分散在全国各地，最后持票人均是善意取得，冻结没有法律依据。

2015年，国家又相继出台一些新的司法解释和相关规定，更加确定了票据流转后票据款不应当被冻结。

2015年3月6日生效的《人民检察院刑事诉讼涉案财物管理规定》第四条规定："人民检察院查封、扣押、冻结、保管、处理涉案财物，必须严格依照《刑事诉讼法》《人民检察院刑事诉讼规则（试行）》以及其他相关规定进行。不得查封、扣押、冻结与案件无关的财物。凡查封、扣押、冻结的财物，都应当及时进行审查；经查明确实与案件无关的，应当在三日内予以解除、退还，并通知有关当事人。严禁以虚假立案或者其他非法方式采取查封、扣押、冻结措施。"

第二十二条规定"对于查封、扣押、冻结的涉案财物及其孳息，除按照有关规定返还被害人或者经查明确实与案件无关的以外，不得在诉讼程序终结之前上缴国库或者作其他处理。法律和有关规定另有规定的除外。在诉

讼过程中,对权属明确的被害人合法财产,凡返还不损害其他被害人或者利害关系人的利益、不影响诉讼正常进行的,人民检察院应当依法及时返还。权属有争议的,应当在决定撤销案件、不起诉或者由人民法院判决时一并处理。"

2015年1月1日生效的《银行业金融机构协助人民检察院、公安机关、国家安全机关查询冻结工作规定》第二十一条规定,商业汇票保证金不得冻结,也明确公安机关不得冻结银行承兑汇票。

2) 对公安机关冻结的票据,到期托收不获付款,可以付款人(承兑人)为被告提起票据追索权诉讼。

到期持票人提示付款不能获得票据款,持票人可以行使追索权,向全体票据债务人追索,无论退票是否有理由以及理由是否成立。

付款银行以"公安冻结"为由抗辩没有法律依据。

首先,票据已经流转至善意的第三人,对于已经流转的票据不能冻结,法律有明确规定,公安机关明显违法的冻结措施,不能作为抗辩理由①。

其次,即使冻结了票据款,按照《中国人民银行关于银行承兑汇票保证金冻结、扣划问题的复函》第一条规定:"银行承兑汇票保证金是银行承兑汇票出票人向银行申请承兑而备付的资金,这类资金存放在承兑银行自己专门设立的保证金账户,是出票人提供的承担最后付款责任的担保。此保证金存入保证金账户后,其支付、划出均受到银行的限制,其性质与信用证开证保证金有类似之处,因此,我们认为,参照最高人民法院对信用证开证保证金的有关规定,银行承兑汇票保证金,人民法院可以依法冻结,但不应扣划。"其冻结的仅仅是"保证金",在持票人提示付款时,付款人也不能拒绝付款。

本案的付款人拒绝付款,持票人可以"票据追索权"为由提起民事诉讼。

---

① 上海石化公司诉承兑人宜兴中行因公安冻结拒付追索权案。最高人民法院《人民法院案例选·2002年第2辑(总第40辑)》,人民法院出版社。

3) 最后持票人行使追索权与票据流转过程中某一手流转"涉嫌犯罪"不是同一法律关系,不能以"先刑后民"为由,将"追索权纠纷"移送公安机关。

"汇票"作为我国支付体系中合法的支付手段,①其交付是一种法定的货币给付和资金清算行为,其流转具有"流通性"和"无因性"的特征,即便是流转中某一环节的"基础关系"涉嫌犯罪,也不影响已经流转后的票据权利。

本案的犯罪嫌疑人的后手——上海某公司已经向胡某付清了全部票据款,属善意取得,票据又被上海公司作为支付手段,流转至全国各地。胡某"诈骗"的事实已经查清,赃款赃物流向也非常清楚,票据既非"赃款赃物"也非"犯罪证据"。

与犯罪相关的法律关系是犯罪嫌疑人胡某对航运公司财产权侵犯的"侵权"关系,性质属于"刑事附带民事",而持票人提起的"追索权纠纷"是基于法律规定的票据权利人的法定权利,是纯粹的民事诉讼,其权利义务只涉及付款人和持票人。其诉讼请求也仅仅要求法院对"付款人是否对自己已经承诺付款的票据承担付款责任"作出判断,与刑事犯罪当然不是一个法律关系。

2012年7月9日,山东某县人民法院作出判决,判令江苏银行支付票据款及利息。②

三、票据逾期付款后,如何追索票据利息

1. 案情简介

2011年9月3日,湖北某钢铁贸易有限公司(以下简称"湖北公司")因收取货款从前手上海某贸易有限公司(以下简称"上海公司")取得2张银行承兑汇票,金额共1 000万元。9月30日,票据到期,湖北公司委托开户行到承兑人江苏银行张家港支行收款(以下简称付款行),付款行以"票据被徐州

---

① 《支付结算办法》第三条。
② 《山东省某县民事判决书》(2012)莒南初字第245号。

某公安机关冻结"为由退票。湖北公司遂以前手和付款行为对被告提起"票据追索权诉讼",上海宝山法院与徐州方面协商后将案件移送公安机关(是否正确另行讨论),湖北公司只能等待。2012年11月23日,因冻结期满,票据自动解封,湖北公司遂向付款行提示付款,付款行支付了本金1 000万元但拒绝支付高达60万元的利息。2012年12月,湖北公司以江苏银行为被告向张家港市法院提起"票据追索权纠纷"。

2. 本案的法律问题

以什么案由提起诉讼才能得到法院的支持?要求银行返还的是"不当得利"还是"追索权之利息"?

3. 分析

1) 银行因为第三人的原因拒绝付款,没有过错,使用1 000万元1年构成"不当得利",可以按"不当得利"为由对承兑银行提起诉讼。

银行延期支付1 000万元1年取得了收益,而湖北公司损失了利益应当没有争议。问题是银行收益的性质到底是什么?

支持"不当得利说"的主要理论依据是:

(1)《票据法》第六十条规定:"付款人依法足额付款后,全体汇票债务人的责任解除。"本案的票据款已经支付,票据上的所有权利义务关系解除,不能再依照票据法律关系提起"付款请求权"或"票据追索权"之诉,只能按照一般民事法律关系提起诉讼。

(2) 银行未付款不是自己的过错,而是"案外人的原因"(公安冻结)所致,更符合"不当得利"的形成原因(权利人或案外人的原因导致)。

但是,采取"不当得利"说,存在以下不可逾越的障碍:

首先,在受益人"善意得利"时,存在"所受利益不存在"的抗辩理由,银行完全可以抗辩该款"一直存在保证金账户,并未使用和收益"进而拒绝支付利息。

不当得利形成债的关系,受益人应当将其不当得之利益(原物或价额)返还受损失的人。但是,受益人并非无条件负担原物返还或者价额偿还的义务。法律规定受益人不得请求不当得利返还原物或者偿还的责任,取决于受益人的主观心理状态。不当得利的构成和受益人的主观心理状态无关,但是,不当得利返还的范围因受益人善意或恶意而有明显不同。受益人不知没有法律上的原因取得他人利益致他人受损失的,应当返还原物以及由原物取得之其他利益。但是,受益人所受利益不存在的,免负返还义务。按照"谁主张谁举证的原则",原告应当举证证明银行"有利息收益",但对涉案的1 000万元的用途及是否产生利息,湖北公司无法举证。

其次,不当得利的返还范围仅限于原物和"孳息",且扣除劳务管理费用后还应当收缴。

本案的"孳息"范围首先存在争议,有没有?如果有,是按存款利息还是按贷款利息?其次是对1 000万元现金是否存在"保管及劳务费"存在争议;更不可思议的是,扣除相关费用后人民法院还可以"收缴"。以上三个因素的存在使"按贷款利息返还不当得利"充满了风险。

2)按照合同之债的"延期付款"构成违约提起诉讼。

支持这种观点的理论依据是:

(1)《票据法》第六十条规定:"付款人依法足额付款后,全体汇票债务人的责任解除。"本案的票据款已经支付,票据上的所有权利义务关系解除,不能再依照票据法律关系提起"付款请求权"或"票据追索权"之诉,只能按照一般民事法律关系提起诉讼。

(2)《票据法》第十九条规定:"汇票是出票人签发的,委托付款人在见票时或者在指定日期无条件支付确定的金额给收款人或者持票人的票据。"尽管持票人湖北公司本身和承兑银行没有合同关系,但法律规定了出票人与持票人之间是一种"委托关系",在指定日期,付款人必须无条件付款,这种付款包括对持票人(代理人)的付款,否则就构成违约,应当承担违约责任。

但是,按照"延期付款应当承担违约责任"同样存在问题:

首先,"不可抗力"的抗辩。本案中,承兑行拒绝付款的原因是"公安机关冻结"(暂且不论强制措施的合法性),而这种行为属于"司法行为中的侦查行为"。在我国,关于司法机关的司法行为是否属于不可抗力,法律没有明确规定,也无司法解释。但是根据不可抗力的含义,结合司法行为的特点,我们可以认定司法行为应属于不可抗力。其理由是司法行为由国家司法机关根据案件事实和法律、法规作出,当事人可以根据法律规定和行为事实,预测行为的法律后果。但是在实际案件中,由于影响案件认定的因素较多,比如证据的收集和固定、当事人的诉讼能力、法官的认识和审判水平等,因此,案件的发展和后果具有一定的不可预知性,也非当事人能掌控。因此,司法机关的司法行为对于当事人来说往往无法预测,也无法控制,司法行为具有不可抗力的主客观性。

如果法院认定"公安机关冻结属于不可抗力",付款行就不构成违约,没有违约也就没有"违约金"之说。

其次,即使存在违约,也没有约定或法定的"违约金",要求支付利息没有请求权基础。

在票据法律关系中没有约定违约金。一般来说,出票人在申请开票时,要同时与承兑行签订《商业汇票承兑合同》,这种合同一般由银行制作和提供,我们查阅了许多商业银行的同类版本,均没有对"延期付款如何承担违约责任"作出约定,即使有约定,也是银行如何向出票人承担责任。合同具有相对性,只对合同双方有约束,同样的,只有合同双方对相对方拥有权利。而本案中的湖北公司并不是汇票承兑合同中的任何一方当事人。

本案中也没有法定违约金,《票据法》第五十四条规定:"持票人依照前条规定提示付款的,付款人必须在当日足额付款。"第一百零六条第二款规定:"对付款人故意压票,拖延付款,给持票人造成损失的,依法承担赔偿责任。"《票据实施管理办法》第三十三条规定:"票据的付款人对见票即付或者到期的票据,故意压票、拖延支付的,由中国人民银行处以压票、拖延支付期间内每日票面金额 0.7‰的罚款。"可见,其规定的并不是"法定违约金"而是"损害赔偿金"和"违章行政罚款",且以"故意"和"造成损失"为前提。

3) 以"票据付款请求权"为由提起诉讼。

支持这种观点的理论基础是：

首先，本案中是持票人对承兑人提示付款，承兑人付清了本金而没有支付利息，应当要求其继续支付，其性质属于"票据付款请求权"。

其次，付款请求权内容的客观范围，在按期付款时仅仅是本金，而逾期付款时，应当包括拒付之日到实际支付之日的利息。

但是，如果按照"付款请求权纠纷"提起诉讼也存在如下几个问题：

（1）按照《票据法》第六十条规定："付款人依法足额付款后，全体票据债务人的责任解除。"本案的本金已经支付，付款请求权已经不存在了。

（2）付款请求权的客观范围包括利息没有法律依据。因为法律有规定，票据到期当天付款人必须付款，因此，在法律层面根本不存在行使付款请求权时存在利息的问题，只有拒付的情况下才存在利息，那么，行使第二次付款请求权包含利息没有任何法律依据，没有法律依据只凭主观臆断认为"应当包含利息"如何得到法院的支持？

4) 以"票据追索权"为由提起诉讼。

支持这种观点的基础是：

（1）行使票据付款请求权被拒付后只存在"追索权"，这是一种法定的权利，不能够多次行使"付款请求权"。

（2）追索权追索的范围包括利息，也是一种法定权利，按照追索权提起诉讼才有法律依据。

按照追索权提起诉讼存在的问题及评价：

（1）一次提示付款被拒付后，在拒付理由消除后再一次提示付款，性质是"付款请求权"还是"追索权"？

《最高人民法院关于审理票据纠纷案件若干问题的规定》第五条规定："付款请求权是持票人享有的第一顺序权利，追索权是持票人享有的第二顺序权利，即汇票到期被拒绝付款或者具有《票据法》第六十一条第二款所列情形的，持票人请求背书人、出票人以及汇票的其他债务人支付《票据法》第七十条第一款所列金额和费用的权利。"这种"请求权"可以向付款人也可以向其他债务人,请求的方式可以是诉讼方式,也可以是直接要求其付款的方式,所谓的"二次提示付款"实际上是"追索权"而不是"付款请求权"。

(2) 在本金已经支付的前提下,票据上的权利义务是否结束,追索权是否还存在?

在票据第一次拒付后,追索权产生,直到"付款人足额付款后,全体汇票债务人的责任解除",在行使追索权时,"足额付款"的范畴已经不止包括本金,而且包括利息和发出通知的费用,如果付款人仅仅支付本金而拒绝支付利息及相关费用,属于"部分给付",没有完成其法定的付款义务,根本谈不上"足额付款",票据上的权利义务没有结束,当然可以通过"票据追索权"诉讼要求支付。

本案的处理:我们认为按照"票据追索权"为由提起诉讼是正确的。

四、付款人以"背书书写不规范"拒绝付款时,有权出具证明的单位不配合如何追索

1. 案情简介

2015年2月,上海某贸易公司(以下简称"上海公司")收到一张金额为10万元的银行承兑汇票,票据到期后,通过开户行向付款人提示付款时被拒付,原因是"第二手(河北某公司)背书填写不规范",要求有权记载人出具证明并承诺对记载不规范承担法律责任。上海公司赶赴河北找到河北某公司,但该公司因怕承担责任,不愿意出具证明。无奈,上海公司以实际前手宁波某公司为被告,诉至浙江某人民法院,案由是"票据追索权纠纷",要求前手背书人赔偿票据款、利息和包括律师费在内的损失。

浙江某法院对上海公司行使了释名权,要求明确诉讼请求,上海公司明确表示是"票据追索权"纠纷。浙江某法院经审理后认为,上海公司没有票据追索权,驳回了上海公司的起诉,上海公司不服,上诉至浙江省某市中院,

中院驳回上诉,维持原判。

2. 本案的法律问题

票据背书"不规范"且无法补救的属性？当票据背书不连续时,还有没有票据权利？本案应当如何救济？

1) 票据背书不规范且无法补救时,视为"票据背书不连续"。

按照法律规定"对票据上的其他记载事项,原记载人可以更改,更改时应当由原记载人签章证明"①。本案中,有权记载的背书人为河北公司,可以出具证明并签字盖章。但在实践中,由于票据已经流转多手,持票人往往与有权记载事项的公司没有交易关系,而付款银行又要求在出具证明时必须载明"本公司愿意承担法律责任"字样,使得这些公司不愿意出具这种证明,导致了持票人"无法救济"的情况发生。对于这种有记载的背书人不愿出具证明的,应当等同于"背书不连续",《票据法》第五十七条规定："付款人及其代理付款人付款时,应当审查汇票背书的连续,并审查提示付款人的合法身份证明或者有效证件。付款人及其代理付款人以恶意或者有重大过失付款的,应当自行承担责任。"因此,银行不付款是有法律依据的。

2) 票据背书不连续时,持票人丧失票据权利。

持票人以"持有票据"及"背书连续"证明其票据权利②,可见,"背书连续"是证明票据权利的必要要件,如果背书不连续(也没有有权记载的权利人就更改事宜出具证明),票据因记载事项的缺陷而无效,持票人丧失票据权利。

3) 持有背书不连续的票据持有人,不能行使票据追索权,仅能够以出票人及承兑人为被告,行使"票据利益返还请求权"。

票据因背书不连续(记载事项的缺陷且无法补救)导致票据无效,持票人不再具有票据权利,因此,在本案中,上海公司行使追索权(票据权利)没

---

① 《票据法》第九条。
② 《票据法》第三十一条。

有法律依据,虽然上海公司丧失了票据权利,但依然拥有民事权利,行使票据利益返还请求权。但权利义务主体和诉讼请求要求范围是不同的,票据追索权的权利主体是"提示付款未获付款的持票人",义务主体是包括"出票人、承兑人、前手背书人在内的全体票据债务人",而票据利益返还请求权的义务主体仅仅为"出票人和承兑人";从追偿的范围来看,票据追索权可以要求被追偿人支付票据款,从票据到期次日至实际支付日同期银行贷款利息,取得拒绝证书的费用和发出通知的费用,而"票据利益返还请求权"仅仅可以要求出票人或者付款人返还其"未支付的与票据金额相当的利益"。显然,票据追索权要求支付的范围远大于票据利益返还请求权的范围。

浙江法院的判决是正确的,上海公司应当以出票人和付款人为被告,提起"票据利益返还"诉讼。

第九节 票据交易所新规下的新型案例

一、电子银行承兑汇票也会造假

1. 案情简介

2016年8月,转贴行恒丰银行廊坊支行(以下简称"恒丰银行")在例行排查时发现,该行持有的13亿元银行承兑汇票(电子票据)有重大异常,经询问承兑人"焦作中旅银行"(以下简称"中旅银行")得知该行"从未承兑该批票据",恒丰银行马上向上海警方报案并向监管部门逐级汇报了情况。

经初步调查,有人(疑似中旅银行离职人员)假冒该行印章向工商银行廊坊分行(以下简称"工商银行")开设同业账户,并以"中旅银行"名义接入该行电票系统(ECDS),虚构多家出票人和收款人,开出总金额为13亿元的银行承兑汇票,经某银行(以下简称"直贴行")过桥背书后转贴至恒丰银行。

2. 本案的问题

该批票据参与人的法律地位和法律责任是什么？该批票据的损失最终谁来承担？持票人"恒丰银行"的救济途径和法律风险？

1) "被伪造人"中旅银行没有法律责任。

该批票据到期不能承兑，人们首先想到的是承兑人是否应当付款。因为票据到期承兑行应当无条件付款，而且电子承兑汇票在理论上不存在"虚假"问题。

我们认为，作为"被伪造人"的中旅银行没有法律责任，《最高人民法院关于审理票据纠纷案件若干问题的规定》第六十七条规定："依照《票据法》第十四条、第一百零三条、第一百零四条的规定，伪造、变造票据者除应当依法承担刑事、行政责任外，给他人造成损失的，还应当承担民事赔偿责任。被伪造签章者不承担票据责任。"

中旅银行虽然是承兑人，但"开票""承兑"均是有人假冒他的名义所做的违法行为，按照"罪责自负"原则，不应当由（不是行为人）的中旅银行承担法律责任。

2) 恒丰银行无权向前手行使"追索权"。

首先，该批票据是犯罪嫌疑人通过非法接入工行的电票系统开出的，属于"伪造票据"。从理论上讲，银行承兑汇票的"开票"和"承兑"是两个环节，"出票"行为由出票人完成，作为"承兑行"的中旅银行无法伪造票据，但在实际操作中，"开票"和"承兑"是一个环节，完全由银行工作人员操作，使人误以为银行承兑汇票是"银行开出来的"，这种操作惯例就给银行伪造票据打开了方便之门。

既然是犯罪嫌疑人假冒"中旅银行"之名，编造出票人、收款人等所有的票据要素，在没有基础法律关系（支付特定交易款项）的前提下开出的，该批票据本身不存在"一定金额的给付请求权"基础，因此，该批票据属于"伪造票据"，而伪造的票据不具有票据权利，包括付款请求权和追索权。因此，恒丰银行无权对前手包括"直贴行""过桥背书行""承兑行"以及虚拟的出票人和收款人追索。

3）工商银行（接入机构）应当承担疏于审查的责任。

《电子商业汇票业务管理办法》第十七条规定"接入机构、电子商业汇票系统运营者指定的电子认证服务机构提供者，应对电子签名认证证书申请者的身份真实性负审核责任。电子认证服务提供者依据《中华人民共和国电子签名法》承担相应责任。"工商银行作为接入机构，应当审查申请人（中旅银行）的真实身份。本案的问题是，在申请开户时"法定代表人没有到银行面签"的情况下帮其开户，是否违反接入机构的法定义务？

《中国人民银行关于加强银行业金融机构人民币同业银行结算账户管理的通知》规定"（六）开户银行应当提高对同业开户的审核要求，采取多种措施对开户证明文件的真实性、完整性和合规性以及存款银行开户意愿真实性进行审核。1.执行同一银行分支机构首次开户面签制度，由开户银行两名以上工作人员共同亲见存款银行法定代表人（单位负责人）在开户申请书和银行账户管理协议上签名确认。"但是，该通知仅仅是一个"部门规范性法律文件"，并非法律法规。毫无疑问，"没有面签"是违规行为但还谈不上违法。

那么，工商银行疏于审查应当承担什么责任？《电子商业汇票业务管理办法》第八十条规定"电子商业汇票相关各方存在下列情形之一，影响电子商业汇票业务处理或造成其他票据当事人资金损失的，应承担相应赔偿责任。中国人民银行有权视情节轻重对其处以警告或3万元以下罚款：（二）接入机构为客户提供电子商业汇票业务服务，未对客户基本信息尽审核义务的……（四）接入机构为客户提供电子商业汇票业务服务，未对客户电子签名真实性进行认真审核，造成资金损失的；"但是，该规章表述的是承担"相应赔偿责任"，换言之，是"与损失和过错程度相适应的责任"而并非全部。

4）恒丰银行救济途径和法律风险。

（1）"先刑后民"原则影响其直接向工商银行、直贴行、过桥行行使权利且13亿元的资金何时收回不得而知。

因为案件涉嫌刑事犯罪,按照"先刑后民"原则,应当首先向犯罪嫌疑人追缴,不能追缴部分才可以找其他人追偿。但是,公安机关能追回多少,何时能完成追赃不得而知,在票据诈骗案件的追赃中,一般存在犯罪嫌疑人用赃款偿还合法债务、转移赃款至境外、赌博等不能追回的情况,而且过程艰难,时间漫长,恒丰银行必须承担长时间的资金压力。

(2) 恒丰银行不能以"合同关系"要求前手"直贴行"或工商银行(接入机构)全额赔偿。

首先,恒丰银行的伪造票据虽然是从前手"直贴行"(或过桥行)取得的,有前后手的关系,但因为票据是伪造的,没有票据权利,因此,票据拒付以后,恒丰银行无权向前手行使法定的追索权。同时,因为标的物(票据)是伪造的,双方也不存在合同关系,不能以"前手交付标的物"不符合约定而提起合同之诉,要求前手全额赔偿。

其次,工商银行不是合同的"相对方",也不能对其提起"合同违约赔偿"之诉。工商银行作为接入机构,对受损失的持票人承担赔偿义务是一种"法定责任"而非约定的合同责任,是基于疏于审查的过错导致持票人损失的补偿责任,绝不是"本金加违约金"。

(3) 票据的伪造者、违规贴现银行、过桥行应当向持票人承担侵权责任,除伪造者外,其他人的责任并非连带责任而是"各自的过错责任"。

本案的损失结果是由票据的"伪造人""违规接入机构""申请贴现企业""贴现银行"的行为共同所致。但是,每个行为人的行为均是"单独行为",所以,票据形成和流转的各个环节,各行为人在主观上并没有共同的故意(过失),客观上也没有共同的加害行为,是在时间上前后衔接,行为上相互独立的若干个行为组成。

《侵权责任法》第十一条规定"二人以上分别实施侵权行为造成同一损害,每个人的侵权行为都足以造成全部损害的,行为人承担连带责任。"第十二条规定"二人以上分别实施侵权行为造成同一损害,能够确定责任大小的,各自承担相应的责任;难以确定责任大小的,平均承担赔偿责任。"第二十六条规定"被侵权人对损害的发生也有过错的,可以减轻侵权人的责任。"

第一,"票据伪造人"是直接实施侵权行为人,其行为足以造成全部损失,当然应当承担全部或连带侵权责任。

第二,"违规接入机构"工商银行的责任。正是其违规并疏于审查,才导致犯罪嫌疑人接入电票系统,使得伪造的票据开出、承兑、贴现和转贴并给持票人造成损失,但其单独的行为不可能造成全部损失,应当按照其在侵权中所起的作用承担赔偿责任。

第三,"不知票据是伪造而贴现"的贴现银行本身就存在违规操作,导致持票人受到损失。按照中国人民银行的要求,票据贴现要求提供真实的交易背景资料(合同和增值税发票原件),13亿元的金额不是小数目,申请贴现的企业(包装户)并非大型国有企业和上市公司,短期内怎么会有13个亿的交易存在?应当说,贴现银行对"虚假交易"是明知的,为了利益对虚假的交易背景"故意不尽审查义务"。因此,应当承担其所应当承担份额的赔偿义务。

第四,可能存在的"过桥背书银行"的责任。这种"过桥背书"一般是应转贴行的要求操作的,目的是为了降低追索时的风险,过桥背书实质是一种"转贴现"行为,应当履行相关的转贴手续,但过桥行为了图方便,根本不作手续,直接背书、收费,完成过桥背书。这种违规的过桥背书增加了转贴行(恒丰银行)的信心,降低了追索时的风险,在整个侵权环节中起到了一种为伪造票据贴现"加固"的作用,当然应当承担相应的责任。

第五,恒丰银行自身存在的过错,可以减轻侵权人的责任,或者应当自己承担与其过错程度相适宜的责任。

这种金额巨大、利润较高的票据业务本身就存在疑问,转贴这些票据,从内部程序上超过1 000万元就应当总行审批,不知该批票据是否经过审批程序。同时,转贴这样一批票据,应当向承兑银行查询,而本案中的中旅银行称"从未开展过电票业务",作为专业银行的恒丰,难道没有一点基本的常识?因此,应当自己承担不能全额追回票据款的风险。

二、买卖电子承兑汇票时"隔手打款"的法律风险

1. 案情简介

2014年11月4日,浙江某公司(以下简称"浙江公司")以其关联公司上海某公司(以下简称"上海公司")为收款人,开出一张金额为300万元的电子银行承兑汇票,票据到期日为2015年11月4日。票据开出后,委托票据中介许某找人贴现并将票据背书给许某实际控制的上海某钢铁贸易公司(以下简称"钢贸公司")。许某经他人介绍,最终找到了专门从事票据贴现的上海某金融服务公司(以下简称"金融公司")并将票据背书给了金融公司。金融公司看到电子背书后,按照许某的指令,将293.5万元贴现款直接打给了票据上记载的收款人——上海公司,将3 000元中介费直接打到了许某的个人卡上,交易完成。

2015年6月,钢贸公司以"返还不当得利"为由,将金融公司告上法庭。诉称"因公司财务人员工作失误,在支付货款时,误将电子票据背书给了金融公司,其与金融公司既无交易关系也无债权债务关系,要求返还票据,如果票据客观返还不能则要求返还票据款300万元"。金融公司辩称:许某和上海公司(收款人)之间是委托代理关系,许某(及其钢贸公司)只是一个"票据中介",真正的票据权利人是收款人——上海公司,因此,票据款打给上海公司并没有错,为了证明存在这种"委托代理关系",金融公司提供了许某的手机短信,短信载明许某要求将贴现款打给收款人和将中介费打给其个人账户。

2. 本案的问题

没有交易背景的买卖方式转让票据是否有效?电子票据的委托代理关系如果证明?票据权利人是收款人还是前手背书人?收到票没有给前手权利人打款是否属于不当得利?

1) 民间"买卖票据"只要支付了对价,就不能认为是无效。

尽管买卖银行承兑汇票违反行政法规,但是,一般法院在查清已经按照约定支付了对价后,不会以"买卖票据违法"属于无效法律行为而撤销。最

高人民法院1994年的判例早已确定了"没有基础关系但已经支付对价能够取得票据权利"的原则①。在我国现阶段,买卖银行承兑汇票现象大量存在,而且票据已经流转(甚至已经贴现或付款),基于基础法律关系(买卖票据)违反行政法规无效,请求法院确认已经流转了若干手的持票人的票据权利无效没有法律任何依据。因为,首先,申请确认无效的申请人只能要求确认自己与相对人的交易行为无效,无权确认他人之间的交易无效。其次,基于银行承兑汇票本身的"无因性",如果票据买卖以后被企业作为支付手段转让,就不能撤销先前的买卖行为。因此,尽管"买进"不合法,"卖出"(作为支付手段)是合法的。

针对全国近年来越来越多的买卖票据案件,江苏、浙江、山东等省高级法院纷纷出台关于审理票据纠纷的指导意见,均确认了民间买卖票据行为的不可撤销性。2014年8月21日,最高人民法院作出(2014)民二终字第17号判决,认为"双方当事人从事涉案商业汇票贴现、转让行为,其交易的本质是民间借贷、融通资金活动",不能认定该行为无效,该判例还纳入了最高人民法院公告案例中,对下级人民法院审理案件有指导意义。

2)《票据法》上的"委托代理"必须在票据上记载以示公告,未在票据上记载的不具有委托代理的效力。

《票据法》第5、第56条明确规定,委托代理关系必须在票据上记载,以示公告。因票据采取严格"文意性"和"无因性",为了使交易的第三方了解票据上记载的权利人和法律关系,《票据法》规定,票据上的权利人和法律关系必须在票据上记载(如代理、承兑、保证、质押等),如果没有记载,不具有票据法意义上的效力(有时可能存在"民事"上的相关法律关系)。

---

① "中华人民共和国最高人民法院民事判决书(1994)法经提字第1号",载《最高人民法院公报》1995年第1期,第30页。最高院经提审后认为"……银行以其签发承兑汇票无合法商品交易基础且属受骗为由主张汇票无效,缺乏法律根据……进出口公司收到承兑汇票后,为实业公司支付了款项,故应认定进出口公司取得承兑汇票已付出相应对价,是承兑汇票的合法持有人。综上所述,原审法院的判决是错误的,故判决撤销原判,驳回甲银行的诉讼请求。"

本案中,因为没有在票据上记载"委托代理"的字样,当然不具有票据法意义上的委托代理关系。票据采取严格的文意主义,不能以票据记载以外的内容来对抗票据上的记载,手机短信上的"打款指令"不能证明委托代理关系的存在。因此,金融公司关于"委托代理关系"的抗辩不能采信。

3) 收到票据时的"前手背书人"是票据权利人而"隔手的收款人"不是票据权利人。

票据转让以"背书"和"交付"为条件,如果无相反证据,票据上记载的"最后被背书"是票据权利人。本案中,按照票据背书栏记载,收款人已经将票据背书转让给了钢贸公司,金融公司收到票据时,票据权利人是钢贸公司而不是上海公司(收款人),无论钢贸公司是否向前手支付了对价。

按照"债权的相对性原则",即使上海公司没有收到贴现款,只能向后手钢贸公司主张权利而不能"隔手"向金融公司主张权利。同样道理,金融公司只能将贴现款打给票据上记载的前手——钢贸公司,而不能"隔手"将贴现款打给上海公司,因为上海公司已经将票据权利转让,不再是票据权利人。

4) 收到票没有给前手权利人打款属于"不当得利",依法应当返还。

作为"收款人"的上海公司,其票据权利已经通过背书方式(电子承兑汇票不存在"实体交付"问题)转让给了钢贸公司(至于两者之间是否存在交易关系以及是否支付对价,不是票据受让人审查的范围),金融公司在明知上海公司不是票据权利人的情况下,将票据款打给上海公司,而上海公司在票据权利已经转让的情况下,仍然"隔手"接受打款,当然属于"不当得利",应当返还。同样,钢贸公司将票据背书转让给了金融公司却没有收到票据款,当然可以要求金融公司返还。

3. 本案的启示

在庭审中,金融公司要求追加收款人上海公司为共同被告,法院以"不是一个法律关系为由"驳回,告知金融公司"对上海公司另行起诉"。法院认为,金融公司的"委托代理关系"之抗辩没有证据证明;在双方交易时,票据权利人为钢贸公司而不是上海公司,金融公司取得票据权利没有向权利人

支付对价,属于不当得利,依法应当返还。

事实上,金融公司是被"冤枉的"。在票据行业,将贴现款打给个人,打给指定的"第三方账户"的情况非常普遍,几乎是"众所周知的事实",但法律讲究的是"法律真实(证据能够证明的事实)"而不是"客观真实",在法律层面上,钢贸公司转让给金融公司票据而金融公司没有向其付款,当然应当"再付一次"。

三、当事人涉嫌诈骗时"票据居间平台"的法律责任
—— 转贴现合同"涉嫌伪造"时居间人的法律风险、责任和对策

上海知谦律师事务所接受杭州某金融服务外包有限公司(某票据在线,票据中介微信即时发布平台)委托,就"转贴现合同涉嫌伪造,居间平台可能承担的法律责任"一事出具法律意见书,本律师所指派朱鑫鹏、朱倩律师全权处理此事。

1. 案情简介

据委托人称,2015年9月16日,前手中介找到委托人,称有12张共计6亿元的商业承兑汇票需要"找出口",该平台遂通过网站和微信平台发布了相关信息(并没有发布后续信息),次日,前手中介告知委托人:出票人(天津某商贸有限公司,以下简称"出票人")已经与转贴行(中国农业银行股份有限公司某分行,以下简称"农业银行")说好,由转贴行回购。为证实持票人具有"到期付款的能力",出票人提供了天津某矿产贸易有限公司等12家公司的"营业执照""组织机构代码证""开户许可证""信用代码证"等,以证明这些企业均属于出票人实际控制(或关联企业);提供了"房产证"6套,"蒙古国某公司矿产资源情况说明"1份,出票人等3家公司2013年、2014年度资产负债表和利润表共6份,"上海某某置业有限公司之股权转让协议"1份,共同证明出票人具有6亿元以上的资产和到期偿还能力。

委托人随后找到兴业银行股份有限公司某分行(以下简称"兴业银行")并陪同兴业银行到农业银行,在银行内签订了"商业承兑汇票转贴现合同"

(附件为12张商业承兑汇票及票据要素),兴业银行为了防止票据不能兑付时行使追索权,要求在其前手加盖两手商业银行的背书章。随后,委托人在商业承兑汇票上加盖了两手自己控制的"包装企业"的印章,直接交给了"直贴行"(某村镇银行,以下简称"村镇银行")12张汇票在兴业银行前手又加盖了"宁波银行"和另外一件商业银行的背书章,然后交付给了兴业银行。贴现款由兴业银行逐手打给了村镇银行,村镇银行扣除"贴息""中介费""手续费"后,将贴现款打给了出票人。

2015年9月16日票据到期,农业银行提示付款被拒付,遂向前手行使追索权,直至第一手"过桥银行"败诉,该银行遂向当地公安机关报案。

2. 本案的问题

农业银行与兴业银行签订的转贴现合同是否存在虚假的可能?委托人参与了转贴现合同的居间信息的发布,应当承担什么法律责任?如果直接参与了居间,应当承担什么法律责任?如何应对可能存在的法律风险?

3. 我们的法律意见

1) 农行对6亿元商业承兑汇票签署"转贴现协议"明确违反该行商业汇票贴现管理办法,要么属于"虚假合同"要么属于"故意违规"。

(1) 该转贴现合同明显违反中国农业银行的票据管理办法,与常理不符。首先,按照《中国农业银行关于进一步开展商业汇票业务,加强商业汇票管理的意见》和《中国农业银行商业汇票回购业务管理办法》规定,单笔汇票金额超过2 000万元的回购(中国农业银行的转贴现包括买断和回购),必须填写《大额商业汇票回购申请表》由总行资金部审批,本案的商业承兑汇票金额均为5 000万元,湖北某分行根本没有权利办理。其次,对商业承兑汇票转贴现,在程序上要由信贷部门对企业进行资信调查,要提供有效的交易合同和发票(增值税发票需要提供原件),更为重要的是,不会对在该行未开户的企业贴现(天津某商贸有限公司注册地和实际经营地均不在湖北某市,基本户不应当开在该市)。

(2) 出票行提供的用于"证实有按时还款能力"的相关资料大多不具有

相关性且存在虚假成分。

第一,12家相关公司的资料和会计报表等资料不能证明出票人"到期具有6亿元的还款能力"。其他公司无论与出票人是否具有关联性,在法律层面上不是一个权利义务主体,不能简单地把所有企业的资产简单地加在一起。第二,资产总额不等于资金偿还能力,一个公司的"现金流"与"资产"不是一回事。第三,承兑汇票在现行法律制度下,只能作为"支付特定货款的手段",在价值取向上是基于"买卖都是有利润的,只要货物存在,资金就没有风险"的理念,但本案中,出票人开具的是融资性票据,没有交易背景,明显违反相关法律。第四,出票人提供的"上海某置业有限公司之股权转让协议"明显与工商部门登记的信息不符,涉嫌"伪造"。经我们查询,该股权转让协议的"标的公司"是上海某置业有限公司,但股东并不是"上海某企业集团股份有限公司"和"上海某建设投资有限公司",而是"秦皇岛某贸易有限公司",2015年6月25日从某(天津)集团有限公司转让而来。如果说6月4日签订并履行了股权转让合同,为什么6月15日又转让给了他人(我国目前转让股权要缴纳巨额的税费),更令人不解的是,"某(天津)集团有限公司"与"秦皇岛某贸易有限公司"的注册地均为"嘉定区宝安公路2889号2栋A4096室"(一间办公室)。

综上,我们认为,如果农业银行仅仅审查了出票人提供的上述资料就签订了转贴现合同,不仅非法,而且违反常理,"转贴现合同"虚假的可能性很大。

2)如果仅仅是"信息发布",因为该信息(票据信息和欲转贴信息)"并非虚假",发布人(平台)当然没有法律责任。如果参与了"对虚假合同的居间",居间人可能承担的法律责任:

(1)"转贴现合同"被认定为是"农业银行的行为"。

因为合同主体真实,农业银行违规贴现,其违规签订合同的行为不能对抗善意第三人,"转贴现合同"有效,如果出票人不能到期还款,农业银行应当对该6亿元损失买单(一定会经历诉讼),农行相关涉案工作人员会被追究刑事责任(涉嫌贪污、职务侵占等罪)。

居间人没有刑事责任。最高检 2013 年作出 58 号《关于买卖银行承兑汇票适用法律问题的批复》,认为民间买卖票据的行为属于"票据中介",不能以非法经营罪追究刑事责任。

如果合同签订本身并不涉及"欺诈",合同真实有效,农业银行(到期不能取得付款)可以对兴业银行、宁波银行(以及背书的商业银行)村镇银行行使"追索权",最终"直贴行"——村镇银行可能因为包装户(申请贴现人)没有偿还能力而得不到付款,村镇银行可能就此案件承担巨额损失。

(2)"转贴现合同"是银行个人行为,合同是采取"欺诈"手段签订的,合同无效。

首先,农业银行没有法律责任,但出票人及负责人、农行工作人员等实际实施犯罪的人涉嫌犯罪。因为是"假冒他人名义签订的合同",被假冒人没有法律责任。

其次,如果居间人"知道或应当知道转贴现合同虚假",为了牟取不正当利益,仍然居间并促成了合同的签订和履行,可能会涉嫌"诈骗"(共同犯罪)

诈骗罪的构成要件是,以非法占用为目的,采取"制造假象"或"隐瞒真相"的手段,骗取他人财物的行为。所谓共同犯罪,是指基于共同的故意(包括概括的共同故意)共同的犯罪行为。

再次,申请贴现的包装户的实际控制人如果"知道或应当知道转贴现合同虚假"为了牟取不正当利益,策划操作和实施了该批票据的贴现、转贴现,同样构成犯罪(诈骗罪之共同犯罪)

在现行票据民间贴现市场上,民营企业的商业承兑汇票如果没有银行担保,没有银行愿意贴现。本批 6 亿元商业承兑汇票银行愿意贴现的前提是"农行同意转贴现"如果转贴现合同都是虚假的,该笔票据根本就不可能流通。

如果是因为居间人、村镇银行的实际控制人、包装户的实际控制人一手操作了"联系资金方银行""促成资金方银行与转贴行签订合同""资金方银行前手商业银行背书",最终导致了 6 亿元原本不可能流通的票据让出票人

"骗到了贴现款"。一旦查证属实,居间人和包装户的实际控制人可能会被追究刑事责任。

(3) 转帖行的印章真实,但签订合同的人员"无权代理"。如果"转贴现合同"是银行工作人员的个人行为,属于"无权代理"或"越权代理"。

如果签订合同的农行工作人员的行为"足以使对方认为有代理权",是正常的履行职务行为,则构成民法意义上的"表见代理"。虽然是"无权代理",但相对人无法知晓,从保护善意第三人的角度出发,应当认定为合同有效。农行应当为其工作人员的行为承担责任。

3) 如何应对可能存在的法律风险。

(1) 风险的最终落脚点——村镇银行和包装户(以及实际控制者)。农行如果到期不能得到出票人的付款,可以依法行使"追索权",要求前手银行支付票据款和利息,然后把转追索权转让给兴业银行;兴业银行可以行使"转追索权"要求背书的前手宁波银行(和另一个商业银行)支付票据款和利息,最终对村镇银行(委托人之"带贴行")行使追索权。而村镇银行的前手是"包装户"和出票人,均没有偿还能力,因此,村镇银行可能会为此次危机的巨额损害最后买单。

(2) 委托人应当注意的是——从来就没有证据证明实际控制过村镇银行和"包装户"。

(3) 是否有刑事责任的关键点——"主观上有共同犯罪的故意,客观上有共同犯罪的行为"。

主观上,不知道(也没有要求知道)出票人的资质情况和偿还能力,作为票据中介在业内仅仅是提供一种票据来源和收购方的信息,赚取的是"信息不对称"的信息费,既不对供求双方的主体真实性负责,也不对信息的真实性负责。

客观上,没有参与供求双方的合同谈判、合同签订和合同履行过程。只是以赚取居间费有关的行为才会参与。

如果主观上有共同犯罪的故意,客观上共同实施了骗取财物的行为,则可能构成共同犯罪。

第五章 信用证融资业务中的法律风险

第一节 委托理财筹资加转口贸易融套利模式的合法性评价

1. 基本案情

徐某委托陈某为其理财,双方签订《合作协议书》,在协议中约定陈某保证资金收益率为月4.5‰,其中1‰为陈某的居间服务费。徐某随后将多笔资金打入陈某指定的账户(陈某借壳的A公司账户)。双方除合作协议外并未签订任何其他文件,陈某也未曾为这些资金提供担保。

同时,陈某借壳某公司并以其名义开立账

户,由该公司出具授权委托书承认陈某开立的账户为徐某资金的托管账户,并委托陈某理财,该公司承担托管保负责任。

陈某获得资金后借壳某公司,并与多个合伙人在各地注册的公司配合(其中也包括在国外以及香港地区注册的多家贸易公司),配合进行假的转口贸易或是其他信用证业务(信用证打包贷款或票据福费廷等)实现融资套利。

后徐某发觉陈某和其合伙人将账户资金转走,发生纠纷。

2. 争议焦点

徐某与陈某之间存在什么样的法律关系?陈某等人借转口贸易套利是否需要承担法律责任?本案中徐某如何救济?

3. 案件分析

1) 徐某与陈某之间存在什么样的法律关系?

徐某与陈某之间的《合作协议书》属于民间委托理财合同。

在双方签订的《合作协议书》中约定:资金由陈某借某公司名义开立的账户进行投资管理;保底本息,超额归受托人陈某所有。按照最高人民法院民二庭法官对委托理财合同的定义,委托理财合同是指委托人和受托人约定,委托人将其资金、证券等金融性资产委托给受托人,由受托人在一定期限内管理投资证券、期货等金融市场,并按期支付给委托人一定比例收益的资产管理活动。自2001年起,最高人民法院开始调研起草相关委托理财合同的相关法律法规,但是由于委托理财金融活动的复杂性导致争议相当大,至今尚未出台正式的司法解释。在司法实务领域主要有:一是上海市高级人民法院民二庭庭长李永祥主编的《委托理财纠纷案件审判要旨》(以下简称《审判要旨》)(人民法院出版社2005年1月版);二是以"高民尚"署名撰写的《审理证券、期货、国债市场中委托理财案件的若干法律问题》登于《人民司法》2006年第6期,并连载于2006年5月29日、6月5日、6月12日《人民法院报》(以下简称"高民尚文")("高民尚"并非人名,而是最高人民法院民二庭在"最高人民法院民商审判"取"高民商"的谐音,该篇文章实际代表最高法院民二庭多数法官的意见);三是《委托理财案件法律适用难点辨析》

(以下简称《适用难点》)(上海市第二中级人民法院研究室主任徐子良,登于《法律适用》2011年第1期)。

第一,委托理财合同的性质是什么?

上海高院李永祥庭长认为委托理财行为不同于委托代理行为、借贷关系、信托关系,而是一种独立的法律关系,是一种新型的财产管理制度。而"高民尚文"认为,委托理财的法律性质宜认定为委托代理关系,不宜将委托理财定性为信托行为,主要理由为:①实践中绝大多数委托理财行为更倾向于委托代理法律关系的特征;②与信托行为的法律关系相去甚远。上海二中院徐子良主任的观点认为,不应纠结于委托理财合同性质问题,关键在于要识别在合同自治约定中需要公权干预的部分及公权干预的必要性。根据2011年2月18日《最高人民法院关于修改〈民事案件案由规定〉的决定》中"105、委托理财合同纠纷(1)金融委托理财合同纠纷(2)民间委托理财合同纠纷",我们可以看到,委托理财合同纠纷已被最高人民法院确定为独立的案由,本案自然人之间的《合作协议书》是民间委托理财合同的一种形式。

第二,委托理财合同是否有效?

《审判要旨》一书中对于委托理财合同的效力因主体不同作了区分:未取得资质的金融机构签订的委托理财合同无效;非金融机构签订的委托理财无效;自然人签订的不针对不特定对象委托理财合同有效。"高民尚文"与《审判要旨》中所载观点大致相同,但是认为非金融机构的委托理财合同属于灰色地带,不宜轻易认定其效力。在实践中,我们发现非金融机构的委托理财纠纷数量逐渐增多,为了整个金融市场的稳定考虑,各地法院并非一概认定非金融机构的委托理财无效。保底条款对委托理财合同的效力有极大的影响力,下文中详细介绍。

第三,关于保底条款的效力问题。

在"高民尚文"中将委托理财协议中的保底条款分为三类:①保证本息固定回报条款;②保证本息最低回报条款;③保证本金不受损失条款。本案中徐某与陈某之间属于第①类保底条款,此类保底条款已经充分明确了委托人的缔约目的以及合同预期收益,此种情形与一般情况下的借贷关系并无区别。所以,最高法的观点认为,无论委托人交给受托人的是资金还是融资性证券,皆认定为以委托理财形式的借贷关系。但是上海高院徐子良主任认为合同性质认定需要看合同条款的约定及签订合同时的真意,委托人签订此类委托理财合同主要是为了资产增值,所以此类合同仍属于委托理财合同。对比近年来的上海市案例,上海市法院在此类情况下多以委托理财合同纠纷确定案由。

保底条款在司法实践中普遍被认定为无效。保底条款虽为对受托行为所设置一种制约和激励机制,但是由于存在极强的信用投机色彩,对宏观经济、金融体系造成不利影响。在《证券法》《证券投资基金法》以及证监会、信托相关法律法规中都禁止承诺不受损失或最低收益,虽然此类法律都是针对金融机构,但是对于处于真空地带的民间委托理财来说,有通过司法干预弥补金融监管不足的必要性。2007年4月21日《北京市高级人民法院关于审理金融类委托理财合同纠纷案件若干问题的指导意见(试行)》明确规定"四、金融类委托理财合同中的保底条款,原则上不予以保护。对于履行此类合同发生的损失,法院应当根据当事人各方的过错程度以及公平原则,确定各方当事人应当承担的责任。"保底条款有违民商法基本原理、公平原则、法律强制性规定及市场的基本规律,极可能导致金融风险,所以实践中法院一般都认定保底条款无效。

由于保底条款是委托理财合同的核心条款、目的条款,若是没有保底条款的存在,一般委托人不会签订委托理财合同。在保底条款被确认无效后,缔约目的消失,委托理财合同已无继续履行的可能性,所以作为核心条款的保底条款被确认无效后,必然导致整个委托理财合同的无效。在2007年后的法院判决中大多遵循此观点。

2)陈某等人借转口贸易套利是否需要承担法律责任?

(1)转口贸易套利的主要操作流程。

转口贸易又称中转贸易或再输出贸易,是指国际贸易中进出口货物的买卖,不在生产国与消费国之间直接进行,而是通过中转的第三国转手进行的贸易,这种贸易对中转国来说就是转口贸易。目前,转口贸易主要分为再出口贸易和单据处理贸易,再出口贸易属于传统的转口贸易方式,其物流与货物所有权转移方向一致:出口国→中转国→消费国;单据处理贸易为转口贸易的主要方式,其物流方向为出口国→消费国,货物所有权转移方向为出口国→中转国→消费国。正是由于转口贸易涉及货物所有权向中转国的转入转出,必将伴随资金流转活动。

转口贸易作为国际贸易的重要贸易形式,已被广泛运用于各国的贸易往来。但随着转口贸易的发展,部分企业不再安于以赚取价差为目的,而是转向套取境内外的利差、汇差。从某种意义上来说,转口贸易套利可以作为一种获取比国内银行贷款利率成本低的融资渠道。

本案中,陈某等人的转口贸易操作就是典型的转口贸易套利流程:陈某等人利用多个公司 A(在国内擅长进出口贸易的公司)、B(在香港具有信用资质的公司)、C(在安圭拉注册的公司)。在整个货物流转过程中,C 公司出售货物给 A 公司,A 公司将货物出售给 B 公司,B 公司再销售给 C 公司或 C 指定公司,整个货物最终转回 C 公司或 C 指定的客户(C→A→B→C)。在资金流转过程中,A 公司通过开远期人民币信用证或美元信用证给 C 公司,C 公司拿人民币信用证在新加坡当地"押汇"后购买美元支付给 B 公司,B 公司再将美元支付给 A 公司,A 公司将美元结汇成人民币,信用证到期后 A 公司偿还银行(A→C→B→A)。整个流程结束后,就相当于 A 公司开出远期信用证后即可套现(一般从 A 公司开出信用证到套现,在 1 周内完成),而且得到此笔现金所支付的财务成本要低于同期国内人民币贷款利率。在整个转口贸易的过程中,A 公司的成本基本就是开证费用加上很小一部分银行手续费。

(2)"委托理财筹资""转口贸易套利"涉及的法律责任。

"委托理财筹资"属于一般民事法律关系,如果不是向不特定多数人筹资(公募),笔者认为不涉及刑事责任问题,但如果存在欺诈(未告知要利用转口贸易套利),应当按诈骗罪追究刑事责任。

由于转口贸易方式下的货物进出口享有在中转国收汇付汇等方面有优惠政策,而且转口贸易多以单据处理方式为主,交易的货物主要是大宗商品,监管上难度很大。目前,我国在转口贸易方面并没有完善的监管制度。

但是,并不是说陈某等人不承担法律责任。

[刑事责任]陈某等人的"筹资"又"挪用"行为涉及侵占罪。在《中华人民共和国刑法》第二百七十条规定,"将代为保管的他人财物非法占为己有,数额较大,拒不退还的,处二年以下有期徒刑、拘役或者罚金;数额巨大或者有其他严重情节的,处二年以上五年以下有期徒刑,并处罚金。"本案中,陈某等人擅自将托管账户中资金转移,涉嫌侵占罪。

陈某等人借壳的国内公司涉及逃汇罪。在《中华人民共和国刑法》第一百九十条中规定"公司、企业或者其他单位,违反国家规定,擅自将外汇存放境外,或者将境内的外汇非法转移到境外,数额较大的,对单位判处逃汇数额百分之五以上百分之三十以下罚金,并对其直接负责的主管人员和其他直接责任人员处五年以下有期徒刑或者拘役;数额巨大或者有其他严重情节的,对单位判处逃汇数额百分之五以上百分之三十以下罚金,并对其直接负责的主管人员和其他直接责任人员处五年以上有期徒刑。"

[行政责任]《中华人民共和国外汇管理条例(2008修订)》第十二条规定"经常项目外汇收支应当具有真实、合法的交易基础。经营结汇、售汇业务的金融机构应当按照国务院外汇管理部门的规定,对交易单证的真实性及其与外汇收支的一致性进行合理审查。外汇管理机关有权对前款规定事项进行监督检查。"同时第三十九条、第四十条规定,有逃汇、套汇、非法结汇行为的,由外汇管理机关责令改正,处逃汇、套汇、违法金额 30% 以下的罚款 30% 以上等值以下的罚款。

3) 本案中徐某如何救济?

由于转口贸易套利操作中一般都要加入银行信用,即通过先期开出银行信用证,满足中间商不先行垫付资金的需求,同时根据最终进口商的银行信用证,以收汇款来偿付信用证,进而完成转口贸易全流程。在本案中,陈某等人转移资金后,借壳公司 A 已经解散,办公地点人去楼空,开证行必然面临开证申请人 A 质押的国内银行承兑汇票的兑付问题及信用证垫款风险。开证行必然会将开证申请人 A 公司起诉至法院。

A 公司长期操作此类业务,不能保证无其他债务存在。在 A 公司账户尚有资金时,徐某应当尽快向法院起诉陈某以及 A 公司,取得胜诉判决从而来弥补损失。

4. 本案的启示

银行方面:重点审查转口贸易的真实性,完善收汇资金的真实性核查制度,重视对第一偿债来源的监管。

操作转口贸易的投资公司方面:

(1) 国内信用证可通过正规的议付行贴现,将钱打入自贸区企业开立的账户,钱在自贸区的资金池内。

(2) 通过离岸公司名义来做转口贸易,大部分是通过香港的离岸公司来做,离岸账户外汇自由收付,不受外汇管制。

第二节 为(国内)"福费廷"担保的合同是否有效

1. 案情简介

2012 年 8 月至 2013 年 9 月,上海某进出口有限公司(以下简称"上海公司")、宁夏某纸业有限公司(以下简称"宁夏公司")以及绥芬河某纸业有限公司(以下简称"绥芬河公司")签订 8 份纸浆购销合同,通过国内"福费廷"方式给宁夏公司融资。上海公司提出,必须找一家"中"字头的担保公司为购销合同担保,宁夏公司遂找到中运某融资担保公司(以下简称"担保公司")签订了最高限额为 8 亿元的担保合同并支付担保费用 300 余万元(但未告知其"福费廷"相关事宜)。合同签订后,上海公司利用自己的授信额度,共开出17张国内信用证(10%保证金加90%授信),为宁夏公司融资共8亿余元。宁夏公司则采取"新账还旧账"的方式,在每笔信用证"福费廷"后使用现金至信用证到期日,挪用新的"福费廷"现金归还剩余90%的资金。

因宁夏公司经营不善进入破产程序,已经无力偿还最后两笔近4500万的信用证尾款,上海公司遂以宁夏公司、中运公司为被告起诉至上海市长宁区人民法院,要求宁夏公司承担还款责任,担保公司承担连带责任。

因一审双方当事人以及法官均没有关注"福费廷"业务,案件围绕主合同质量问题以及"最高额担保合同"的效力问题展开。按照民事诉讼的"处分原则",最终长宁法院判令担保公司承担连带责任。

2. 涉及问题

该案二审时主要涉及的问题主要包括:被担保的主合同《货物买卖合同》是否已经履行?是否存在上海公司与宁夏公司"串通"损害担保公司利益的行为?

1) 该案件涉诉合同名为"贸易"实为"融资",所谓的货物买卖根本没有履行。

(1) 合同的签订就是围绕"融资"而不是贸易进行的。

首先,上海公司与宁夏公司的合同,我们稍加注意就看到,合同主要是围绕"信用证付款方式以及后期的90%不能支付如何救济"进行的,按照合同约定,宁夏公司在合同签订后,先支付10%的保证金给上海公司,由上海公司开出信用证,信用证到期的前5个工作日支付其余90%,在与此相关的《合作协议》(4页)《保证合同》(5页)对"不能支付余款"作了详细的约定,但是,真正的《销售合同》简单得出奇(1页)共几十个字,对销售合同必需的交货日期、运费的承担、交货方式、损耗、纸浆、品质均没有约定。可以看出,在合同签订时,双方关注的根本不是"销售合同",而是"如何通过信用证取得资金"以及"如果不能偿还资金如何让担保人承担"。

其次,宁夏公司与绥芬河公司签订的《购销合同》同样关注的不是交货日期、运费的承担、交货方式、损耗、纸浆品质,而是按照绥芬河公司的要求,按照扣除"福费廷贴现费用、银行转账费用以及相关税金"后的金额,签订回购合同,使绥芬河公司付给宁夏公司福费廷款时"师出有名"。

(2) 购销合同根本没有履行,"循环买卖"的相关合同签订及《权利转移证明》均是为了向银行套取现金的手段。

首先,宁夏公司在一审庭审中明确表示"没有收到货物,权利转移证明的出具仅仅是因为询问了绥芬河公司",按照证据规则,当事人对事实的确认对法院认定事实有约束力;

其次,"货物在实物形态上从未离开过绥芬河公司的仓库"。

本案涉诉标的是"纸浆",属于"动产",其权利的转移以"交付"为准。本案的所有证据证明(相关代理人也认可)纸浆从未离开过绥芬河公司的仓库,既然从未实际交付,合同就没有履行。

再次,一审认定合同已经履行的"收据"本身矛盾重重,根本不足采信。该收据在同一时间,同一人在不同的地点对货物进行验收,在客观上根本不可能。

最后,从形式上看,是上海公司先向绥芬河采购货物,然后又卖给宁夏公司的,要证明其和宁夏公司履行了合同,必须首先证明其与绥芬河履行了合同,而其与绥芬河之间的合同是采取信用证方式结算的,在信用证条件下,证明合同履行不能仅仅凭一张"收据"和"权利转移证书",至少应当包括发票、运单或货单(《信用证结算办法》第 11 条 14 项),而本案中,不存在任何以上海公司为"抬头"的发票、运单或收据,如何认定合同已经履行。

2) 对"证据证明了的融资行为"没有认定。

由宁夏公司提供的回购纸浆产生费用详单上面明确写明"信用证贴现利息""福费廷业务费用"等字样,宁夏公司对其真实性没有异议。"福费廷"就是信用证套现,本身就是融资行为。宁夏公司对信用证贴现(也就是福费廷业务)的存在是没有异议的,但原审法院并没有认定相关证据。

3) 上海公司违规申请开证,违规提供相关单据使信用证贴现(福费廷)是造成纠纷的关键。

首先,《国内信用证结算办法》第六条规定"信用证只限于转账结算,不得支取现金。"银行对上海公司的信用证"授信额度"是银行按照行业规范对上海公司的资信状况调查后授予上海公司"专用"的,不能转让给他人(否则可能导致剩余90%)资金不能收回的风险。因此,信用证的用途仅仅是"上海公司采购原料"(而不是倒买倒卖),但是,为了谋取非法利益,上海公司违规使用信用证为他人采购货物,为了转嫁风险又签订了一份《保证合同》,以保障自己的非法利益万无一失。这种行为本身就是违法的,不应当受到法律保护。

其次,正是上海公司提供了"合同已经履行"的相关单据,才成就了"信用证套现",导致了诉讼的发生。我们在本案中没有看到上海公司提供的用于信用证贴现的相关单据(其自己拒绝提供),但是,按照《信用证结算办法》和福费廷操作务实的需要,上海公司一定提供了以自己(开证申请人)为抬头的虚假的发票和相关单据(一定与本案的相关单据相矛盾),否则,绥芬河公司根本不可能将涉诉信用证套现。

4) 宁夏公司与上海公司在诉讼中共同的观点证明了他们共同的利益。

按常理,担保公司是为宁夏公司提供担保的,为一方当事人,也是共同利益人。但本案中,宁夏公司的代理人一直站在上海公司的一方,极力想促使担保公司承担担保责任(不顾及事后可能存在对其他们的追偿)有悖常理,足以表明他们是共同利益人,串通一气损害担保人利益。

3. 国内信用证"福费廷"业务的法律评价

福费廷业务经历了一个从"禁止"到"放开"然后到"支持"的发展过程。

1997年8月1日,中国人民银行颁布《国内信用证结算办法》银发〔1997〕265号,其第六条规定"信用证只限于转账结算,不得支取现金。"

2002年11月6日,中国建设银行发布《福费廷业务管理暂行办法》建总发〔2002〕152号,其第二条规定"本办法所指福费廷(FORFAITING)业务,又称买断,是建设银行根据客户(信用证受益人)或其他金融机构的要求,在开证行或保兑行或其他指定银行对远期信用证项下的汇票承兑后,对该汇票进行无追索权的贴现。"虽然是一个商业银行的内部管理办法,但一定得到了中国人民银行的默许。

2010年6月21日,一行三会颁布《中国人民银行 银监会 证监会 保监会关于进一步做好中小企业金融服务工作的若干意见》(银发〔2010〕193号)"一、进一步推动中小企业信贷管理制度的改革创新"(五)中规定"推动适合中小企业需求特点的金融产品和信贷模式创新。鼓励银行业金融机构在有效防范风险的基础上,推动动产、知识产权、股权、林权、保函、出口退税池等质押贷款业务,发展保理、福费廷、票据贴现、供应链融资等金融产品。"

本案的焦点是担保人是否承担保证责任,并不是"福费廷"业务本身违法问题。因为上海公司、宁夏公司是"骗取"公司担保且被担保的"买卖合同"并未实际履行。因此,担保责任应当免除。

第三节 以信用证"期限错配"筹资,"背对背信用证" Back-to-Back L/C[①] 境外押汇[②] 套利套汇模式的法律评价

1. 案情简介

王某系青岛某经贸实业进出口公司(以下简称"代理公司")副总经理,负责代理公司与山东某石油化工有限公司(以下简称"委托公司")的业务。2015年1月14日、3月3日,两公司签订委托代理进口协议,约定由代理公司代理委托公司进口混合芳烃,信用证项下的货款在提单日90天内汇至付汇账户。2015年1月28日、3月18日,代理公司在某商业银行青岛分行(以

---

① 背对背信用证是指一个信用证的受益人以这个信用证为保证,要求一家银行开立以该银行为开证行,以这个受益人为申请人的一份新的信用证。背对背信用证与原证则是两个独立的信用证,同时并存,并不存在从属关系。

② 买单结汇,是指议付行在审单无误情况下,按信用证条款买入受益人(外贸公司)的汇票和单据,从票面金额中扣除从议付日到估计收到票款之日的利息,将余款按议付日外汇牌价折成人民币,拨给外贸公司。一般出口企业在银行有贸易融资额度,一般来说,即期信用证融资叫押汇,远期信用证叫贴现或福费廷(无追索权买断)。

下简称"开证行")开立了 360 天期限的人民币信用证,后按照提单日 90 天向委托公司催收货款,委托公司要求延期付款,代理公司同意,但隐瞒了信用证未到期、无需垫款、押汇的事实,以提单日 90 天后发生了押汇、垫款为名,通过发邮件对账单的方式,向委托公司索要押汇利息 267 897.70 元,融资安排费 227 728.86 元,垫款利息 357 332.98 元,其中押汇利息及融资安排费委托公司已支付,垫款利息尚未支付。

但代理公司及王某不认为其行为构成犯罪,属于正常的信用证"期限错配"筹资,正常的套利套汇模式。

1) 交易情况。

2015 年 1 月 14 日,委托公司与代理公司签订委托代理进口协议,约定代理公司代理委托公司进口混合芳烃,并约定代理公司开立议付日为 90 天的信用证,委托公司于信用证到期日前 3 个工作日内给代理公司。2015 年 1 月 14 日,代理公司与其香港注册的子公司(以下简称"离岸公司")签订销售合同,购买混合芳烃 30 000 公吨溢短装 5%,双方约定各自承担银行费用。2015 年 1 月 28 日,开证行基于代理公司的申请,开立以离岸公司为受益人金额人民币 110 000 000 元(后变更为人民币 132 039 908.26 元),期限为 360 天的人民币远期信用证。受益人离岸公司收到该信用证后,于 2015 年 5 月 24 日,以信用证质押,申请中国某商业银行香港分行(以下简称"离岸银行")开立受益人为马来西亚某公司(以下简称"供货商")金额为 17 100 000 美元的背对背信用证。用以购买代理商代理进口的"混合芳烃 30 000 公吨,溢短装 5%",信用证约定"提单日后 90 天开证行付款",信用证跟单条款要求"提供全套原件正本提单"。受益人供货商提供临时发票时,将总价格变更为 19 817 342.34 美元。背对背信用证开证人于 2015 年 4 月 2 日发出到货通知,离岸公司证明其收到价格 19 817 342.34 美元的货品。

2015 年 6 月 8 日,信用证受益人离岸公司凭提单相关单据向离岸银行申请押汇,押汇金额为 20 590 000 美元,其中押汇利率为年利率 1.940 000%,押汇日期为 2015 年 6 月 8 日至 2016 年 4 月 11 日,计 308 日,押汇利息共计

341 748.24 美元。支付文件检查费 52 美元,电报费 32 美元。

在押汇后的 308 天,扣除押汇利息和相关费用取得的美元由离岸公司持有(使用),一直到信用证到期的 2016 年 4 月 11 日。再按照约定汇率 NDF 卖出美金取得人民币,用该笔资金偿还 360 天人民币信用证贷款。

2) 信用证"期限错配"筹资情况。

代理公司及王某认为,信用证"期限错配"筹资是一种"金融创新"模式。但我们认为,这种基于"期限错配"发生的对委托公司的资金占用和"背对背信用证"押汇产生的利息和押汇费用之间缺乏"因果联系",只是代理公司让委托公司承担相关费用的一个"借口",属于没有法律依据的"非法占有"。

(1) 故意隐瞒了"人民币信用证期限 360 天""受益人并非直接供货方而是其关联离岸公司""由受益人从事贸易融资套利"的事实。

第一,隐瞒了"人民币信用证 360 天"的事实。根据委托公司和代理公司签订的《委托代理进口协议书》约定,信用证为"期限为 90 天的美元信用证"(代理公司应当购汇),但王某背离当事人的委托,开具了 360 天的人民币信用证。其意图有两个:一是无偿使用 90 天到 360 天共计 270 天的人民币;二是如果提单后 90 天到期委托公司不能还钱,谎称可以用押汇方式贴现出人民币,用现金偿还欠款(授信的其余 90%货款),为了让委托公司承担原本就不存在的"押汇利息、押汇费用,垫支的逾期扣息"制造借口。

第二,隐瞒了信用证收益人不是最终供货商而是关联离岸公司的事实,其目的之一就是由离岸公司从中再赚取融资利益,损害委托人的利益。

第三,隐瞒了利用远期人民币信用证融资,赚取人民币与外币贷款利率差和汇率差"到期按约定汇率 NDF 汇价等方式卖出人民币归还外币贷款"双重获利的事实。

信用证受益人离岸公司向离岸银行申请押汇,押汇金额为 20 590 000 美元,其中押汇利率为年利率 1.940 000%,押汇日期为 2015 年 6 月 8 日至 2016 年 4 月 11 日,押汇 308 日,押汇利息共计 341 748.24 美元。而同期中国人民银行公布的 1 年期人民币贷款利率为 5.1%(代理公司向委托公司按

5.6收取),利率差为3.16。

由于外汇买入和卖出价存在差额,这种模式还可以套汇。因嫌疑人没有提供购汇和卖出的时间,我们无法计算"套汇"金额,但套汇是客观存在的。

(2) 虚构了"90天美元信用证""押汇并产生利息和费用""逾期并替恒源垫支了利息"的事实。

第一,虚构了"开立90天美元信用证"的事实。

按照双方委托协议约定,开立的是90天(从提单日起算)外币信用证。但本案中并没有开立约定的信用证,其目的就是通过虚构的事实骗取受害人的"押汇利息、押汇费用和逾期付款利息"。事实上,本案开具的是360天人民币信用证,付款期远远未到,根本不需要"押汇获取现金偿还货款",也不存在代理公司"为委托公司垫付逾期付款利息"。

第二,虚构了"押汇并产生利息、费用"的事实。

因为本身就是人民币信用证,根本不存在"押汇"(将外汇按照议付日汇率折算成人民币付给代理公司)问题。其目的就是"无中生有"地按照双方约定的到期日(6月20日当日的人民币对美元的汇率挂牌价6.2395计算人民币货款),按照委托公司实际付清余款的当日(9月17日汇率挂牌价6.1577计算人民币)计算出相关费用让委托公司支付,其性质应当是"诈骗"。

第三,虚构了"因逾期付款垫付了货款和利息"的事实。

单号尾号117信用证(双方代理合同中约定)到期日为6月8日,但实际回款是6月30日和7月7日;虚构委托公司逾期付款嫌疑人垫付了资金并产生了利息357 332.98元;单号尾号为310的信用证,约定到期日为11月30日,实际计算的垫付罚息日为2016年4月30日,虚构委托公司逾期付款垫付款的罚息是721 600元。该两笔资金虽然没有支付,因委托人完全不知道属于"虚构的",已经按照正常的财务程序"对账"认可并记载在"应付账款"科目中,因为一时资金紧张没有支付,应当视为"未遂"数额并计算在被骗的总金额中。

(3)利用代理进口合同关系骗取"押汇利息、费用"以及"逾期还款垫付利息"与代理公司开证给离岸公司,由离岸公司利用远期信用证融资获利没有任何关系。

第一,主体不同。骗取押汇及利息的主体是委托人和代理人(受害人和加害人),而真正发生押汇行为的主体是离岸公司(押汇人)和离岸银行(押汇行)。

第二,依据的基础法律关系不同。代理公司骗取委托公司依据的基础法律关系是《委托进口代理协议》,按照协议约定,委托公司先支付10%的保证金,其余90%的货款在提单日后90天时支付。如果委托公司不能支付,则由代理公司将外币信用证押汇取得人民币现金,偿付委托公司的货款。如果是这样,押汇利息、费用以及垫付逾期货款利息理应由委托公司承担。

这种欺诈建立在虚构的"合同违约"的基础上(实际上,如果按照360天账期,根本不存在违约),其法律关系是"委托代理"关系,承担的是"违约造成的损失费用"。

而离岸公司押汇并支付押汇利息、押汇费用行为是"远期信用证融资",其法律关系是企业向银行的"借贷"。押汇利息、费用是"银行收取的正常利息和手续费"。

第三,所指向的"标的物"不同。《委托代理进口协议》指向的标的物为"芳烃",一种国内产能不足需要进口的货物。而押汇的标的物是"现金",将未到期的远期信用证(通过押汇方式)提前兑换成能够使用的外币现金。

第四,所追求的目的不同。《委托代理进口协议》的签订,委托公司追求的利益是通过对货物"芳烃"的深度加工,使其增值;而代理公司则是通过编造"90天美金信用证"而实际上是"360天人民币信用证"的方式,不仅骗取委托公司1.5亿元人民币270天的无偿使用,而且将该笔资金投入其他地方再赚取利润(如发行交通银行"蕴通财富,日增利"集合理财产品)。而且根据以往委托公司存在逾期付款的情况,在没有任何约定的情况下,在委托公司逾期付款时,让其支付根本不存在的押汇利息、费用和所谓的垫支逾期付款利息。

而代理公司之所以不直接开票给供货商,而是先开给离岸公司,再由离岸公司开给最终卖家的目的有两个:

一是不想让委托公司成为押汇的受益人,因为如果是外币押汇,利率只有(欧元)1.42 和(美金)1.94,相比国内的人民币利率(5.1)有巨大的利差,一旦委托公司知道押汇利率如此之低,会选择继续延期付款。

二是利用远期人民币信用证融资赚取外汇贷款和人民币贷款的利差和外币买入价和卖出价的汇差。

这种模式俗称"外贸融资组合套利"。大部分以关联公司之间的人民币跨境贸易为基础。其一般模式为:境内外关联公司之间签订贸易合同,以人民币方式结算。境内公司大多以人民币存款质押等形式向境内银行申请人民币远期信用证;境外公司在向境内出口后,利用应收境内人民币债权,特别是由银行担保的债权,向境外银行申请低息外币贷款,到期按约定汇率(多为 NDF 汇价)等方式卖出人民币归还外币贷款,在境外实现利差和汇差双重套利。其代表产品有中国建设银行的"支付宝"、中国银行的"粤港信用证融通"等。本案所不同的是离岸公司并没有直接向国内供货,也没有用供货的债权凭证申请外汇贷款,而是开出等额的背对背信用证,在拿到提单后(开证后 52 天),将信用证押汇取得外汇贷款。

2. 对该行为和操作模式的法律评价

代理公司的违法行为实际上由三个独立但又相互联系的行为组成:

一是虚构发生了押汇利息、费用以及垫款利息的事实,骗取委托公司的财物,应当构成诈骗罪而绝不是什么通过信用证"期限错配"筹资的"金融创新"(但我们认为是普通诈骗而不构成信用证诈骗或合同诈骗)。首先,后面信用证实际的"开证、交单、押汇、议付和赎单"和委托公司根本没有关系(委托公司也不知道),委托公司只是在《委托进口协议》中与代理公司约定了"通过开信用证方式结算"。通俗地讲,就是我的付款方式是分期付款,先交 10%的定金,剩余 90%拿到提单后支付。委托公司从没有见到过信用证,而所谓"信用证付款逾期,押汇还款,发生了押汇利息、费用"完全是王某编造的谎言,因此,我们认为不应当构成"信用证诈骗罪"。其次,也不构成合同诈骗。因为合同中并没有约定"不能按期支付货款,由代理人将信用证押汇(成现金)偿付,委托人支付押汇利息、费用以及代垫资金利息"的字样。完全是王某在合同以外,擅自编造损失并向委托人索取的。因此,并非利用合同进行诈骗。

二是合同约定"美金90天信用证"而实际上是人民币360天信用证,让受害人提前270天还款,无偿占用受害人资金1.5亿元并用于其他盈利活动。

该行为不是"合同违约",也不是"期限错配"筹资的"金融创新",而是"侵权",我们认为应当承担相应的侵权责任。因为这种行为并非通过合同约定完成融资,而是通过虚构事实的方式无偿占用,是一种严重的欺诈行为,其行为性质不是"合同"而应当是"侵犯财产权"。不仅侵犯企业的合法权益,而且严重扰乱了国家对公司间资金正常拆借市场的管理秩序,具有严重的社会危害性。

三是利用远期人民币信用证融资赚取外汇贷款和人民币贷款的利差和外币买入价和卖出价的汇差。

首先,完全背离了国家开展远期人民币信用证业务的宗旨,与国家"人民币走出去"的政策背道而驰。中国人民银行鼓励各商业银行开展人民币信用证业务,主旨是为了推行"人民币全球化",在对外贸易中,计价、结算均使用人民币,而本案中,开证开出的人民币信用证根本没有用于计价和结算,而是质押开出外币信用证押汇套出现金,赚取利息差,根本没有达到"人民币全球化"的目的。

其次,违反国家相关法规和规章。中国人民银行《关于明确跨境人民币业务相关问题的通知》(银发〔2011〕145号)第4条明确规定"境内企业进口支付的人民币不得在境外(含香港)直接购汇后支付给境外出口商,境内结算银行不得提供此种人民币结算服务"。《关于骗购外汇、非法套汇、逃汇、非法买卖外汇等违反外汇管理规定行为的行政处分或者纪律处分暂行规定》(1998年12月16日国务院批准1999年1月25日监察部、人事部、中国人民银行、海关总署、国家外汇管理局令第7号发布。根据2011年1月8日《国务院关于废止和修改部分行政法规的决定》修订)第五条规定:"经批准经营外汇业务的金融机构、国有外经贸企业的工作人员,有下列非法套汇行为之一,数额不满10万美元的,给予警告、记过或者记大过处分;数额在10万美元以上不满100万美元的,给予降级或者撤职处分;数额在100万美元以上的,给予留用察看或者开除处分……(二)以人民币为他人支付在境内的费用,而由对方给付外汇的"。

因此,这种模式不是什么"金融创新",而是已经被中国法律法规所禁止,具有明显的"违法性"和相当社会危害性的违法行为,应当予以取缔。

附录

中华人民共和国民事诉讼法
（节录）

（1991年4月9日第七届全国人民代表大会第四次会议通过 根据2007年10月28日第十届全国人民代表大会常务委员会第三十次会议《关于修改〈中华人民共和国民事诉讼法〉的决定》第一次修正 根据2012年8月31日第十一届全国人民代表大会常务委员会第二十八次会议《关于修改〈中华人民共和国民事诉讼法〉的决定》第二次修正）

第十八章 公示催告程序

第二百一十八条 按照规定可以背书转让的票据持有人，因票据被盗、遗失或者灭失，可以向票据支付地的基层人民法院申请公示催

告。依照法律规定可以申请公示催告的其他事项，适用本章规定。

申请人应当向人民法院递交申请书，写明票面金额、发票人、持票人、背书人等票据主要内容和申请的理由、事实。

第二百一十九条 人民法院决定受理申请，应当同时通知支付人停止支付，并在三日内发出公告，催促利害关系人申报权利。公示催告的期间，由人民法院根据情况决定，但不得少于六十日。

第二百二十条 支付人收到人民法院停止支付的通知，应当停止支付，至公示催告程序终结。

公示催告期间，转让票据权利的行为无效。

第二百二十一条 利害关系人应当在公示催告期间向人民法院申报。

人民法院收到利害关系人的申报后，应当裁定终结公示催告程序，并通知申请人和支付人。

申请人或者申报人可以向人民法院起诉。

第二百二十二条 没有人申报的，人民法院应当根据申请人的申请，作出判决，宣告票据无效。判决应当公告，并通知支付人。自判决公告之日起，申请人有权向支付人请求支付。

第二百二十三条 利害关系人因正当理由不能在判决前向人民法院申报的，自知道或者应当知道判决公告之日起一年内，可以向作出判决的人民法院起诉。

最高人民法院关于适用《中华人民共和国民事诉讼法》的解释（节录）

（2014年12月18日最高人民法院审判委员会第1636次会议通过 法释〔2015〕5号）

二十、公示催告程序

第四百四十四条 民事诉讼法第二百一十八条规定的票据持有人，是指票据被盗、遗失或者灭失前的最后持有人。

第四百四十五条 人民法院收到公示催告的申请后，应当立即审查，并决定是否受理。经审查认为符合受理条件的，通知予以受理，并同时通知支付人停止支付；认为不符合受理条件的，七日内裁定驳回申请。

第四百四十六条 因票据丧失，申请公示催告的，人民法院应结合票据存根、丧失票据的复印件、出票人关于签发票据的证明、申请人合法取得票据的证明、银行挂失止付通知书、报案证明等证据,决定是否受理。

第四百四十七条　人民法院依照民事诉讼法第二百一十九条规定发出的受理申请的公告,应当写明下列内容:

（一）公示催告申请人的姓名或者名称;

（二）票据的种类、号码、票面金额、出票人、背书人、持票人、付款期限等事项以及其他可以申请公示催告的权利凭证的种类、号码、权利范围、权利人、义务人、行权日期等事项;

（三）申报权利的期间;

（四）在公示催告期间转让票据等权利凭证,利害关系人不申报的法律后果。

第四百四十八条　公告应当在有关报纸或者其他媒体上刊登,并于同日公布于人民法院公告栏内。人民法院所在地有证券交易所的,还应当同日在该交易所公布。

第四百四十九条　公告期间不得少于六十日,且公示催告期间届满日不得早于票据付款日后十五日。

第四百五十条　在申报期届满后、判决作出之前,利害关系人申报权利的,应当适用民事诉讼法第二百二十一条第二款、第三款规定处理。

第四百五十一条　利害关系人申报权利,人民法院应当通知其向法院出示票据,并通知公示催告申请人在指定的期间查看该票据。公示催告申请人申请公示催告的票据与利害关系人出示的票据不一致的,应当裁定驳回利害关系人的申报。

第四百五十二条　在申报权利的期间无人申报权利,或者申报被驳回的,申请人应当自公示催告期间届满之日起一个月内申请作出判决。逾期不申请判决的,终结公示催告程序。

裁定终结公示催告程序的,应当通知申请人和支付人。

第四百五十三条　判决公告之日起,公示催告申请人有权依据判决向付款人请求付款。

付款人拒绝付款,申请人向人民法院起诉,符合民事诉讼法第一百一十九条规定的起诉条件的,人民法院应予受理。

第四百五十四条 适用公示催告程序审理案件,可由审判员一人独任审理;判决宣告票据无效的,应当组成合议庭审理。

第四百五十五条 公示催告申请人撤回申请,应在公示催告前提出;公示催告期间申请撤回的,人民法院可以径行裁定终结公示催告程序。

第四百五十六条 人民法院依照民事诉讼法第二百二十条规定通知支付人停止支付,应当符合有关财产保全的规定。支付人收到停止支付通知后拒不支付的,除可依照民事诉讼法第一百一十一条、第一百一十四条规定采取强制措施外,在判决后,支付人仍应承担付款义务。

第四百五十七条 人民法院依照民事诉讼法第二百二十一条规定终结公示催告程序后,公示催告申请人或者申报人向人民法院提起诉讼,因票据权利纠纷提起的,由票据支付地或者被告住所地人民法院管辖;因非票据权利纠纷提起的,由被告住所地人民法院管辖。

第四百五十八条 依照民事诉讼法第二百二十一条规定制作的终结公示催告程序的裁定书,由审判员、书记员署名,加盖人民法院印章。

第四百五十九条 依照民事诉讼法第二百二十三条的规定,利害关系人向人民法院起诉的,人民法院可按票据纠纷适用普通程序审理。

第四百六十条 民事诉讼法第二百二十三条规定的正当理由,包括:

(一)因发生意外事件或者不可抗力致使利害关系人无法知道公告事实的;

(二)利害关系人因被限制人身自由而无法知道公告事实,或者虽然知道公告事实,但无法自己或者委托他人代为申报权利的;

(三)不属于法定申请公示催告情形的;

(四)未予公告或者未按法定方式公告的;

(五)其他导致利害关系人在判决作出前未能向人民法院申报权利的客观事由。

第四百六十一条 根据民事诉讼法第二百二十三条的规定,利害关系人请求人民法院撤销除权判决的,应当将申请人列为被告。

利害关系人仅诉请确认其为合法持票人的,人民法院应当在裁判文书中写明,确认利害关系人为票据权利人的判决作出后,除权判决即被撤销。

最高人民法院研究室对《票据法》第十七条如何理解和适用问题的复函

(2000年9月29日 法[研]明传[2000]21号)

上海市高级人民法院：

你院[1999]沪高经终字第584号《关于如何理解和适用〈票据法〉第十七条之规定的请示》收悉。经研究，答复如下：

一、《中华人民共和国票据法》第十七条第一款第（一）项规定的"持票人对票据的出票人和承兑人的权利"，包括付款请求权和追索权；第（三）项规定的"持票人对前手的追索权"，不包括对票据出票人的追索权。

二、你院请示的持票人行使追索权的期限，应当适用《中华人民共和国票据法》第十七条第一款第（一）项规定的两年期限。

电子商业汇票业务管理办法

(中国人民银行令〔2009〕第 2 号 2009 年 10 月 16 日)

第一章 总 则

第一条 为规范电子商业汇票业务,保障电子商业汇票活动中当事人的合法权益,促进电子商业汇票业务发展,依据《中华人民共和国中国人民银行法》《中华人民共和国票据法》《中华人民共和国电子签名法》《中华人民共和国物权法》《票据管理实施办法》等有关法律法规,制定本办法。

第二条 电子商业汇票是指出票人依托电子商业汇票系统,以数据电文形式制作的,委托付款人在指定日期无条件支付确定金额给收款人或者持票人的票据。

电子商业汇票分为电子银行承兑汇票和电子商业承兑汇票。

电子银行承兑汇票由银行业金融机构、财务公司（以下统称金融机构）承兑；电子商业承兑汇票由金融机构以外的法人或其他组织承兑。

电子商业汇票的付款人为承兑人。

第三条 电子商业汇票系统是经中国人民银行批准建立，依托网络和计算机技术，接收、存储、发送电子商业汇票数据电文，提供与电子商业汇票货币给付、资金清算行为相关服务的业务处理平台。

第四条 电子商业汇票各当事人应本着诚实信用原则，按照本办法的规定作出票据行为。

第五条 电子商业汇票的出票、承兑、背书、保证、提示付款和追索等业务，必须通过电子商业汇票系统办理。

第六条 电子商业汇票业务主体的类别分为：

（一）直接接入电子商业汇票系统的金融机构（以下简称接入机构）；

（二）通过接入机构办理电子商业汇票业务的金融机构（以下简称被代理机构）；

（三）金融机构以外的法人及其他组织。

电子商业汇票系统对不同业务主体分配不同的类别代码。

第七条 票据当事人办理电子商业汇票业务应具备中华人民共和国组织机构代码。被代理机构、金融机构以外的法人及其他组织办理电子商业汇票业务，应在接入机构开立账户。

第八条 接入机构提供电子商业汇票业务服务，应对客户基本信息的真实性负审核责任，并依据本办法及相关规定，与客户签订电子商业汇票业务服务协议，明确双方的权利和义务。

客户基本信息包括客户名称、账号、组织机构代码和业务主体类别等信息。

第九条 电子商业汇票系统运营者由中国人民银行指定和监管。

第十条 接入机构应按规定向客户和电子商业汇票系统转发电子商业

汇票信息,并保证内部系统存储的电子商业汇票信息与电子商业汇票系统存储的相关信息相符。

第十一条　电子商业汇票信息以电子商业汇票系统的记录为准。

第十二条　电子商业汇票以人民币为计价单位。

第二章　基本规定

第十三条　电子商业汇票为定日付款票据。

电子商业汇票的付款期限自出票日起至到期日止,最长不得超过1年。

第十四条　票据当事人在电子商业汇票上的签章,为该当事人可靠的电子签名。

电子签名所需的认证服务应由合法的电子认证服务提供者提供。

可靠的电子签名必须符合《中华人民共和国电子签名法》第十三条第一款的规定。

第十五条　电子商业汇票业务活动中,票据当事人所使用的数据电文和电子签名应符合《中华人民共和国电子签名法》的有关规定。

第十六条　客户开展电子商业汇票活动时,其签章所依赖的电子签名制作数据和电子签名认证证书,应向接入机构指定的电子认证服务提供者的注册审批机构申请。

接入机构为客户提供电子商业汇票业务服务或作为电子商业汇票当事人时,其签章所依赖的电子签名制作数据和电子签名认证证书,应向电子商业汇票系统运营者指定的电子认证服务提供者的注册审批机构申请。

第十七条　接入机构、电子商业汇票系统运营者指定的电子认证服务机构提供者,应对电子签名认证证书申请者的身份真实性负审核责任。

电子认证服务提供者依据《中华人民共和国电子签名法》承担相应责任。

第十八条　接入机构应对通过其办理电子商业汇票业务客户的电子签

名真实性负审核责任。

电子商业汇票系统运营者应对接入机构的身份真实性和电子签名真实性负审核责任。

第十九条 电子商业汇票系统应实时接收、处理电子商业汇票信息,并向相关票据当事人的接入机构实时发送该信息;接入机构应实时接收、处理电子商业汇票信息,并向相关票据当事人实时发送该信息。

第二十条 出票人签发电子商业汇票时,应将其交付收款人。

电子商业汇票背书,背书人应将电子商业汇票交付被背书人。

电子商业汇票质押解除,质权人应将电子商业汇票交付出质人。

交付是指票据当事人将电子商业汇票发送给受让人,且受让人签收的行为。

第二十一条 签收是指票据当事人同意接受其他票据当事人的行为申请,签章并发送电子指令予以确认的行为。

驳回是指票据当事人拒绝接受其他票据当事人的行为申请,签章并发送电子指令予以确认的行为。

收款人、被背书人可与接入机构签订协议,委托接入机构代为签收或驳回行为申请,并代理签章。

商业承兑汇票的承兑人应与接入机构签订协议,在符合本办法规定的情况下,由接入机构代为签收或驳回提示付款指令,并代理签章。

第二十二条 出票人或背书人在电子商业汇票上记载了"不得转让"事项的,电子商业汇票不得继续背书。

第二十三条 票据当事人通过电子商业汇票系统作出行为申请,行为接收方未签收且未驳回的,票据当事人可撤销该行为申请。电子商业汇票系统为行为接收方的,票据当事人不得撤销。

第二十四条 电子商业汇票的出票日是指出票人记载在电子商业汇票上的出票日期。电子商业汇票的提示付款日是指提示付款申请的指令进入电子商业汇票系统的日期。电子商业汇票的拒绝付款日是指驳回提示付款申请的指令进入电子商业汇票系统的日期。电子商业汇票追索行为的发生日是指追索通知的指令进入电子商业汇票系统的日期。承兑、背书、保证、质押解除、付款和追索清偿等行为的发生日是指相应的签收指令进入电子商业汇票系统的日期。

第二十五条　电子商业汇票责任解除前,电子商业汇票的承兑人不得撤销原办理电子商业汇票业务的账户,接入机构不得为其办理销户手续。

第二十六条　接入机构终止提供电子商业汇票业务服务的,应按规定由其他接入机构承接其电子商业汇票业务服务。

第三章　票据行为

第一节　出　票

第二十七条　电子商业汇票的出票,是指出票人签发电子商业汇票并交付收款人的票据行为。出票人在电子商业汇票交付收款人前,可办理票据的未用退回。出票人不得在提示付款期后将票据交付收款人。

第二十八条　电子商业汇票的出票人必须为银行业金融机构以外的法人或其他组织。电子银行承兑汇票的出票人应在承兑金融机构开立账户。

第二十九条　电子商业汇票出票必须记载下列事项:

(一) 表明"电子银行承兑汇票"或"电子商业承兑汇票"的字样;

(二) 无条件支付的委托;

(三) 确定的金额;

(四) 出票人名称;

(五) 付款人名称;

(六) 收款人名称;

(七) 出票日期;

(八) 票据到期日;

(九) 出票人签章。

第三十条 出票人可在电子商业汇票上记载自身的评级信息,并对记载信息的真实性负责,但该记载事项不具有票据上的效力。评级信息包括评级机构、信用等级和评级到期日。

第二节 承 兑

第三十一条 电子商业汇票的承兑,是指付款人承诺在票据到期日支付电子商业汇票金额的票据行为。

第三十二条 电子商业汇票交付收款人前,应由付款人承兑。

第三十三条 电子银行承兑汇票由真实交易关系或债权债务关系中的债务人签发,并交由金融机构承兑。

电子银行承兑汇票的出票人与收款人不得为同一人。

第三十四条 电子商业承兑汇票的承兑有以下几种方式:

(一) 真实交易关系或债权债务关系中的债务人签发并承兑;

(二) 真实交易关系或债权债务关系中的债务人签发,交由第三人承兑;

(三) 第三人签发,交由真实交易关系或债权债务关系中的债务人承兑;

(四) 收款人签发,交由真实交易关系或债权债务关系中的债务人承兑。

第三十五条 电子银行承兑汇票的出票人应向承兑金融机构提交真实、有效、用以证实真实交易关系或债权债务关系的交易合同或其他证明材料,并在电子商业汇票上作相应记录,承兑金融机构应负责审核。

第三十六条 承兑人应在票据到期日前,承兑电子商业汇票。

第三十七条 承兑人承兑电子商业汇票,必须记载下列事项:

(一) 表明"承兑"的字样;

(二) 承兑日期;

(三) 承兑人签章。

第三十八条 承兑人可在电子商业汇票上记载自身的评级信息,并对记载信息的真实性负责,但该记载事项不具有票据上的效力。评级信息包括评级机构、信用等级和评级到期日。

第三节 转让背书

第三十九条 转让背书是指持票人将电子商业汇票权利依法转让给他人的票据行为。票据在提示付款期后,不得进行转让背书。

第四十条 转让背书应当基于真实、合法的交易关系和债权债务关系,或以税收、继承、捐赠、股利分配等合法行为为基础。

第四十一条 转让背书必须记载下列事项:

(一)背书人名称;

(二)被背书人名称;

(三)背书日期;

(四)背书人签章。

第四节 贴现、转贴现和再贴现

第四十二条 贴现是指持票人在票据到期日前,将票据权利背书转让给金融机构,由其扣除一定利息后,将约定金额支付给持票人的票据行为。

转贴现是指持有票据的金融机构在票据到期日前,将票据权利背书转让给其他金融机构,由其扣除一定利息后,将约定金额支付给持票人的票据行为。

再贴现是指持有票据的金融机构在票据到期日前,将票据权利背书转让给中国人民银行,由其扣除一定利息后,将约定金额支付给持票人的票据行为。

第四十三条 贴现、转贴现和再贴现按照交易方式,分为买断式和回购式。买断式是指贴出人将票据权利转让给贴入人,不约定日后赎回的交易方式。回购式是指贴出人将票据权利转让给贴入人,约定日后赎回的交易方式。电子商业汇票贴现、转贴现和再贴现业务中转让票据权利的票据当事人为贴出人,受让票据权利的票据当事人为贴入人。

第四十四条 电子商业汇票当事人在办理回购式贴现、回购式转贴现和回购式再贴现业务时,应明确赎回开放日、赎回截止日。

赎回开放日是指办理回购式贴现赎回、回购式转贴现赎回和回购式再贴现赎回业务的起始日期。赎回截止日是指办理回购式贴现赎回、回购式转贴现赎回和回购式再贴现赎回业务的截止日期,该日期应早于票据到期日。自赎回开放日起至赎回截止日止,为赎回开放期。

第四十五条 在赎回开放日前,原贴出人、原贴入人不得作出除追索行为外的其他票据行为。回购式贴现、回购式转贴现和回购式再贴现业务的原贴出人、原贴入人应按照协议约定,在赎回开放期赎回票据。

在赎回开放期未赎回票据的,原贴入人在赎回截止日后只可将票据背书给他人或行使票据权利,除票据关系以外的其他权利义务关系由双方协议约定。

第四十六条 持票人申请贴现时,应向贴入人提供用以证明其与直接前手间真实交易关系或债权债务关系的合同、发票等其他材料,并在电子商业汇票上作相应记录,贴入人应负责审查。

第四十七条 电子商业汇票贴现、转贴现和再贴现必须记载下列事项:

(一)贴出人名称;

(二)贴入人名称;

(三)贴现、转贴现或再贴现日期;

(四)贴现、转贴现或再贴现类型;

(五)贴现、转贴现或再贴现利率;

(六)实付金额;

(七)贴出人签章。实付金额为贴入人实际支付给贴出人的金额。回购式贴现、回购式转贴现和回购式再贴现还应记载赎回开放日和赎回截止日。贴现还应记载贴出人贴现资金入账信息。

第四十八条 电子商业汇票回购式贴现、回购式转贴现和回购式再贴现赎回应作成背书,并记载下列事项:

（一）原贴出人名称；

（二）原贴入人名称；

（三）赎回日期；

（四）赎回利率；

（五）赎回金额；

（六）原贴入人签章。

第四十九条 贴现和转贴现利率、期限等由贴出人与贴入人协商确定。再贴现利率由中国人民银行规定。

第五十条 电子商业汇票贴现、转贴现和再贴现可选择票款对付方式或其他方式清算资金。本办法所称票款对付，是指票据交付和资金交割同时完成，并互为条件的一种交易方式。

第五节 质 押

第五十一条 电子商业汇票的质押，是指电子商业汇票持票人为了给债权提供担保，在票据到期日前在电子商业汇票系统中进行登记，以该票据为债权人设立质权的票据行为。

第五十二条 主债务到期日先于票据到期日，且主债务已经履行完毕的，质权人应按约定解除质押。主债务到期日先于票据到期日，且主债务到期未履行的，质权人可行使票据权利，但不得继续背书。

票据到期日先于主债务到期日的，质权人可在票据到期后行使票据权利，并与出质人协议将兑现的票款用于提前清偿所担保的债权或继续作为债权的担保。

第五十三条 电子商业汇票质押，必须记载下列事项：

（一）出质人名称；

（二）质权人名称；

（三）质押日期；

（四）表明"质押"的字样；

（五）出质人签章。

第五十四条 电子商业汇票质押解除，必须记载下列事项：

（一）表明"质押解除"的字样；

（二）质押解除日期。

第六节 保 证

第五十五条 电子商业汇票的保证，是指电子商业汇票上记载的债务人以外的第三人保证该票据获得付款的票据行为。

第五十六条 电子商业汇票获得承兑前，保证人作出保证行为的，被保证人为出票人。电子商业汇票获得承兑后、出票人将电子商业汇票交付收款人前，保证人作出保证行为的，被保证人为承兑人。出票人将电子商业汇票交付收款人后，保证人作出保证行为的，被保证人为背书人。

第五十七条 电子商业汇票保证，必须记载下列事项：

（一）表明"保证"的字样；

（二）保证人名称；

（三）保证人住所；

（四）被保证人名称；

（五）保证日期；

（六）保证人签章。

第七节 付 款

第五十八条 提示付款是指持票人通过电子商业汇票系统向承兑人请求付款的行为。

持票人应在提示付款期内向承兑人提示付款。

提示付款期自票据到期日起十日，最后一日遇法定休假日、大额支付系统非营业日、电子商业汇票系统非营业日顺延。

第五十九条 持票人在票据到期日前提示付款的，承兑人可付款或拒绝付款,或于到期日付款。承兑人拒绝付款或未予应答的,持票人可待票据到期后再次提示付款。

第六十条 持票人在提示付款期内提示付款的,承兑人应在收到提示付款请求的当日至迟次日(遇法定休假日、大额支付系统非营业日、电子商业汇票系统非营业日顺延)付款或拒绝付款。

持票人超过提示付款期提示付款的,接入机构不得拒绝受理。持票人在作出合理说明后,承兑人仍应当承担付款责任,并在上款规定的期限内付款或拒绝付款。

电子商业承兑汇票承兑人在票据到期后收到提示付款请求,且在收到该请求次日起第3日(遇法定休假日、大额支付系统非营业日、电子商业汇票系统非营业日顺延)仍未应答的,接入机构应按其与承兑人签订的《电子商业汇票业务服务协议》,进行如下处理:

(一)承兑人账户余额在该日电子商业汇票系统营业截止时足够支付票款的,则视同承兑人同意付款,接入机构应扣划承兑人账户资金支付票款,并在下一日(遇法定休假日、大额支付系统非营业日、电子商业汇票系统非营业日顺延)电子商业汇票系统营业开始时,代承兑人作出付款应答,并代理签章;

(二)承兑人账户余额在该日电子商业汇票系统营业截止时不足以支付票款的,则视同承兑人拒绝付款,接入机构应在下一日(遇法定休假日、大额支付系统非营业日、电子商业汇票系统非营业日顺延)电子商业汇票系统营业开始时,代承兑人作出拒付应答,并代理签章。

第六十一条 接入机构应及时将持票人的提示付款请求通知电子商业承兑汇票的承兑人。通知方式由接入机构与承兑人自行约定。

第六十二条 持票人可选择票款对付方式或其他方式向承兑人提示付款。

第六十三条 电子商业汇票提示付款,必须记载下列事项:

(一)提示付款日期;

（二）提示付款人签章。持票人可与接入机构签订协议,委托接入机构代为提示付款并代理签章。

第六十四条 承兑人付款或拒绝付款,必须记载下列事项:

（一）承兑人名称;

（二）付款日期或拒绝付款日期;

（三）承兑人签章。承兑人拒绝付款的,还应注明拒绝付款的理由。

第八节 追 索

第六十五条 追索分为拒付追索和非拒付追索。拒付追索是指电子商业汇票到期后被拒绝付款,持票人请求前手付款的行为。

非拒付追索是指存在下列情形之一,持票人请求前手付款的行为:

（一）承兑人被依法宣告破产的;

（二）承兑人因违法被责令终止业务活动的。

第六十六条 持票人在票据到期日前被拒付的,不得拒付追索。持票人在提示付款期内被拒付的,可向所有前手拒付追索。持票人超过提示付款期提示付款被拒付的,若持票人在提示付款期内曾发出过提示付款,则可向所有前手拒付追索;若未在提示付款期内发出过提示付款,则只可向出票人、承兑人拒付追索。

第六十七条 追索时,追索人应当提供拒付证明。拒付追索时,拒付证明为票据信息和拒付理由。非拒付追索时,拒付证明为票据信息和相关法律文件。

第六十八条 持票人因电子商业汇票到期后被拒绝付款或法律法规规定其他原因,拥有的向票据债务人追索的权利时效规定如下:

（一）持票人对出票人、承兑人追索和再追索权利时效,自票据到期日起2年,且不短于持票人对其他前手的追索和再追索权利时效。

（二）持票人对其他前手的追索权利时效,自被拒绝付款之日起6个月;持票人对其他前手的再追索权利时效,自清偿日或被提起诉讼之日起3

个月。

第六十九条 持票人发出追索通知,必须记载下列事项:

(一)追索人名称;

(二)被追索人名称;

(三)追索通知日期;

(四)追索类型;

(五)追索金额;

(六)追索人签章。

第七十条 电子商业汇票清偿,必须记载下列事项:

(一)追索人名称;

(二)清偿人名称;

(三)同意清偿金额;

(四)清偿日期;

(五)清偿人签章。

第四章 信息查询

第七十一条 票据当事人可通过接入机构查询与其相关的电子商业汇票票据信息。

第七十二条 接入机构应记录其与电子商业汇票系统之间发送和接收的电子商业汇票票据信息,并按规定将该信息向客户展示。

票据信息包括票面信息和行为信息。

票面信息是指出票人将票据交付收款人后、其他行为发生前,记载在票据上的所有信息。

行为信息是指票据行为的必须记载事项。

第七十三条 出票人可查询电子商业汇票票面信息。

承兑人在收到提示付款申请前,可查询电子商业汇票票面信息。收到提示付款申请后,可查询该票据的所有票据信息。

收款人、被背书人和保证人可查询自身作出的行为信息及之前的票据信息。

持票人可查询所有票据信息。

在追索阶段,被追索人可查询所有票据信息。

第七十四条 票据当事人对票据信息有异议的,应通过接入机构向电子商业汇票系统运营者提出书面申请,电子商业汇票系统运营者应在10个工作日内按照查询权限办理相关查询业务。

第七十五条 电子商业汇票所有票据行为中,处于待签收状态的接收方可向电子商业汇票系统查询该票据承兑人和行为发起方的电子商业汇票支付信用信息。

第七十六条 电子商业汇票系统仅提供票据当事人的电子商业汇票支付信用信息,不对其进行信用评价或评级。

第五章 法律责任

第七十七条 电子商业汇票发生法律纠纷时,电子商业汇票系统运营者负有出具电子商业汇票系统相关记录的义务。

第七十八条 承兑人应及时足额支付电子商业汇票票款。承兑人故意压票、拖延支付,影响持票人资金使用的,按中国人民银行规定的同档次流动资金贷款利率计付赔偿金。

第七十九条 电子银行承兑汇票的出票人于票据到期日未能足额交存票款时,承兑人除向持票人无条件付款外,对出票人尚未支付的汇票金额转入逾期贷款处理,并按照每天万分之五计收罚息。

第八十条 电子商业汇票相关各方存在下列情形之一,影响电子商业汇票业务处理或造成其他票据当事人资金损失的,应承担相应赔偿责任。中国人民银行有权视情节轻重对其处以警告或3万元以下罚款:

（一）作为电子银行承兑汇票承兑人的财务公司、电子商业承兑汇票的承兑人违反《中华人民共和国票据法》《票据管理实施办法》和本办法规定无理拒付或拖延支付的；

（二）接入机构为客户提供电子商业汇票业务服务，未对客户基本信息尽审核义务的；

（三）为电子商业汇票业务活动提供电子认证服务的电子认证服务提供者，未依据《中华人民共和国电子签名法》承担相应责任的；

（四）接入机构为客户提供电子商业汇票业务服务，未对客户电子签名真实性进行认真审核，造成资金损失的；

（五）电子商业汇票系统运营者未对接入机构身份真实性和电子签名真实性进行认真审核，造成资金损失的；

（六）接入机构因清算资金不足导致电子商业汇票资金清算失败，给票据当事人造成损失的；

（七）接入机构因人为或系统原因未及时转发电子商业汇票信息，给票据当事人造成损失的；

（八）接入机构内部系统存储的电子商业汇票信息与电子商业汇票系统相关信息严重不符，给票据当事人造成损失的；

（九）接入机构的内部系统出现故障，未及时排除，造成重大影响的；

（十）电子商业汇票系统运营者运营的电子商业汇票系统出现故障，未及时排除，造成重大影响的；

（十一）电子商业汇票债务解除前，接入机构违反本办法规定为承兑人撤销账户的；

（十二）其他违反《中华人民共和国票据法》《票据管理实施办法》及本办法规定的行为。

第八十一条 电子商业汇票当事人应当妥善保管电子签名制作数据，严防泄露。因保管不善造成资金损失的，有关责任方应当依法承担赔偿责任。

第八十二条 金融机构发现利用电子商业汇票从事违法犯罪活动的,应依法履行报告义务。

第六章 附 则

第八十三条 电子商业汇票的数据电文格式和票据显示样式由中国人民银行统一规定。

第八十四条 本办法未尽事宜,遵照《中华人民共和国票据法》《票据管理实施办法》等法律法规执行。

第八十五条 本办法由中国人民银行负责解释和修订。

第八十六条 本办法自公布之日起施行。

中国人民银行关于切实加强商业汇票承兑贴现和再贴现业务管理的通知

银发〔2001〕236号

中国人民银行各分行、营业管理部、省会（首府）城市中心支行，各国有独资商业银行、股份制商业银行：

近几年，以银行承兑汇票为主的商业汇票承兑、贴现和再贴现业务发展较快。逐步推广使用商业汇票，对拓宽企业融资渠道、改善金融服务和健全信用制度发挥了积极的作用。但在业务发展过程中也存在一些不容忽视的问题，主要表现在：一是一些商业银行分支机构对承兑、贴现审查把关不严，甚至擅自放宽条件，对不具有贸易背景的商业汇票办理了承兑与贴现，有的甚至内外勾结，弄虚作假，违法违规使用信贷资金，引发新的金融风险；二是一些商业银行尚未真正把商业汇票作为调整资产结构和改善金融服务的手段,办理贴现过于依赖中央银行再贴现;三是有些承兑银行信用观念淡薄,结算纪律松弛,故意压票、拖延支付,扰乱票据流通秩序;四是银行承兑汇票比重过高,商业承兑汇票比重过低,票据市场工具单一。为维护商业汇票业务健康发展,必须进一步规范票据行为,防范票据风险,切实加强与完善商业汇票承兑、贴现和中央银行再贴现业务管理。现就有关问题通知如下:

一、严禁承兑、贴现不具有贸易背景的商业汇票

商业汇票是交易性票据,必须具有真实贸易背景。企业签发、承兑商业汇票和商业银行承兑、贴现商业汇票,都必须依法、合规,严禁签发、承兑、贴现不具有贸易背景的商业汇票。各商业银行要进一步完善承兑授权制度和承兑授信业务管理。要在出票环节严格把关,切实加强承兑业务审查,办理承兑业务时,必须审查承兑申请人与票据收款人是否具有真实的贸易关系,对不具有贸易背景的商业汇票或不能确认具有贸易背景的商业汇票,不得办理承兑。各金融机构必须严格按照规定条件办理贴现业务。所办理的每笔票据贴现,必须要求贴现申请人提交增值税专用发票、贸易合同复印件等足以证明该票据具有真实贸易背景的书面材料,必要时,贴现银行要查验贴现申请人的增值税专用发票原件。对不具有贸易背景的商业汇票,不得办理贴现。

二、切实加大对违规票据当事人的处罚力度

中国人民银行各分支行要进一步加强对辖内商业汇票业务的监督管理。要采取切实有效措施,维护票据流通秩序,防范票据风险,督促辖内商业银行依法、合规经营商业汇票业务。

(一)建立通报制度。要加强对票据市场秩序的监管力度,加强现场检查,及时向辖内各金融机构通报恶意贴现的企业名单和故意压票、拖延支付的承兑银行名单。对违规的辖区外承兑银行,要按季将名单报送总行,总行

（二）实行退出交易制度。对违规办理承兑、贴现的金融机构,以及故意压票、拖延支付的承兑银行,一经查实,要视情节轻重,责令其暂停或停办承兑、贴现业务,中国人民银行要暂停或停办对其再贴现。

（三）实行责任追究制度。金融机构承兑、贴现不具有贸易背景的商业汇票,除责令承兑银行无条件付款外,还要依据《金融违法行为处罚办法》第十四条规定处以罚款,并责成该金融机构对直接负责的高级管理人员、其他直接负责的主管人员和直接责任人员,给予纪律处分。

三、进一步改进再贴现业务管理

（一）切实加强对再贴现票据的合规性审查。中国人民银行各分支行要进一步完善辖内再贴现业务的内部管理制度,严格按照总行规定的对象、条件和操作程序办理再贴现,切实加强对再贴现票据的合规性审查。所办理的每笔再贴现,必须要求再贴现申请人提交与该票据相对应的增值税专用发票复印件。对不具有贸易背景的商业汇票、非直接参与产品生产和经营的企业签发的商业汇票,以及签发后即办理贴现、贴现后即用于再贴现的商业汇票,严禁办理再贴现。

（二）适度集中再贴现业务管理。要逐步改变现行再贴现逐级申请和下达限额、各中心支行分散操作的管理方式,各分行辖内的再贴现应主要由分行、省会(首府)城市和副省级城市中心支行集中办理。同时,要严格控制对商业银行基层营业机构的再贴现,逐步提高对商业银行法人及其票据专营窗口的再贴现比重,以支持商业银行通过转贴现和系统内买卖票据,改善流动性管理。

四、继续稳步推广使用商业汇票

（一）积极推广使用商业承兑汇票。现阶段,要在继续稳步发展银行承兑汇票业务的同时,把发展商业汇票业务的重点放在商业承兑汇票的推广使用上，并使之逐步成为主要的票据市场工具。要积极支持、鼓励和引导一些产供销关系稳定、资信优良的企业，通过签发商业承兑汇票衔接产销关系、加速资金周转、拓宽融资渠道。

（二）商业银行要通过稳步发展商业汇票业务，改善金融服务，增强竞争力，特别是在经济发达、金融机构集中的中心城市，要适度集中商业汇票业务的经营管理，以防范票据风险、提高票据业务的效率和规模效益。

（三）对票据贴现和转贴现业务实行单独考核。从2001年9月起，各金融机构要设立相应的会计科目，单独核算和反映票据贴现、转贴现、再贴现业务。同时，各金融机构在编制资产负债表和信贷收支表时，应单列"票据融资"项目，在向人民银行统计部门报送数据时，要将贴现、转贴现、再贴现分别归入"全科目"统计指标。统计指标为："1111C0000——贴现""1111C1000——其中:转贴现""113135000——再贴现"。"票据融资"不再计入金融机构的存贷比例考核。

请中国人民银行各分支行将本通知发至辖内各城市商业银行。

中国人民银行

二〇〇一年七月二十四日

中国人民银行关于完善票据业务制度有关问题的通知

银发〔2005〕235号

中国人民银行各分行、营业管理部、省会(首府)城市中心支行,各政策性银行、国有独资商业银行、股份制商业银行:

为规范和促进票据业务健康发展,进一步明确票据业务的相关制度,现就有关事项通知如下:

一、关于商业汇票真实交易关系的审查根据《中华人民共和国票据法》的规定,商业汇票的签发、取得和转让应具有真实的交易关系和债权债务关系。出票人(持票人)向银行申请办理承兑或贴现时,承兑行和贴现行应按照支付结算制度的相关规定,对商业汇票的真实交易关系和债权债务关系进行审核。

银行承兑汇票的承兑行负责对出票人的资格、资信、交易合同和汇票记载的内容等进行审查。商业汇票的持票人向银行申请贴现时,贴现申请人应向银行提供交易合同原件、贴现申请人与其直接前手之间根据税收制度有关规定开具的增值税专用发票或普通发票。

贴现银行向其他银行转贴现或向人民银行申请再贴现时,不再提供贴现申请人与其直接前手之间的交易合同、增值税专用发票或普通发票,但需对票据的要式性和文义性是否符合有关法律、法规和规章制度的规定承担审核责任。

二、关于票据质押的相关处理

(一)票据质押时,应按《中华人民共和国票据法》的有关规定作成质押背书。

(二)主债务履行完毕,票据解除质押时,被背书人应以单纯交付的方式将质押票据退还背书人。票据到期时,由持票人按支付结算制度的有关规定行使票据权利。

(三)质押票据所担保的债务到期后,背书人未能如期履行债务时,被背书人依法实现质权,但不得将票据进行转让或者贴现。被背书人在票据到期时按支付结算制度的有关规定行使票据权利。被背书人为银行的,比照商业汇票贴现到期收回的处理手续,并在托收凭证备注栏注明"质押票据收款"字样。

出质人与质权人签订质押合同时,应充分考虑债务期限与票据的提示付款期限等情况,并明确双方的权利义务,避免产生票据纠纷。

三、关于银行承兑汇票的查询查复方式对银行承兑汇票的查询查复除采用《中国人民银行关于商业银行跨行银行承兑汇票查询、查复业务处理问题的通知》(银发〔2002〕63号)中规定的方式外,还可以采用以下方式:

(一)通过大额支付系统查询查复。银行承兑汇票查询查复的具体业务处理应遵循《大额支付系统业务处理办法(试行)》的有关规定。(通过大额支付系统查询、查复银行承兑汇票的业务处理程序见附件)

（二）传真查询。承兑行接到查询行传真的查询书后,应将汇票的第一联(卡片)传真给查询行。

（三）利用中国外汇交易中心暨全国银行间同业拆借中心的"中国票据"网进行查询查复。通过"中国票据"网查询查复的商业银行,应与中国外汇交易中心暨全国银行间同业拆借中心以协议的形式约定,并明确双方的权利义务。

（四）实地查询。查询行可以派人持票到承兑行查询。

四、其他相关问题

（一）持票人持未经背书转让的商业汇票委托开户银行向承兑银行收取票款时,托收凭证上填制的收款人名称应与票面记载的收款人名称一致;开户行名称和账号可与票面记载的收款人开户行名称和账号不同,但托收凭证上填制的开户行与票面记载的收款人开户行应是同系统的银行。

（二）未在银行开立结算账户的个人持转账银行汇票兑付时,应选择与出票行同系统的任何一家银行机构或出票行的代理兑付银行提示付款,付款行或代理付款行应按支付结算制度相关规定审核付款。

（三）人民银行为商业银行办理商业汇票再贴现后,必须严格按照支付结算制度的有关规定办理再贴现票款的到期收回手续,不得以其他方式要求再贴现申请行办理票款到期收回。

五、本通知自2005年10月1日起执行。请人民银行各分行、营业管理部、省会(首府)城市中心支行将本通知转发至所在省(自治区、直辖市)的城市商业银行、农村商业银行、农村合作银行、城乡信用社和外资银行。

请各单位将执行情况和执行过程中遇到的问题及时报告人民银行总行。

联系人:欧韵君

联系电话:010-66195542

中国人民银行
二〇〇五年九月五日

附件:通过大额支付系统查询、查复银行承兑汇票的业务处理程序

各商业银行可通过大额支付系统 CMT301、302 报文进行银行承兑汇票的查询、查复。利用 CMT301 报文进行查询时,第 1 项查询日期为 8 位数字(格式为年年年年月月日日);第 2 项查询行行号和第 4 项查复行行号为支付系统行号,为 12 位数字;第 3 项查询书号由查询行顺序编号,为 8 位数字;第 5 项原发报日期填写银行承兑汇票的承兑日期,为 8 位数字(格式为年年年年月月日日);第 6 项、第 7 项、第 8 项、第 10 项按报文格式,全部输入"0";第 9 项货币符号、金额填写"汇票金额",输入格式为"3×15n";第 11 项查询内容最长为 255 个字符,输入的内容及格式为:

1. 汇票号码:
2. 出票日期:
3. 汇票到期日:
4. 出票人全称:
5. 收款人全称:
6. 付款行全称:

其中,出票日期、汇票到期日为 8 位数字(格式为年年年年月月日日)。汇票号码、出票人全称、收款人全称、付款行全称应与票面记载一致。

查复行利用 CMT302 报文进行查复时,第 1 项查复日期和第 5 项原查询日期为 8 位数字(格式为年年年年月月日日);第 2 项查复行行号和第 4 项查询行行号为支付系统行号,为 12 位数字;第 3 项查复书号由查复行顺序编号,为 8 位数字;第 6 项原查询书号由系统自动生成,为 8 位数字(格式为年年年年月月日日);第 7 项到第 10 项、第 12 项按报文格式,全部输入"0";第 11 项货币符号、金额填写"汇票金额",输入格式为"3×15n"。第 13 项查复内容最长为 255 个字符,输入:

"查询汇票与我行承兑汇票记载内容一致"或"查询汇票与我行承兑汇票记载内容不符,具体不符事项为:……"

查复行只能在第 13 项内容中记载上述两者之一。

中国银监会办公厅关于加强银行承兑汇票业务监管的通知

(银监办发〔2012〕286号)

各银监局,各政策性银行、国有商业银行、股份制商业银行,邮政储蓄银行,各省级农村信用联社:

近年来,银行承兑汇票业务快速增长,票据业务风险隐患逐渐积累,票据相关案件时有发生。为加强银行承兑汇票业务监管,现就有关问题通知如下:

一、银行业金融机构要高度重视银行承兑汇票业务风险,认真落实有关监管要求。要加强客户授信调查,严格审查票据申请人资格、贸易背景真实性及背书流转过程合理性。要加强票据业务保证金、贴现资金划付和使用、查验和查询查复、重要空白凭证和业务印章等关键环节的管理。要完善业务流程,强化制度执行,切实防范票据业务风险。

二、银行业金融机构要推动银行承兑汇票业务的审慎发展。要根据自身发展战略、客户结构、风险管理水平和内控能力,合理确定业务规模和发展速度。

三、银行业金融机构要加强银行承兑汇票业务统一授信管理。要科学核定客户票据业务授信规模,防止签发超过企业授信限额的票据,防范各种"倒票"违规行为。

四、银行业金融机构要加强银行承兑汇票业务统一授权管理。原则上支行或一线经营单位仅负责票据承兑和直贴业务,转贴现、买入返售、卖出回购等业务由总行或经授权的分行专门部门负责办理。

五、银行业金融机构要完善银行承兑汇票监测和查库制度,加强票据集中保管。已贴现票据、质押票据应作为重要会计凭证入库,由总行或经授权的分行专门部门集中保管,支行或一线经营单位不得自行保管。已贴现票据必须完成贴现企业向银行的背书,防止银行合法权利悬空。

六、银行业金融机构要加强银行承兑汇票业务保证金统一管理。保证金账户原则上应开立在总行或经授权的分行;对于在票据承兑申请人开户行开立保证金账户的,应通过系统控制、定期对账等措施防范保证金挪用风险。

七、银行业金融机构要加强银行承兑汇票业务交易资金账户统一管理。票据转贴现、买入返售、卖出回购资金应由票据转入行将资金划入票据转出行在中国人民银行开立的存款准备金账户,或票据转出行在本行开立的一般存款账户,不得转入票据转出行在他行开立的账户,防止随意开户和资金体外循环。应明确专门部门负责交易资金账户的监测和管理。

八、银行业金融机构要加强银行承兑汇票查询查复管理。票据承兑行要按有关部门规定,在电子商业汇票系统进行及时登记,以便他行查询;要完善查询台账制度,如遇法院冻结止付等影响票据权利的事件发生,应在收到法院通知两个工作日内依托中国人民银行大额支付系统或其他适当方式通知票据查询行。票据查询行如已将票据转出，应通过适当方式通知交易对手，确保持票行及时主张合法权利。法律法规另有规定的除外。

九、银行业金融机构要完善考核方式，降低票据业务余额等规模指标考核权重，提高票据业务合规性、操作风险防控等指标权重。要加强员工管理，不断提高员工票据业务能力和合规意识，严禁员工参与各种票据中介和资金掮客活动。要加强票据业务审计，开展票据业务制度、流程及执行有效性的审计评价。

十、各级监管部门要严肃查处银行承兑汇票业务中的违法违规行为，视情况采取暂停市场准入、暂停票据业务等监管措施。对管理不力、屡查屡犯的，除对直接责任人进行严肃问责外，还要追究有关领导责任。涉嫌犯罪的，及时移送司法机关。

2012 年 10 月 8 日

票据交易管理办法

银发〔2016〕第 29 号

第一章 总 则

第一条 为规范票据市场交易行为,防范交易风险,维护交易各方合法权益,促进票据市场健康发展,依据《中华人民共和国中国人民银行法》《中华人民共和国票据法》《中华人民共和国电子签名法》等有关法律法规,制定本办法。

第二条 市场参与者从事票据交易应当遵守本办法,本办法所称票据包括但不限于纸质或者电子形式的银行承兑汇票、商业承兑汇票等可交易票据。

第三条 票据交易应当遵循公平自愿、诚信自律、风险自担的原则。

第四条　中国人民银行依法对票据市场进行监督管理,并根据宏观调控需要对票据市场进行宏观审慎管理。

第二章　票据市场参与者

第五条　票据市场参与者是指可以从事票据交易的市场主体,包括:

(一)法人类参与者。指金融机构法人,包括政策性银行、商业银行及其授权的分支机构,农村信用社、企业集团财务公司、信托公司、证券公司、基金管理公司、期货公司、保险公司等经金融监督管理部门许可的金融机构。

(二)非法人类参与者。指金融机构等作为资产管理人,在依法合规的前提下,接受客户的委托或者授权,按照与客户约定的投资计划和方式开展资产管理业务所设立的各类投资产品,包括证券投资基金、资产管理计划、银行理财产品、信托计划、保险产品、住房公积金、社会保障基金、企业年金、养老基金等。

(三)中国人民银行确定的其他市场参与者。

第六条　法人类参与者应当符合以下条件:

(一)依法合规设立。

(二)已制定票据业务内部管理制度和操作规程,具有健全的公司治理结构和完善的内部控制、风险管理机制。

(三)有熟悉票据市场和专门从事票据交易的人员。

(四)具备相应的风险识别和承担能力,知悉并承担票据投资风险。

(五)中国人民银行要求的其他条件。

第七条　非法人类参与者应当符合以下条件:

(一)产品设立符合相关法律法规和监管规定,并已依法在相关金融监督管理部门获得批准或者完成备案。

(二)产品已委托具有托管资格的金融机构(以下简称托管人)进行独立托管,托管人对委托人资金实行分账管理、单独核算。

（三）产品管理人具有相关金融监督管理部门批准的资产管理业务资格。

第八条 法人类参与者开展票据交易，应当遵守有关法律法规，强化内控制度建设，完善部门和岗位设置，并采取切实措施持续提高相关人员业务能力。

第九条 非法人类参与者开展票据交易，由其资产管理人代表其行使票据权利并以受托管理的资产承担相应的民事责任。资产管理人从事资管业务的部门、岗位、人员及其管理的资产应当与其自营业务相互独立。

第三章 票据市场基础设施

第十条 票据市场基础设施是指提供票据交易、登记托管、清算结算、信息服务的机构。

第十一条 票据市场基础设施应当经中国人民银行认可。中国人民银行对票据市场基础设施开展票据相关业务进行监督管理。

第十二条 票据市场基础设施可以为市场参与者提供以下服务：

（一）组织票据交易，公布票据交易即时行情。

（二）票据登记托管。

（三）票据交易的清算结算。

（四）票据信息服务。

（五）中国人民银行认可的其他服务。

第十三条 票据市场基础设施按照金融市场基础设施建设有关标准进行系统建设与管理。

第十四条 票据市场基础设施应当从其业务收入中提取一定比例的金额设立风险基金并存入开户银行专门账户，用于弥补因违约交收、技术故障、操作失误、不可抗力等造成的相关损失。

第十五条 上海票据交易所是中国人民银行指定的提供票据交易、登记托管、清算结算和信息服务的机构。

第四章 票据信息登记与电子化

第十六条 纸质票据贴现前,金融机构办理承兑、质押、保证等业务,应当不晚于业务办理的次一工作日在票据市场基础设施完成相关信息登记工作。

纸质商业承兑汇票完成承兑后,承兑人开户行应当根据承兑人委托代其进行承兑信息登记。承兑信息未能及时登记的,持票人有权要求承兑人补充登记承兑信息。

纸质票据票面信息与登记信息不一致的,以纸质票据票面信息为准。

第十七条 贴现人办理纸质票据贴现时,应当通过票据市场基础设施查询票据承兑信息,并在确认纸质票据必须记载事项与已登记承兑信息一致后,为贴现申请人办理贴现,贴现申请人无需提供合同、发票等资料;信息不存在或者纸质票据必须记载事项与已登记承兑信息不一致的,不得办理贴现。

本款所称纸质票据必须记载事项指《中华人民共和国票据法》第二十二条规定的票据必须记载事项。

第十八条 贴现人完成纸质票据贴现后,应当不晚于贴现次一工作日在票据市场基础设施完成贴现信息登记。

第十九条 承兑人或者承兑人开户行收到挂失止付通知或者公示催告等司法文书并确认相关票据未付款的,应当于当日依法暂停支付并在票据市场基础设施登记或者委托开户行在票据市场基础设施登记相关信息。

第二十条 金融机构通过票据市场基础设施进行相关业务信息登记,因信息登记错误给他人造成损失的,应当承担赔偿责任。

第二十一条 贴现人办理纸质票据贴现后,应当在票据上记载"已电子登记权属"字样,该票据不再以纸质形式进行背书转让、设立质押或者其他交易行为。贴现人应当对纸质票据妥善保管。

第二十二条 已贴现票据背书通过电子形式办理。电子形式背书是指在票据市场基础设施以数据电文形式记载的背书,和纸质形式背书具有同等法律效力。

第二十三条 纸质票据电子形式背书后,由票据权利人通过票据市场基础设施通知保管人变更寄存人的方式完成交付。

第二十四条 贴现人可以按市场化原则选择商业银行对纸质票据进行保证增信。

保证增信行对纸质票据进行保管并为贴现人的偿付责任进行先行偿付。

第二十五条 已贴现票据应当通过票据市场基础设施办理背书转让、质押、保证、提示付款等票据业务。

第二十六条 纸质票据贴现后,其保管人可以向承兑人发起付款确认。付款确认可以采用实物确认或者影像确认。

实物确认是指票据保管人将票据实物送达承兑人或者承兑人开户行,由承兑人在对票据真实性和背书连续性审查的基础上对到期付款责任进行确认。

影像确认是指票据保管人将票据影像信息发送至承兑人或者承兑人开户行,由承兑人在对承兑信息和背书连续性审查的基础上对到期付款责任进行确认。

承兑人要求实物确认的,银行承兑汇票保管人应当将票据送达承兑人,实物确认后,纸质票据由其承兑人代票据权利人妥善保管;商业承兑汇票保管人应当将票据通过承兑人开户行送达承兑人进行实物确认,实物确认后,纸质票据由商业承兑汇票开户行代票据权利人妥善保管。

第二十七条 实物确认与影像确认具有同等效力。承兑人或者承兑人开户行进行付款确认后,除挂失止付、公示催告等合法抗辩情形外,应当在持票人提示付款后付款。

第二十八条 承兑人收到票据影像确认请求或者票据实物后,应当在3个工作日内做出或者委托其开户行做出同意或者拒绝到期付款的应答。拒绝到期付款的,应当说明理由。

第二十九条 票据保管人应当采取切实措施保证纸质票据不被挪用、污损、涂改和灭失,并承担因保管不善引发的相关法律责任。

第三十条 电子商业汇票签发、承兑、质押、保证、贴现等信息应当通过电子商业汇票系统同步传送至票据市场基础设施。

第三十一条 电子商业汇票一经承兑即视同承兑人已进行付款确认。

第五章 票据登记与托管

第三十二条 票据登记是指金融机构将票据权属在票据市场基础设施电子簿记系统予以记载的行为。

第三十三条 票据托管是指票据市场基础设施根据票据权利人委托对其持有票据的相关权益进行管理和维护的行为。

第三十四条 市场参与者应当在票据市场基础设施开立票据托管账户。

市场参与者开立票据托管账户时,应当向票据市场基础设施提出申请,并保证所提交的开户资料真实、准确、完整。

第三十五条 票据托管账户采用实名制,不得出租、出借或者转让。

第三十六条 一个市场参与者只能开立一个票据托管账户,中国人民银行另有规定的除外。

具有法人资格的市场参与者应当以法人名义开立票据托管账户;经法人授权的分支机构应当以分支机构名义开立票据托管账户;非法人市场参与者应当以产品名义单独开立票据托管账户。

第三十七条 贴现人应当于票据交易前在票据市场基础设施完成纸质票据登记工作,确保其提交的票据登记信息真实、有效,并承担相应法律责任。

第三十八条 票据市场基础设施依据电子商业汇票系统相关信息为持票人完成电子票据登记。

第三十九条 因票据的交易过户、非交易过户等原因引起票据托管账户余额变化的,票据市场基础设施应当为权利人办理票据变更登记。

第六章 票据交易

第四十条 票据交易采取全国统一的运营管理模式,通过票据市场基础设施进行。

第四十一条 票据交易包括转贴现、质押式回购和买断式回购等。

转贴现是指卖出方将未到期的已贴现票据向买入方转让的交易行为。

质押式回购是指正回购方在将票据出质给逆回购方融入资金的同时,双方约定在未来某一日期由正回购方按约定金额向逆回购方返还资金、逆回购方向正回购方返还原出质票据的交易行为。

买断式回购是指正回购方将票据卖给逆回购方的同时,双方约定在未来某一日期,正回购方再以约定价格从逆回购方买回票据的交易行为。

第四十二条 市场参与者完成票据登记后即可以开展交易,或者在付款确认、保证增信后开展交易。贴现人申请保证增信的,应当在首次交易前完成。

第四十三条 票据到期后偿付顺序如下:

(一)票据未经承兑人付款确认和保证增信即交易的,若承兑人未付款,应当由贴现人先行偿付。该票据在交易后又经承兑人付款确认的,应当由承兑人付款;若承兑人未付款,应当由贴现人先行偿付。

(二)票据经承兑人付款确认且未保证增信即交易的,应当由承兑人付款;若承兑人未付款,应当由贴现人先行偿付。

(三)票据保证增信后即交易且未经承兑人付款确认的,若承兑人未付款,应当由保证增信行先行偿付;保证增信行未偿付的,应当由贴现人先行偿付。

（四）票据保证增信后且经承兑人付款确认的，应当由承兑人付款；若承兑人未付款，应当由保证增信行先行偿付；保证增信行未偿付的，应当由贴现人先行偿付。

第四十四条 票据交易应当通过票据市场基础设施进行并生成成交单。成交单应当对交易日期、交易品种、交易利率等要素做出明确约定。

票据成交单、票据交易主协议及补充协议（若有）构成交易双方完整的交易合同。

票据交易合同一经成立，交易双方应当认真履行，不得擅自变更或者解除合同。

第四十五条 票据交易无需提供转贴现凭证、贴现凭证复印件、查询查复书及票面复印件等纸质资料。

第四十六条 票据贴现、转贴现的计息期限，从贴现、转贴现之日起至票据到期日止，到期日遇法定节假日的顺延至下一工作日。

第四十七条 质押式回购和买断式回购最短期限为1天，并应当小于票据剩余期限。

第四十八条 质押式回购的回购金额不得超过质押票据的票面总额。

第七章 票据交易结算与到期处理

第四十九条 票据交易的结算通过票据市场基础设施电子簿记系统进行，包括票款对付和纯票过户。

票款对付是指结算双方同步办理票据过户和资金支付并互为条件的结算方式。

纯票过户是指结算双方的票据过户与资金支付相互独立的结算方式。

第五十条 市场参与者开展票据交易应当采用票款对付，同一法人分支机构间的票据交易可以采用纯票过户。

第五十一条 已在大额支付系统开立清算账户的市场参与者,应当通过其在大额支付系统的清算账户办理票款对付的资金结算。

未在大额支付系统开立清算账户的市场参与者,应当委托票据市场基础设施代理票款对付的资金结算。

第五十二条 票据市场基础设施代理票款对付的资金结算时,应当通过其在大额支付系统的清算账户进行。票据市场基础设施应当在该账户下,为委托其代理资金结算的市场参与者开立票据结算资金专户。

第五十三条 交易双方应当根据合同约定,确保在约定结算日有用于结算的足额票据和资金。

第五十四条 在票据交易达成后结算完成之前,不得动用该笔交易项下用于结算的票据、资金或者担保物。

第五十五条 办理法院强制执行、税收、债权债务承继、赠与等非交易票据过户的,票据市场基础设施应当要求当事人提交合法有效的法律文件。

第五十六条 持票人在提示付款期内通过票据市场基础设施提示付款的,承兑人应当在提示付款当日进行应答或者委托其开户行进行应答。

承兑人存在合法抗辩事由拒绝付款的,应当在提示付款当日出具或者委托其开户行出具拒绝付款证明,并通过票据市场基础设施通知持票人。

承兑人或者承兑人开户行在提示付款当日未做出应答的,视为拒绝付款,票据市场基础设施提供拒绝付款证明并通知持票人。

第五十七条 商业承兑汇票承兑人在提示付款当日同意付款的,承兑人开户行应当根据承兑人账户余额情况予以处理。

(一)承兑人账户余额足够支付票款的,承兑人开户行应当代承兑人做出同意付款应答,并于提示付款日向持票人付款。

(二)承兑人账户余额不足以支付票款的,则视同承兑人拒绝付款。承兑人开户行应当于提示付款日代承兑人做出拒付应答并说明理由,同时通过票据市场基础设施通知持票人。

第五十八条 银行承兑汇票的承兑人已于到期前进行付款确认的,票

据市场基础设施应当根据承兑人的委托于提示付款日代承兑人发送指令划付资金至持票人资金账户。

商业承兑汇票的承兑人已于到期前进行付款确认的,承兑人开户行应当根据承兑人委托于提示付款日扣划承兑人账户资金,并将相应款项划付至持票人资金账户。

第五十九条 保证增信行或者贴现人承担偿付责任时,应当委托票据市场基础设施代其发送指令划付资金至持票人资金账户。

第六十条 承兑人或者出票人付款后,票据保管人应当参照会计档案保管要求对票据进行保管。承兑人进行影像确认并付款的,可以凭票据市场基础设施的提示付款通知、划款通知以及留存的票据底卡联作为会计记账凭证。

第六十一条 票据发生法律纠纷时,依据有权申请人的请求,票据市场基础设施应当出具票据登记、托管和交易流转记录;票据保管人应当提供相应票据实物。

第八章 附 则

第六十二条 票据市场基础设施依照本办法及中国人民银行有关规定制定相关业务规则,报中国人民银行同意后施行。

第六十三条 本办法施行前制定的相关规定,与本办法相抵触的,以本办法为准。

第六十四条 本办法由中国人民银行负责解释。

第六十五条 本办法自公布之日起施行,过渡期按照《中国人民银行办公厅关于做好票据交易平台接入准备工作的通知》(银办发〔2016〕224号)执行。

中国人民银行

2016年12月5日

浙江省高级人民法院民二庭关于印发《关于审理票据纠纷案件若干疑难问题的纪要》的通知

(浙高法民二〔2013〕15号)

本省各级人民法院商事审判业务庭(含金融审判业务庭):

现将《关于审理票据纠纷案件若干疑难问题的纪要》印发给你们,供审判实践参考。实践中如遇有问题,请及时报告我庭。

2013年12月31日

1. 如何界定《民事诉讼法》第二百一十八条规定的公示催告申请人?

《民事诉讼法》第二百一十八条规定的公示催告申请人,是指票据被盗、遗失、灭失等非因持票人意志丧失票据占有的最后合法持有人。一般情况下,下列主体可以申请公示催告:(一)

经过背书转让的最后一位被背书人;(二)以继承、赠与等合法方式取得票据的持票人;(三)未经背书转让的票据的收款人;(四)已履行了票据义务持有票据的被追索人;(五)委托收款的背书人;(六)票据质权人;(七)已经完成票据的绝对应记载事项,但是在交付收款人之前丧失票据的出票人;(八)已经付款,但未在票据上记载"收讫"字样并签名,收回票据后丧失票据的付款人;(九)其他非因自己意志丧失可转让票据,且无法确定票据下落的主体。

需要指出的是,出票人、背书人或承兑人于票据上完成法律所规定的票面记载后未交付前发生票据丧失的,可以向人民法院申请公示催告。人民法院在受理此类申请后,应首先审查该票据是否确未交付,已经交付的,不应予以受理。

对于票据最后合法持票人因本人的意志丧失对票据占有或者非因其本人意志丧失对票据的占有但能够确定票据下落的情形,如被欺诈、胁迫而丧失票据占有,且知道票据的下落的;或者因免除票据债务人债务,撕毁票据导致票据灭失的;一般不适用公示催告程序。

2. 公示催告申请应当审查哪些必要内容?

公示催告申请审查应从申请人主体是否适格,申请事项是否属于公示催告程序的适用范围、申请理由是否符合法律规定,法院是否具有管辖权、申请形式和证据材料是否符合法律规定等方面进行审查。

根据《民事诉讼法》第二百一十八条第二款以及最高人民法院《关于审理票据纠纷案件若干问题的规定》(以下简称票据法司法解释)第二十九条规定,失票人通知票据付款人挂失止付后三日内向人民法院申请公示催告的,公示催告申请书应当载明下列内容:(一)票面金额;(二)出票人、持票人、背书人;(三)票据到期日;(四)申请的事实、理由;(五)通知票据付款人或者代理付款人挂失止付的时间;(六)付款人或者代理付款人的名称、通信地址、电话号码等。

因此,对公示催告申请,首先,要严格按照上述法律和司法解释规定,对申请书不能满足法定条件的,不应轻易受理。其次,要严格审查申请人声称的理由和事实是否有初步的证据,特别是对以票据被盗被抢为由申请公示催告的,应当要求其提供向公安机关报案记录证明,不能仅凭其口头声称即予认定。再次,根据《票据法》第四条的规定,出票人、持票人以及其他票据债务人均须按照法定程序在票据上签章。也即只有在票据上签章的人才可能是票据当事人,对未在票据上签章的申请人,原则上无权申请公示催告,因此,必须对申请人是否在票据上签章背书进行审查,对声称票据遗失而又未在票据上签章背书的公示催告申请,要加大审查力度,应当要求申请人提供其曾确实合法取得或持有票据的初步证据。

此外,《票据法司法解释》第三十八条规定,失票人向人民法院提起诉讼的,除向人民法院说明曾经持有票据及丧失票据的情形外,还应当提供担保。担保的金额相当于票据载明的金额。因此,申请公示催告的失票人,必须提供相应的担保。

3. 公示催告的公告期间,《票据法司法解释》第三十三条规定为国内票据为六十日,涉外票据为不超过九十日,《民事诉讼法》第二百一十九条规定由人民法院根据情况决定,但不得少于六十日,应当如何执行?

《民事诉讼法》第二百一十九条规定和《票据法司法解释》第三十三条规定并不存在直接冲突,在办理公示催告案件中,可优先执行《民事诉讼法》第二百一十九条规定,即票据公示催告期间不应少于六十日。另外,实践中往往出现公示催告的期间届满,票据却尚未到期,善意持票人在票据到期日请求付款时才知悉公示催告的情况,而丧失在公示催告公告期间到法院主张权利的机会,对善意持票人行使票据权利形成障碍。因此,对于公示催告期间,在遵照《民事诉讼法》第二百一十九条规定的基础上,为保护合法持票人的权益,公示催告的公告期间届满日不应早于持票人依法可以向票据债务人行使付款请求权的期限。

4. 如何界定《民事诉讼法》第二百二十一条和第二百二十三条的利害关系人?

《民事诉讼法》第二百二十一条和第二百二十三条的利害关系人系同一

概念,不仅应该包括善意从无处分权人处受让遗失票据之主体,还应包括在伪报失票申请公示催告的情形中,经过合法背书转让而取得票据的受让人及其他有初步证据证明票据权利之人。

需要指出的是,在审查利害关系人主体是否适格时,因为无论是在公示催告程序中申报权利,抑或在除权判决之后提起诉讼,均是一种程序性权利,并不涉及实体权利的确认及归属,故不必对利害关系人是否系票据的真正权利人这一实体问题把握得过于严苛,只要其提供表面的初步证据证明票据权利即可。

5. 如何界定《民事诉讼法》第二百二十三条的"正当理由"?

对于正当理由应当从宽把握,从既有利于防止票据债务人通过伪报票据遗失侵害善意持票人的利益,也有利于敦促票据债权人在从事票据行为时尽到必要的谨慎义务角度出发,只要公示催告申请人不能证明利害关系人在行使权利方面存在懈怠,就应当推定正当理由成立。因此,对于下列情形之一,应认定属于《民事诉讼法》第二百二十三条规定的正当理由:(一)因自身身体健康状况,利害关系人未能及时知晓公告事实的;(二)因发生地震、对外通讯中断等意外事件或者不可抗力致使利害关系人未能知晓公告事实的;(三)因自身被限制人身自由,利害关系人无法知道公告事实,或者虽然知道公告事实,但无法自己或者委托他人代为申报权利的;(四)因伪报票据丧失事实而作出除权判决的;(五)其他导致利害关系人在法定申报期间未能向法院申报权利的客观事由。

6. 依公示催告程序作出除权判决后,在利害关系人提起票据诉讼时,是否要撤销原除权判决?

根据《民事诉讼法》第二百二十三条规定,利害关系人因正当理由不能在除权判决作出前向人民法院申报权利的,利害关系人可自知道或者应当知道判决公告之日起一年内,向作出判决的人民法院起诉。据此,利害关系人一旦提起票据诉讼,原除权判决即视为撤销,无需另行判决撤销原除权判决。否则,除权判决无论是在票据诉讼程序还是在审判监督程序中撤销,均会出现逻辑上的悖论：如在票据诉讼程序中撤销，因票据诉讼适用民事诉讼普通程序，而民事诉讼法并未规定可以在普通程序中撤销其他判决；根据最高人民法院2002年9月10日发布的法发〔2002〕13号《关于规范人民法院再审立案的若干意见（试行）》第十四条规定，人民法院依照公示催告程序审理的案件，对当事人的再审申请不予受理。据此，在审判监督程序中撤销原除权判决，也与该司法解释的规定不符。

7. 票据除权判决作出后，利害关系人提起票据诉讼时享有哪些民事权利？作为原告的现票据持有人是否可以向承兑人行使付款请求权，是否可以向票据上背书的其他前手行使追索权？

除权判决是在民事诉讼特别程序中作出，其在普通程序中没有既判力，利害关系人或真正权利人在规定期限内提起票据诉讼时，其权利义务关系不受除权判决约束，利害关系人或其正权利人作为票据当事人，可以享有票据法上的包括付款请求权、追索权在内的票据权利，以及包括票据损害赔偿请求权、利益返还请求权等票据法上的非票据权利。因此，即使除权判决作出后，作为原告的现票据持有人，只要其能提示票据，则其可以向前手行使追索权。不仅如此，在最后持票人向其前手行使追索权后，被追索人还可向其前手行使再追索权。

但在实践中，利害关系人或真正权利人往往是在票据到期向承兑人提示付款的过程中发现票据被除权，对于此种情形，基于票据权利行使的不可逆转性，其在诉讼中不得再向付款人行使付款请求权。值得注意的是审判实践中往往出现经过背书转让的最后一位被背书人将涉案票据以背书的形式向银行申请贴现，贴现行在票据到期提示付款中被承兑行以除权判决之理由拒付，贴现行再将上述票据退回贴现申请人处，应认定该贴现申请人为已履行了票据义务持有票据的被追索人，可按照《票据法》第六十八条规定，向其他背书人、出票人及保证人等债务人行使再追索权。

8.《民事诉讼法》第二百二十三条规定的利害关系人因正当理由不能在判决前向人民法院申报的，自知道或者应当知道判决公告之日起一年内，可

以向作出判决的人民法院起诉。该诉讼是何种类型,其诉讼请求应当如何厘定?

人民法院在公告期满后因无人申报权利而作出除权判决。宣告票据无效,其直接的法律后果是,利害关系人或真正权利人即便仍持有票据,因除权判决的效力,不得再依票据主张票据权利。但因除权判决是在民事诉讼特别程序中作出,其在普通程序中没有既判力,利害关系人或真正权利人在规定期限内提起票据诉讼时,其权利义务关系不受除权判决约束,其可以依据《民事诉讼法》第二百二十三条规定,提起票据损害赔偿责任之诉,请求公示催告申请人返还其从承兑人或付款人处取得的票据款项及相应孳息。

9. 如何理解《票据法》第十二条第二款规定的"重大过失取得票据",举证责任应如何分配?

重大过失取得票据不仅包括《票据法》第十二条第一款规定的以欺诈、偷盗、胁迫等手段取得票据,或者明知存在上述情形而恶意取得票据的情形,还包括持票人应当知晓存在上述欺诈等情形存在而取得票据的情形。对于背书不连续的票据,持票人应就背书不连续的原因进行举证或者举出其他证据证明其票据权利,如背书之所以不连续是因为背书人不懂得背书的形式,或背书人委托对方当事人记载有关事项但受托人疏忽,或因继承、公司分立合并、法院的判决、行政决定而取得票据。在持票人不能作出合理说明的情况下,应认定持票人取得背书不连续票据亦构成重大过失取得票据。

举证责任方面,根据《最高人民法院关于审理票据纠纷案件若干问题的规定》第九条、第十条规定,向人民法院提起诉讼的持票人在诉争票据的出票、承兑、交付、背书转让涉嫌欺诈、偷盗、胁迫、恐吓、暴力等违法行为的,应对持票的合法性负举证责任;在人民法院合并审理票据关系和基础关系的,持票人应当提供相应的证据证明已经履行了约定义务。

10. 背书不连续的票据被付款人拒付后,持票人向出票人行使追索权时,是否应追加付款人为被告?

(1) 上述票据为本票时,出票人与付款人为同一人,不存在出票人与付款人的分离,自然也不存在是否追加付款人为被告的问题。

(2) 当上述票据为汇票或支票时,付款人本身基于基础关系接受票据当事人或票据关系人委托进行付款,付款人并不属于狭义上的票据当事人,也不是其正意义上的持票人前手,《票据法》并没有明确规定付款人可以作为被追索人,因此,在追索权纠纷中,付款人并不是适格的被告。

需要指出的是,银行基于其过错对票据付款所产生的票据损害赔偿纠纷,银行属于适格被告。银行通过贴现取得汇票后向承兑人提示付款时,承兑人以相关票据已为人民法院除权判决而拒付后,贴现行将汇票退回申请贴现人,申请贴现人应认定为《民事诉讼法》第二百二十三条规定的利害关系人。

11. 公示催告终结后,公示催告申请人以持票人系通过票据买卖等方式取得票据,主张票据转让行为无效能否成立?票据买卖双方的权利义务关系应如何调整?

《票据法》第十条规定,票据的签发、取得和转让,应当遵循诚实信用的原则,具有真实的交易关系和债权债务关系。票据的取得,必须给付对价,即应当给付票据双方当事人认可的相对应的代价。但我国的票据法并未完全否定票据的无因性,票据关系的成立,有效并不以授受票据的原因关系、资金关系、预约关系等基础关系的成立,有效为必要条件。因此,对于通过背书的方式"私人贴现"取得票据的持票人,由于其系票据记载的被背书人,不管被背书人有无支付对价,其当然享有相应的票据权利,只是该权利不优于前手而已。对于未经背书转让的票据"买卖行为",因买受人不是票据被背书人,根据票据文义性,票据买受人不享有票据权利。票据买卖双方的权利义务关系不是票据转让关系,不存在票据转让行为的效力问题。票据买卖双方属于民法调整的债权债务关系,票据买受人因其不是票据被背书人而不享有票据权利时,其支付给票据出卖人的对价可通过民法上的请求权予以解决。

12. 票据权利可否以交付方式取得？以贴现为目的的无基础法律关系承兑汇票买卖行为应如何定性,效力如何判断？

票据系文义证券则和设权证券,票据权利人享有的票据权利只能以票据上的记载为准,如只有票据交付行为而没有通过出票、背书等票据行为来记载票据权利的,则不能设立、变更和消灭票据权利。

根据《票据法司法解释》第十四条的规定,票据属无因证券,票据关系以票据为载体,虽然以基础关系为前提,但又与基础关系相互分离,票据关系的成立、有效并不以授受票据的原因关系、资金关系、预约关系等基础关系的成立、有效为必要,基础关系是否成立及其是否有效,并不影响票据关系的效力状态。故贴现交易作为一种对付款期届满之前的银行承兑汇票的背书转让方式,不能以基础关系欠缺而否认其效力。

但对于付款人为银行以外的商业承兑汇票向银行申请办理贴现的行为,考虑到银行以外的商事主体在付款能力上存在差异。根据国务院批准的《票据管理实施办法》第十条和中国人民银行《支付结算办法》第九十二条及2005年中国人民银行《关于完善票据业务制度问题的通知》第一条规定,贴现银行应审核申请贴现的商业汇票持票人与出票人,前手之间是否具有真实的交易关系和债权债务关系,贴现申请人应向银行提供交易合同原件、贴现申请人与其直接前手之间根据税收制度有关规定开具的增值税专用发票或者普通发票,银行对没有真实交易关系的商业承兑汇票进行贴现,由此形成的可能导致担保人不承担担保责任的债权风险,应由其自行承担。

上海市高级人民法院关于审理担保、票据等民商事纠纷案件若干问题的处理意见(节录)

五、关于以行使票据权利为目的提起的诉讼应当注意的问题

票据权利是持票人以取得票据金额为目的,向票据债务人请求支付票据金额的权利。持票人行使票据权利,必须以持有并提示票据为条件。鉴于票据权利的行使与持票人持有并提示票据不可分离,故持票人因行使付款请求权或追索权而提起诉讼,应当向受理法院提交票据的原本以供核对。当事人仅提交复印件的,应当告知当事人提交票据的原本。

六、关于票据除权判决的问题

公示催告期间届满,没有人申报权利,或者

虽有人申报权利但经过诉讼,确认失票人为票据权利人时,人民法院应当根据申请人的申请,作出除权判决。除权判决的后果在于使票据权利与票据本身相分离,保障失票人在丧失票据的情形下能够主张票据权利。该票据权利的行使应以原票据记载的到期日为依据。鉴于在一些情形下,人民法院作出除权判决之时,该票据尚未到期,如立即判决票据付款人履行票据付款义务,显然违背了原票据记载的文义,也导致持票人通过法院的判决提前获得票据的付款,从而获得票据到期日与支付日之间的利息利益,而使付款人蒙受该利息损失。故法院在作出除权判决时,应充分考虑票据的到期日以及提示付款的期限。

全省法院商事审判工作座谈会材料

票据、信用证融资业务培训指定用书

票据、信用证业务中的法律风险及经典案例

山东省高级人民法院关于审理因票据公示催告引发纠纷案件的有关法律适用问题（讨论稿）

公示催告程序作为我国《民事诉讼法》和《票据法》规定的一类特殊的非讼程序，是票据丧失后失票人保全和恢复其票据权利的重要补救措施。近年来，因为公示催告程序启动而引发的公示催告申请人与实际持票人或其他相关主体之间的纠纷案件不断产生。

为了正确适用《票据法》等有关法律及司法解释，统一司法裁判标准，维护票据的流通秩序和交易安全，现就该类案件在审理处理中的有关问题提出如下处理意见。

一、案件审理应把握的基本原则

1. 把握票据特性，增进票据流通。杜撰作为商事交易的重要工具，具有支付、结算、汇兑、信用、融资等功能。为了商事交易的简便快捷,票据法立足促进票据高效安全流通,赋予了票据完全有价证券性、文义性、无因性、设权性、要式性、提示性等法律特征。案件审理中应准确把握票据的法律特征,强化商法外观主义意识,保障票据流通的顺畅和安全。

2. 厘清法律关系,正确适用法律。因票据公示催告程序而引发的法律关系包括三类:票据关系、《票据法》规定的非票据关系和不属于票据法调整的法律关系。其中,票据关系和《票据法》所规定的非票据关系,属于《票据法》调整范畴;不属于《票据法》调整的法律关系,应适用该法律关系所对应的法律规范。案件审理中应厘清当事人的请求权基础,准确确定案件性质,正确适用相关法律规定。

3. 贯彻诚实信用,制裁欺诈行为。针对当前伪报票据丧失而恶意申请公示催告的现象,要准确理解和适用诚实信用原则,严格执行《民事诉讼法》中有关诚信诉讼的规定,加强对恶意申请公示催告问题的调查和研究,不断完善相关司法措施,及时加强司法应对。案件审理中发现系恶意申请公示催告的,应依据最高人民法院《关于审理票据纠纷案件若干问题的规定》第三十九条,并参照《民事诉讼法》第一百一十一条的规定,对于伪报票据丧失的当事人依法予以制裁。

4. 坚持依法释明,强化诉讼指引。基于票据法的高度专业性以及因票据所引发法律关系的复杂性,许多情形当事人诉讼请求及请求权基础较为含糊,诉求对象比较混乱。案件审理中应注意对当事人加以合理引导,使其明确诉请所依赖的法律关系性质。当事人诉请的法系关系或主体存在不当的,应当及时向当事人释明变更。

二、利害关系人在公示催告期间申报权利引发纠纷的处理

(一)公示催告申请人诉请返还票据纠纷

1. 案由的确定。公示催告申请人以自己是最后合法持票人为由否认实际持票人持票的合法性,并要求返还票据的,案由应当确定为票据返还请求

权纠纷。该类纠纷属于票据法规定的非票据关系范畴。

2. 票据返还请求权的认定。案件审理中，认定公示催告申请人享有票据返还请求权，应把握以下要件：①公告催告申请人应是曾经持有过票据的最后合法持票人；②被请求的一方必须是实际持票人；③实际持票人既不享有票据权利，也没有合法持票原因；④不存在其他依法取得票据权利的第三人；⑤票据尚未付款。

3. 未在票据上记载的合法持票人行使票据返还请求权的处理。受让空白背书的票据后，尚未补记前而丢失票据的受让人可以行使票据返还请求权，但应对其是合法持票人承担举证责任。取得空白背书的银行承兑汇票的受让人系自然人的，不影响其基于合法持票人地位行使票据返还请求权。

4. 公示催告申请人申请确认票据权利的处理。公示催告申请人要求确认票据权利并返还票据的，人民法院应当按照票据返还请求权纠纷确定案由进行审理。公示催告申请人要求确认票据权利并请求付款人履行付款义务的，基于票据权利与证券不可分离的完全有价证券特征，公示催告申请人在尚未取回票据之前不能行使票据权利，因此人民法院应当向公示催告申请人予以释明，告知其变更诉讼请求为要求返还票据。

（二）票据无法返还时的纠纷处理

实际持票人已经依法取得票据权利，公示催告申请人不符合票据返还请求权行使要件情形，其可依非票据法上的法律关系向相关主体提起诉讼。

1. 公示催告申请人向与其存在合同关系当事人主张违约责任的，按照公示催告申请人所主张的合同性质确定案由。

2. 公示催告申请人向非法取得并处置票据的相关主体主张损害赔偿的，按照侵权损害赔偿诉讼确定案由。

3. 公示催告申请人向非法取得并处置票据的相关主体主张返还所取得的利益的，按照不当得利纠纷确定案由。

4. 公示催告申请人提起利益返还请求权或票据损害赔偿请求权诉讼的处理。利益返还请求权和票据损害赔偿请求权均属于《票据法》规定的非票

据关系,在实际持票人已经依法取得杜撰权利情形,公示催告申请人不符合行使该两项权利的要件,其依据该两项制度提起诉讼的,人民法院对其诉讼请求不予支持。

三、人民法院作出除权判决后有关纠纷的处理

(一)公示催告申请人尚未依据除权判决行使票据权利情形

1. 案由确定。鉴于除权判决已经发生法律效力,实际持票人主张自己享有票据权利的,应根据《民事诉讼法》第二百二十二条规定,以公示催告申请人为被告,提起票据权利确认诉讼,要求确认享有票据权利。该诉讼属于票据关系的范畴,由于在票据纠纷的三级案由中并不存在票据权利确认纠纷,人民法院对该类诉讼可按照二级案由确定为票据纠纷。

2. 鉴于我国法律并未规定除权判决的撤销诉讼,实际持票人起诉要求确认票据权利的,人民法院不应要求其另行提起除权判决撤销之诉。

3. 实际持票人直接诉请公示催告申请人承担损害赔偿责任的处理。鉴于公示催告申请人尚未行使票据权利情形,票据关系并未消灭,实际持票人能否行使票据权利尚不确定,实际持票人与公示催告申请人之间应当首先解决谁有权行使票据权利的问题,因此实际持票人直接诉请公示催告申请人承担损害赔偿责任,人民法院应向当事人予以释明,告知其变更诉讼请求为确认票据权利。

(二)公示催告申请人已经依除权判决行使票据权利情形

票据关系因公示催告申请人行使票据权利而消灭,实际持票人不能再重新享有或行使票据权利,其认为公示催告申请人并非票据的最后权利人,不应取得票据款项的,可以其为被告提起不当得利返还之诉。如果公示催告申请人系恶意申请公示催告,实际持票人也可以其不当申请公示催告导致持票人票据权利丧失为由,提起侵权损害赔偿之诉。

(三)除权判决与普通民事诉讼的关系问题

除权判决属于非讼事件,其所作出的结论仅仅是程序上的推定,不具有

实体上的既判力。因此,人民法院在适用普通程序审理实际持票人与公示催告申请人之间的权利归属纠纷时,除权判决不应成为影响裁判结果的因素。公示催告申请人不能仅凭除权判决主张实际持票人不享有票据权利,也不因此免除其应当承担的举证责任。人民法院如果认定实际持票人享有票据权利的,可直接作出与除权判决相反之裁判,并在裁判文书中表明除权判决视为撤销或不再具有法律效力。

四、票据权利认定中的有关问题

(一)票据权利认定中的举证责任分配

因公示催告而引发的民事纠纷,属于民事诉讼的一种,因此其举证责任原则上适用民事诉讼法关于谁主张、谁举证的一般规则。但由于票据的高度流通特性,以及由此而衍生出的票据的完全有价证券性、文义性、要式性等特征,在票据权利认定的举证责任分配上存在着一定的特殊性。

1. 实际持票人首先应对票据本身的有效性和形式合法性承担举证责任。根据《票据法》第三十一条规定,实际持票人只要证明其所持票据系有效票据,且背书连续,即完成了对自己享有票据权利的举证责任,无需对取得票据的原因和合法性承担举证责任。但票据因继承、公司合并、破产等事实导致背书不连续的,实际持票人应对背书不连续的有关事实承担举证责任。空白背书票据通过单纯交付转让的,只要实际持票人在票据上补记完整即可符合背书连续性要求,人民法院不能以部分票据转让人或受让人未在票据上记载为由认定背书不连续。

2. 当实际持票人持有背书连续的有效票据时,公示催告申请人认为自己系票据权利人的,应当承担举证责任。其不仅要举证证明自己在票据丧失前已经取得票据权利,同时还要对实际持票人系通过欺诈、胁迫、偷盗等非法手段取得票据,或者系恶意或重大过失从无处分权人手中受让票据承担举证责任。实际持票人如果主张公示催告申请人并非丧失票据的,也应承担相应的举证责任。

3. 当实际持票人是票据上记载的公示催告申请人的直接后手,而公示催告申请人主张与实际持票人之间不存在原因关系的,根据《票据法》第十三条第二款规定精神,实际持票人应对其取得票据原因承担举证责任。实际持票人主张自己并非从公示催告申请人的手中直接受让票据,而是从第三人处通过单纯交付方式取得空白背书票据的,应举证证明从第三人处受让票据的有关事实。

(二)票据权利的单纯将会转让问题

1. 关于记名票据和完全背书票据的单纯交付转让。票据属于文义证券,原则上只有票据上记载的人才能成为票据权利人。在记名票据和完全背书票据情形,如果票据上记载的收款人或被背书人未作背书而将票据单纯交付受让人,将有违票据的文义性,也无法满足背书连续性要求,依法不能产生票据权利转让的法律效力,取得票据的受让人不能享有和行使票据权利。

2. 空白背书票据的单纯交付转让。根据最高人民法院《关于审理票据纠纷案件若干问题的规定》第四十九条规定,背书人未记载被背书人名称即将票据交付他人的,持票人在票据被背书人栏内记载自己的名称与背书人记载具有同等法律效力。因此,持有空白背书票据的票据权利人不经补记,也不作背书而通过单纯交付方式转让票据的,并不会产生违反票据文义性和背书连续性的后果,人民法院应认定该转让方式合法有效。

(三)民间票据贴现与票据权利取得

1. 民间票据贴现的合法性问题。民间票据贴现,又称票据买卖,日常生活中俗称为倒票,是指持票人为了融通资金,将未到期的票据以低于票面金额的价格转让给非金融机构。由于我国目前的相关规定只允许中国人民银行批准的金融机构从事票据贴现业务,对于向非金融机构贴现票据的合法性问题存在较大争议,审判实践中尚有待进一步的探讨和研究。倾向认为,民间票据贴现是票据融资功能的重要体现,其合法与否实质上涉及金融管制程度和对民间融资的态度。从最高法院有关精神来看,司法对于企业间借贷等民间融资行为正呈现逐渐放宽的趋势；从市场现实来看，民间票据贴现已经发展为一种广泛使用的民间资金融通方式，可以在一定程度上适应中小企业的融资需求。基于此，审判工作中不宜轻易否认民间票据贴现在民商事法律上的效力。

2. 民间票据贴现合法性与票据权利取得。受让人系通过民间票据贴现取得票据的，转让人与受让人之间是否存在原因关系，有不同的理解，一种理解认为转让人与受让人之间并不存在真实的交易关系和债权债务关系；另一种理解则认为买卖票据本身就是真实交易关系。不论何种理解，也无论对民间贴现的合法性采取何种立场，民间贴现均属于原因关系范畴，从票据关系的无因性出发，为保障票据流通、促进票据功能的发挥，原因关系是否存在、是否合法有效的问题，原则上对票据关系不产生影响。

（四）对价与票据权利的取得

对价属于票据原因关系范畴，基于票据的无因性，除非善意取得情形，是否存在对价以及是否实际给付对价，不应当作为票据权利取得的一般要件。但依据《票据法》第十一条之规定，无对价而取得票据的，如税收、赠与、继承等，取得人所享有的票据权利不得优于其前手。审判实践中应区分无对价和未支付对价，在当事人之间约定了对价，但受让方尚未支付情形，转让人可以依据基础关系主张相应权利，但受让人所享有的票据权利不适用《票据法》第十一条关于"不得优于其前手"的规定。

（五）票据权利善意取得的认定

1. 票据权利的善意取得是民法善意取得制度在票据法领域的体现，是指票据受让人善意且无重大过失从无权利人手中受让票据，从而取得票据权利。构成票据权利的善意取得应符合以下要件：①受让人从无处分权人处受让票据；②受让人按照票据法规定的转让方式取得票据，其中记名票据和完全背书票据必须通过背书转让方式，空白背书票据可以通过背书或单纯交付转让方式；③受让人对无权处分行为善意且无重大过失；④受让人支付了对价。我国票据法虽然没有直接规定票据权利的善意取得制度，但《票据法》第十二条关于"明知有前列情形出于恶意取得票据""因重大过失取得不符合票据法规定的票据"情形不能取得票据权利的规定，实质上就是从反面对票据权利善意取得制度的确认。审判实践中，对于从无处分权人手中受让票据情形，只要不能证明受让人存在恶意或重大过失，一般即应认定其取得票据权利。

2. 空白背书票据单纯交付转让时重大过失的认定。重大过失，是指受让人只要尽一般人起码的注意义务即可发现转让人无处分权而未发现。基于维护票据的流通和安全，同时考虑到日常交易的频繁，持有空白背书票据的人原则上应当推定为票据权利人或对票据具有处分权，受让人基于对其持有票据信赖而受让票据，应当得到法律的保护。审判实践中不宜单纯依据转让人系自然人、转让人与空白背书的背书人不符，而认定受让人存在重大过失。

3. 民间票据贴现是否属于以非法手段取得票据的问题。我国《票据法》第十二条对以非法手段取得票据列举了欺诈、偷盗、胁迫等情形，并未将民间贴现列入其中，而且民间贴现合法与否主要涉及对票据融资功能的态度和立场，并不像欺诈、偷盗、胁迫之类具有绝对的违法性，审判实践中不宜将《票据法》第十二条关于以非法手段取得票据的规定扩大适用到民间贴现情形。

4. 以民间贴现方式受让票据是否构成恶意或重大过失的问题。恶意或重大过失所针对的是受让对转让人是否具有处分权的主观认识状态。民间贴现是否合法与转让人是否有处分权没有必然联系，因此审判实践中不宜仅以民间贴现非法为由，认定受让人取得票据构成恶意或重大过失。

五、实际持票人依据基础关系直接向前手主张权利的问题

实践中，有时实际持票人在公示催告程序启动后，不向人民法院申报权利，也不向公示催告申请人提起相应诉讼，而是直接依据基础关系向前手主张权利。对此，如果实际持票人系在公示催告期间或除权判决作出后取得

票据，因在此期间的票据转让行为无效，实际持票人依据基础关系向其前手主张权利，人民法院应予支持；除此之外，为了维护票据流通的安全性和交易秩序的稳定，除非实际持票人与其前手之间有特别约定，实际持票人必须先穷尽票据法上的救济手段而无法获得救济后，才能依据基础关系主张权利。

江苏省高级人民法院副院长在全省商事审判工作座谈会上的讲话
（2013 年 4 月 23 日）
（节录）

四、当前商事审判工作中应该注意的几个法律问题

对于当前各地法院反映较多的商事审判常见问题，我谈一下初步处理思路，供大家研究讨论。

（一）票据法适用方面的问题

一段时期以来，通过买卖票据融资的现象大量出现，以票据非背书转让方式进行的民间借贷规模很大。部分当事人在向后手实际交付票据履行款项交付义务后，由于后手资金链断裂，因交付票据后未能收回资金而恶意申请公示催告的案件日益增加。针对这一问题，在去年的全省商事审判工作会议上，我们提出，各地法院要严格执行《民事诉讼法》的规定,公示催告的期间在不得少于六十日的前提下,应延长至票据到期日或提示付款日后十五日,以防止票据出卖人通过恶意申请公示催告程序损害正当持票人的合法利益。对于之前发生谎称票据被盗、遗失或灭失恶意申请公示催告、导致法院作出除权判决的,持票人可以票据侵权为由要求恶意申请公示催告人承担损害赔偿责任。对于恶意申请公示催告的申请人,人民法院可以根据《民事诉讼法》的规定,依法采取民事制裁措施;构成犯罪的,依法追究刑事责任。票据在公示催告程序开始前已经转让的,法院作出除权判决后,持票人不能向支付对价的前手以除权判决生效为由行使追索权或者其他权利。

去年以来,各地在审理此类案件中提出新的问题:一是当事人提出票据无商品交易关系,票据买卖属于违反金融法规行为应认定无效的主张;二是当事人提出持票人需要证明其属于通过正常商品交易关系获得票据的主张。各地看法不一。我们认为,第一,票据交付是资金的一种支付手段,即便所依托的基础法律关系无效,也不应当影响资金交付行为的认定,两者不可混为一谈。第二,由于票据流转过程中相关当事人基本上不采取背书方式,持票人在提示付款时补记被背书人,中间所间隔的环节,持票人不可能知悉,因此不可能有证据证明其与背书人之间有真实交易关系。但是,持票人的票据权利来源于背书,在无相反证据证明的情况下,即可实现票据权利,而无需另行证明其权利来源。

关于骗购外汇、非法套汇、逃汇、非法买卖外汇等违反外汇管理规定行为的行政处分或者纪律处分暂行规定

(1998年12月16日国务院批准 1999年1月25日监察部、人事部、中国人民银行、海关总署、国家外汇管理局令第7号发布 根据2011年1月8日《国务院关于废止和修改部分行政法规的决定》修订)

第一条 为了维护国家外汇管理秩序,惩处违反外汇管理规定的行为,防范金融风险,制定本规定。

第二条 本规定适用于国家公务员以及经批准经营外汇业务的金融机构、国有外经贸企业的工作人员。

本规定所称经批准经营外汇业务的金融机构,是指经批准经营外汇业务的中资银行、非银行金融机构及其分支机构。

本规定所称国有外经贸企业,是指国有外贸公司、自营进出口的国有生产企业、有进出口经营权的国有企业和国有资产占控股地位或者主导地位的企业。

第三条 有本规定所列违反外汇管理规定的行为的,除依法给予行政处罚外,对有关责任人员依照本规定给予行政处分或者纪律处分;构成犯罪的,依法追究刑事责任。

第四条 经批准经营外汇业务的金融机构、国有外经贸企业的工作人员,有下列骗购外汇行为之一,数额不满10万美元的,给予留用察看处分;数额在10万美元以上的,给予开除处分。

(一)伪造、变造海关报关单、进口证明、外汇管理部门核准件等凭证和单据的;

(二)使用、买卖伪造、变造的海关报关单、进口证明、外汇管理部门核准件等凭证和单据的;

(三)重复使用海关报关单、进口证明、外汇管理部门核准件等凭证和单据的;

(四)明知用于骗购外汇而提供人民币资金或者其他服务的;

(五)以其他方式骗购外汇的。

单位有前款行为之一的,对负有直接责任的主管人员和其他直接责任人员,依照前款规定给予纪律处分。

第五条 经批准经营外汇业务的金融机构、国有外经贸企业的工作人员,有下列非法套汇行为之一,数额不满10万美元的,给予警告、记过或者记大过处分;数额在10万美元以上不满100万美元的,给予降级或者撤职处分;数额在100万美元以上的,给予留用察看或者开除处分。

(一)违反国家规定,以人民币支付或者以实物偿付应当以外汇支付的进口货款或者其他类似支出的,但是合法的易货贸易除外;

(二)以人民币为他人支付在境内的费用,而由对方给付外汇的;

(三)明知用于非法套汇而提供人民币资金或者其他服务的;

（四）以其他方式非法套汇的。

单位有前款行为之一的,对负有直接责任的主管人员和其他直接责任人员,依照前款规定给予纪律处分。

第六条 经批准经营外汇业务的金融机构、国有外经贸企业的工作人员,有下列逃汇行为之一,数额不满10万美元的,给予撤职处分;数额在10万美元以上不满100万美元的,给予留用察看处分;数额在100万美元以上的,给予开除处分。

（一）违反国家规定,擅自将外汇存放在境外的;

（二）不按照国家规定将外汇卖给外汇指定银行的;

（三）违反国家规定将外汇汇出或者携带出境的;

（四）未经外汇管理部门批准,擅自将外币存款凭证、外币有价证券携带或者邮寄出境的;

（五）明知用于逃汇而提供人民币资金或者其他服务的;

（六）以其他方式逃汇的。

单位有前款行为之一的,对负有直接责任的主管人员和其他直接责任人员,依照前款规定给予纪律处分。

第七条 经批准经营外汇业务的金融机构、国有外经贸企业的工作人员,以营利为目的,在国家规定的交易场所以外非法买卖外汇,数额不满5万美元或者违法所得不满1万元人民币的,给予撤职处分;数额在5万美元以上不满10万美元或者违法所得在1万元人民币以上不满3万元人民币的,给予留用察看处分;数额在10万美元以上或者违法所得在3万元人民币以上的,给予开除处分。

单位有前款所列行为的,对负有直接责任的主管人员和其他直接责任人员,依照前款规定给予纪律处分。

第八条 国有外经贸企业在代理进口业务中,因过失导致他人骗购外汇或者非法套汇,对负有直接责任的主管人员和其他直接责任人员给予纪律处分,数额不满10万美元的,给予警告、记过或者记大过处分;数额在10

万美元以上不满100万美元的,给予降级或者撤职处分;数额在100万美元以上的,给予留用察看或者开除处分。

第九条 经批准经营外汇业务的金融机构在办理结汇、售汇、付汇和开户业务中,因过失导致他人骗购外汇、非法套汇或者逃汇,对负有直接责任的主管人员和其他直接责任人员给予纪律处分,数额不满10万美元的,给予警告、记过或者记大过处分;数额在10万美元以上不满100万美元的,给予降级或者撤职处分;数额在100万美元以上的,给予留用察看或者开除处分。

第十条 国家公务员有本规定所列骗购外汇、非法套汇、逃汇或者非法买卖外汇等违反外汇管理规定行为之一的,给予降级、撤职或者开除处分。

第十一条 海关、外汇管理等部门的国家公务员与骗购外汇、非法套汇、逃汇或者非法买卖外汇的行为人通谋,为其提供便利,或者明知是伪造、变造的凭证和单据而为其提供服务,或者有其他滥用职权、徇私舞弊行为造成他人骗购外汇、非法套汇或者逃汇后果的,给予开除处分。

海关、外汇管理等部门的国家公务员,玩忽职守,造成他人骗购外汇、非法套汇或者逃汇的,给予降级或者撤职处分;情节严重的,给予开除处分。

第十二条 对本单位发生的违反外汇管理规定行为不制止、不查处,情节较重的,对负有直接责任的主管人员给予警告、记过或者记大过处分;情节严重的,给予降级或者撤职处分。

第十三条 国家公务员利用职权,包庇违反外汇管理规定行为,或者有其他妨碍外汇管理执法监督、检查行为的,给予撤职或者开除处分。

经批准经营外汇业务的金融机构、国有外经贸企业的工作人员有前款行为的,给予留用察看或者开除处分。

单位有本条第一款所列行为的,对负有直接责任的主管人员和其他直接责任人员,分别依照前两款规定给予行政处分或者纪律处分。

第十四条 主动交代违反外汇管理规定行为,并退出外汇和违法所得,或者主动采取措施避免损失,或者有立功表现的,可以从轻、减轻或者免予行政处分或者纪律处分。

隐瞒事实真相,或者弄虚作假,出具伪证,或者隐匿、毁灭证据,或者拒绝提供有关文件、资料和证明材料的,应当从重或者加重行政处分或者纪律处分。

第十五条 自营进出口的国有事业单位及其工作人员有本规定所列违反外汇管理规定行为的,参照本规定执行。

第十六条 本规定自发布之日起施行。1996年4月1日《中华人民共和国外汇管理条例》施行后、本规定施行前发生的违反外汇管理规定的行为,尚未处理的,适用本规定。

中国人民银行关于明确跨境人民币业务相关问题的通知

银发〔2011〕145号

中国人民银行上海总部,天津、沈阳、南京、济南、武汉、广州、成都分行,总行营业管理部,重庆营业管理部,呼和浩特、长春、哈尔滨、杭州、福州、南宁、海口、昆明、拉萨、乌鲁木齐中心支行,大连市、青岛市、宁波市、厦门市、深圳市中心支行,国家开发银行、各政策性银行、国有商业银行、股份制商业银行,中国邮政储蓄银行:

2009年7月跨境贸易人民币结算试点工作启动以来,跨境人民币业务进展顺利。2010年6月,跨境贸易人民币结算试点范围扩大到二十个省(区、市)。2011年1月,境外直接投资人民币结算试点启动。为进一步便利银行业金融机构(以下简称银行)和企业开展业务,统一规范业务操作流程,有效推动跨境人民币结算试点工作的深入开展,根据《跨境贸易人民币结算试点管理办法》(中国人民银行财政部商务部海关总署国家税务总局中国银行业监督管理委员会公告〔2009〕第10号发布)、《境外直接投资人民币结算试点管理办法》(中国人民银行公告〔2011〕第1号发布),现就跨境人民币业务办理有关事项通知如下:

一、银行可按照有关规定,通过境内代理银行、港澳人民币业务清算行或境外机构在境内开立的人民币银行结算账户办理跨境贸易、其他经常项目、境外直接投资、境外贷款业务和经中国人民银行同意的其他跨境投融资人民币结算业务。

境内代理银行代理境外参加银行与境内其他银行,境内结算银行与港澳人民币业务清算行之间需通过大额支付系统办理跨境资金划转。在办理经常项下人民币资金划转时,暂使用大额支付系统汇兑支付报文(CMT100)中的"60-出口贸易结算"和"62-进口贸易结算"。在办理资本项下人民币资金划转时,暂使用大额支付系统汇兑支付报文(CMT100)中的"70-内地机构境外发行债券结算"和"71-内地机构境外发行债券兑付"。待第二代支付系统上线运行后,再按新的业务种类予以分类处理。

二、依法开展各类跨境人民币业务的银行应当首先按照《人民币跨境收付信息管理系统管理暂行办法》(银发〔2010〕79号文印发)接入人民币跨境收付信息管理系统,并应当及时、准确、完整地向人民币跨境收付信息管理系统报送所有人民币资金跨境收付信息及有关业务信息。银行未接入人民币跨境收付信息管理系统即开展跨境人民币业务或者未按照规定报送信息的,中国人民银行可通报批评;情节严重的,可停止其继续办理跨境人民币业务。

三、本通知下发之日起三个月内,银行根据毗邻国家中央银行与中国人民银行签订的双边本币结算协定为境外银行开立的人民币账户,应当按照《跨境贸易人民币结算试点管理办法》转为人民币同业往来账户。在未转为人民币同业往来账户前，上述账户与境内结算银行进行的人民币资金往来，属于跨境人民币结算业务，应当参照境内代理银行的信息报送规则向人民币跨境收付信息管理系统报送有关信息。上述账户在规定期限内未转为人民币同业往来账户的，不得再用于办理跨境人民币结算业务。

四、境内企业进口支付的人民币不得在境外（含香港）直接购汇后支付给境外出口商。境内结算银行不得提供此种人民币结算服务。

五、《跨境贸易人民币结算试点管理办法》第二十一条所规定的跨境贸易人民币结算项下涉及的居民对非居民的人民币负债，包括与跨境贸易人民币结算相关的远期信用证、海外代付、协议付款、预收延付等。上述人民币对外负债在人民币跨境收付信息管理系统中办理登记，不纳入现行外债管理。

六、银行可以按照《中华人民共和国物权法》《中华人民共和国担保法》等法律规定，为客户出具境外工程承包、境外项目建设和跨境融资等人民币保函。银行的人民币保函业务不纳入现行外债管理，但应当向人民币跨境收付信息管理系统报送保函及履约信息。

七、境外机构人民币银行结算账户余额不纳入现行外债管理。

八、转口贸易可以使用人民币进行结算，境内结算银行在办理相关人民币结算业务时要履行贸易真实性审核义务。

九、企业在实际发生人民币款项收付后退（赔）款的，银行可以在审核相关证明材料后为企业办理对外收付，但退（赔）款金额一般不得超过原收/付款金额。

十、外币报关人民币结算，银行应当按照跨境贸易人民币结算试点的有关规定办理，企业应当向银行提供报关单号、报关金额等信息，由银行向人民币跨境收付信息管理系统报送有关信息。

十一、银行开展人民币购售业务限于货物贸易项下的跨境人民币结算需求，境内代理银行应当要求境外参加银行加强对客户购售需求的真实性审核。

十二、境内代理银行与境外参加银行签订的人民币代理结算协议中应当至少明确境外参加银行的以下义务：一是境外参加银行只可为内地企业作为收款/付款方的贸易项目办理人民币购售业务，不能办理与内地企业无直接贸易往来支付的人民币购售业务；二是境外参加银行只可为在三个月内具有真实贸易支付需要的企业客户办理人民币购售业务；三是企业客户在境外参加银行办理人民币购售后，必须在同一家银行完成购售相关的贸易支付；四是境外参加银行应当追踪客户购售人民币后的资金流向，对新客户及金额较大的交易作更详细的审核，并应当注意监测异常交易。

十三、银行应当以法人为单位按月向人民币跨境收付信息管理系统报送境外个人在境内开立的人民币存款账户汇总余额，及分省（区、市）信息，报送时需分为活期存款、定期存款、定活两便存款、通知存款、协议存款、协定存款、保证金存款、结构性存款等8类科目。

十四、外商直接投资人民币结算业务目前处于个案试点阶段。为确保相关业务稳妥有序开展，防范热钱流入，目前，人民币外商直接投资业务试点对国家限制类和重点调控类项目暂不受理。为在试点期间规范外国投资者以合法获得的人民币来华投资，包括用于新设立企业出资、并购境内企业（不含返程并购）股权转让以及对现有企业进行增资、提供股东贷款，非金融类外商直接投资人民币结算业务按照以下工作流程开展：

（一）外国投资者或境内外商投资企业的境内结算银行应当向当地中国人民银行副省级城市中心支行以上分支机构提交个案试点书面申请以及商务主管部门的批准文件或批准证书；

（二）中国人民银行副省级城市中心支行以上分支机构受理境内结算银行的业务申请后，经审核同意的，上报中国人民银行总行；

（三）中国人民银行总行将召开人民币跨境投融资业务个案试点审议会议，对个案试点项目进行集中审议；

（四）对予以同意的个案申请，中国人民银行总行将批复中国人民银行副省级城市中心支行以上分支机构，然后由中国人民银行副省级城市中心支行以上分支机构向境内结算银行出具人民币跨境投融资业务备案通知书；

（五）境内结算银行凭备案通知书为外国投资者或境内外商投资企业开立人民币银行结算账户并办理有关人民币资金的跨境结算；

（六）境内结算银行必须严格按照中国人民银行总行的批复，监督并记录人民币资金在境内的使用，确保其在经批准的经营范围内使用。

请中国人民银行上海总部，天津、沈阳、南京、济南、武汉、广州、成都分行，总行营业管理部、重庆营业管理部，呼和浩特、长春、哈尔滨、杭州、福州、南宁、海口、昆明、拉萨、乌鲁木齐中心支行，大连市、青岛市、宁波市、厦门市、深圳市中心支行将本通知转发至辖区内中国人民银行各分支机构、城市商业银行、外资银行及其他开办跨境人民币业务的银行。

二〇一一年六月三日

中华人民共和国最高人民法院民事判决书(2014)民二终字第 19 号

上诉人(原审原告,反诉被告):银川源鑫磊贸易有限公司,住所地:宁夏回族自治区银川市兴庆区丽景南街昆仑建材市场 13-8 号。

法定代表人:李明寿,该公司总经理。

被上诉人(原审被告,反诉原告):石嘴山瑞恒源商贸有限公司,住所地:宁夏回族自治区石嘴山市惠农区安乐桥市场东二楼一层 8 号。

法定代表人:马慧,该公司经理。

上诉人银川源鑫磊贸易有限公司(以下简称源鑫磊公司)为与被上诉人石嘴山瑞恒源商贸有限公司(以下简称瑞恒源公司)票据返还请求权纠纷一案,不服宁夏回族自治区高级人民法院(2012)宁民商初字第 21 号民事判决,向本院提起上诉。本院依法组成由审判员王宪森担任审判长,审判员殷媛、代理审判员张雪楳参加的合议庭进行了审理,书记员郑琪儿担任记录。本案现已审理终结。

宁夏回族自治区高级人民法院查明:2010年5月19日,宁夏双通物资有限公司与源鑫磊公司签订一份《企业产品购销合同》,约定由宁夏双通物资有限公司供给源鑫磊公司总金额为1 014万元的钢材。源鑫磊公司支付钢材货款,给宁夏双通物资有限公司签发了十张汇票,票号分别是gb/0101646226、gb/0101646227、gb/0101646228、gb/0101646229、gb/0101646230、gb/0101646231、gb/0101646232、gb/0101646233、gb/0101646299、gb/0101646300号。十张汇票票面均记载,出票日期2010年5月20日,出票人源鑫磊公司,收款人宁夏双通物资有限公司,付款行是永宁县信用合作联社营业部,出票金额100万元整,汇票到期日2010年11月19日。以上十张汇票出票金额共计1 000万元。后因钢材厂家要求现金结算,宁夏双通物资有限公司将上述十张汇票退还给源鑫磊公司。

强艳容是进行承兑汇票非法"贴现"人员。2010年5月25日,强艳容联系瑞丰祥物资有限公司(以下简称瑞丰祥公司)的法定代表人丁玉祥,将银川利丰贸易有限公司(以下简称利丰公司)的1 000万元汇票、源鑫磊公司的1 000万元汇票、银川利超物资有限公司100万元汇票、银川富华源物资有限公司30万元汇票及瑞丰祥公司150万元汇票共计2 280万元汇票,由强艳容经办人绳德斌带丁玉祥及其出纳蔡英等人到瑞恒源公司法定代表人马慧处"贴现"。马慧验票后按照强艳容的要求将贴现款2 200万元打入强艳容本人账户1 700万元,打入强艳容控制的王学海账户500万元,办理支付款项过程中,瑞丰祥公司出纳蔡英等人在场。强艳容收到款后,给丁玉祥支付了100万元贴现款,余款用于支付之前所欠他人的贴现款。马慧"贴现"后,携带汇票准备离开银川。瑞丰祥公司法定代表人丁玉祥、源鑫磊公司法定代表人等人因汇票已交付,但没有收到相应"贴现"款,阻止马慧离开,要求退还汇票,双方发生争执,源鑫磊公司等向公安机关报案。报案后,公安机关以强艳容、绳德斌、马慧等人涉嫌非法经营罪立案侦查,并对强艳容、绳德斌、马慧等人采取强制措施,从马慧处扣押了涉案汇票。2010年11月,银川市公安局侦查终结,以强艳容、绳德斌、马慧等人涉嫌非法经营罪,向银川市人民检察院移送审查起诉。银川市人民检察院将案件改变管辖交由银川市兴庆区人民检察院审查起诉。2011年7月27日,银川市兴庆区人民检察院以强艳容、绳德斌等人涉嫌非法经营罪,向银川市兴庆区人民法院提起公诉,案涉汇票随案移送银川市兴庆区人民法院。2011年10月7日,银川市兴庆区人民检察院作出银兴检刑不诉字(2011)第16号《不起诉决定书》,以事实不清、证据不足为由决定对马慧不起诉。2011年10月13日,源鑫磊公司向本院对瑞恒源公司提起本案民事诉讼,请求判令:①瑞恒源公司返还源鑫磊公司的汇票,如不能返还,判令瑞恒源公司赔偿源鑫磊公司票面损失1000万元;②瑞恒源公司赔偿利息损失380万元,经营损失640万元;③瑞恒源公司承担本案诉讼费用。一审庭审中,源鑫磊公司又变更为:利息损失365万元,经营损失655万元。瑞恒源公司提起反诉,请求:①确认诉争汇票原件属于瑞恒源公司所有;②判令源鑫磊公司赔偿瑞恒源公司汇票金额自汇票到期日2010年7月8日起至2011年11月28日止利息81.25万元(2011年11月28日至判决之日利息另行计算);③判令源鑫磊公司赔偿瑞恒源公司为应诉聘请律师支付代理费损失15万元、差旅费损失1万元及误工费、交通费、通信费、法律文书打印费、复制费用等;④源鑫磊公司负担本诉、反诉案件受理费。

另查明,本案所涉汇票背面第一背书人栏有宁夏双通物资有限公司财务专用章及陈建国印,第一被背书人栏处空白,第二背书人栏有瑞恒源公司签章,第二被背书人栏处空白。

还查明,2012年4月17日,银川市兴庆区人民法院作出(2011)兴刑初字第400号刑事判决,认定强艳容、绳德斌等人犯非法经营罪,判决承担相应刑事责任。该案经银川市中级人民法院2012年10月9日终审维持原判,已发生法律效力。

宁夏回族自治区高级人民法院认为,根据原、被告双方本诉和反诉的陈述和答辩,本案的争议焦点是:①源鑫磊公司是否应当按照最高人民法院《关于审理票据案件若干问题的规定》第三十八条之规定,提供担保的问题。②本案当事人主体是否适格的问题。③诉争汇票的归属问题。④在确认汇票归属后,原告及反诉原告所主张的损失能否支持的问题。

1. 关于原告提起票据返还请求权诉讼,是否应提供担保的问题。

最高人民法院《关于审理票据案件若干问题的规定》第三十八条规定:"失票人向人民法院提起诉讼的,除向人民法院说明曾经持有票据及丧失票据的情形外,还应当提供担保。担保的数额相当于票据载明的金额",该条属于该规定第五部分失票救济中的规定,该规定要求失票人行使失票救济权利要在起诉时提供担保,旨在防止诉讼给合法持票人造成损失。本案中,虽然原告在起诉时没有向法院提供相应担保,但在诉讼过程中,经原告申请本院对诉争票据已采取诉讼保全措施,原告为申请诉讼保全已经向法院提供了足额的担保,已经能够实现保护合法持票人和防止票据恶意转让造成损失的目的,这与最高人民法院《关于审理票据案件若干问题的规定》第三十八条规定的精神相符合,故对被告主张原告在起诉时未按照最高人民法院《关于审理票据案件若干问题的规定》第三十八条的规定提供相当于诉争汇票载明金额的担保,其起诉不符合人民法院立案受理的条件,应当裁定驳回起诉的答辩意见不予采纳。

2. 关于本案当事人主体是否适格的问题。

从本案已查明的事实看,原告与被告因诉争汇票归属问题发生争执后,原告等向公安机关报案。公安机关以强艳容、绳德斌、马慧等人涉嫌非法经营罪立案侦查,并对强艳容、绳德斌、马慧等人采取强制措施,从马慧处扣押了涉案汇票。之后,诉争汇票一直因刑事案件需要存于办案机关并随刑事诉讼程序随案移送。现强艳容等非法经营罪一案刑事判决已生效,案件未对汇票处理。依照《刑事诉讼法》第二百三十四条第四款"人民法院作出的判决生效以后,有关机关应当根据判决对查封、扣押、冻结的财物及其孳息进行处理",第一百四十三条"对查封、扣押的财物、文件、邮件、电报或者冻结的存款、汇款、债券、股票、基金份额等财产,经查明确实与案件无关的,应当在三日以内解除查封、扣押、冻结,予以退还"的规定,涉案汇票应当依法处理。所以,本案民事诉讼的审理与涉案汇票因刑事案件被扣押并不矛盾。原告向被告提起返还票据的请求,和被告反诉提出承兑汇票归其所有的请求,均符合《民事诉讼法》第一百一十九条的规定,本案当事人主体适格。

3. 关于诉争汇票归属的问题。

本案中,源鑫磊公司将其1 000万元汇票交由瑞丰祥公司的法定代表人丁玉祥和出纳蔡英通过强艳容办"贴现",后强艳容经办人绳德斌带丁玉祥和蔡英等人到瑞恒源公司法定代表人马慧处"贴现"。从上述事实可以看出,其一,本案源鑫磊公司并非票据法意义上的转让票据,而是源鑫磊公司自己将未填写被背书人的汇票通过票据"贴现"的方式转让给他人,其具有办理汇票"贴现"的意思表示。其二,源鑫磊公司拟将汇票"贴现",是与强艳容联系,其进行汇票"贴现"的相对方是强艳容。在办理"贴现"过程中,源鑫磊公司将其1 000万元汇票交由瑞丰祥公司人员去办理,源鑫磊公司与瑞丰祥公司经办人员之间形成委托关系,源鑫磊公司经办人员的行为后果应由源鑫磊公司承担。在"贴现"现场,瑞恒源公司法定代表人马慧验票后按照强艳容的要求将"贴现"款2 200万元打入强艳容本人账户1 700万元,打入强艳容控制的王学海账户500万元。对此,作为代表源鑫磊公司办理汇票"贴现"的经办人员就马慧将汇票对价支付给强艳容而不是其所受托的公司并未提出异议,说明源鑫磊公司经办人员知道并认可通过此种支付方式给付汇票"贴现"价款。因此,瑞恒源公司实际已支付汇票"贴现"价款,其支付的对象是强艳容,即源鑫磊公司联系汇票"贴现"的相对方,源鑫磊公司经办人员没有异议,应认定瑞恒源公司给付汇票"贴现"价款的行为已经完成。现源鑫磊公司以没有收到"贴现"款为由向瑞恒源公司主张返还汇票,理由不能成立。据此,源鑫磊公司诉请瑞恒源公司返还十张汇票的诉讼请求,不予支持。瑞恒源公司主张确认诉争汇票归其所有的诉讼请求成立,予以支持。

4. 在确认汇票归属后,原告或者被告所遭受损失能否支持的问题。

源鑫磊公司提出瑞恒源公司非法占有汇票损害其合法权益,请求判令瑞恒源公司返还源鑫磊公司的汇票,如果瑞恒源公司不能返还,由瑞恒源公司赔偿票面损失 1 000 万元,并赔偿其利息损失 365 万元,经营损失 655 万元。因为源鑫磊公司进行汇票"贴现"的相对方不是瑞恒源公司,所以源鑫磊公司关于如不能返还汇票,瑞恒源公司应赔偿汇票票面损失 1 000 万元以及相关利息和损失的请求,不予支持。

对于瑞恒源公司主张源鑫磊公司应赔偿汇票扣押期间的利息及为诉讼支出费用的诉请,因缺乏事实依据和法律依据,不予支持。

综上,原告的诉讼请求不能成立,被告的反诉请求部分成立。本案经该院审判委员会讨论决定,依照《中华人民共和国民法通则》第六十三条,《中华人民共和国票据法》第十条,最高人民法院《关于审理票据纠纷案件若干问题的规定》第二条、第六十三条,《中华人民共和国民事诉讼法》第十四条、第一百三十四条第一款、第一百四十二条之规定,该院判决:一、确认 gb/0101646226、gb/0101646227、gb/0101646228、gb/0101646229、gb/0101646230、gb/0101646231、gb/0101646232、gb/0101646233、gb/0101646299、gb/0101646300 的十张银行承兑汇票属被告瑞恒源公司所有;二、驳回原告源鑫磊公司的诉讼请求;三、驳回被告瑞恒源公司的其他反诉请求。本诉案件受理费 142 800 元,由源鑫磊公司负担;反诉案件受理费 6 763 元,由瑞恒源公司负担 6 663 元,由源鑫磊公司负担 100 元。诉讼保全费 5 000 元,由源鑫磊公司负担。

源鑫磊公司不服上述民事判决,向本院提起上诉称:一、根据相关法律规定,票据丧失是指票据被盗、遗失或者灭失的情形,而本案诉讼涉及的事实,显然不是失票的情形,原告不是失票人,原、被告是基于贴现交易而发生的法律关系,原告起诉的主要依据是《票据法》第十条、第十二条。所以,在本案中《最高院关于审理票据纠纷案件若干问题的规定》第三十八条不能适用,一审法院在本案中的以诉讼保全提供担保为该条解释适用情形于法无据,适用法律不当。二、一审判决认定事实错误。①汇票贴现是指持票人将未到期的汇票通过背书的方式,转让给他人,由他人支付相应的贴现款。本案源鑫磊公司正是票据法意义上的转让票据。根据票据法规定,票据转让需背书并交付。马慧与强艳容都是专门从事汇票非法"贴现"的人员,源鑫磊公司未填写被背书人,证明源鑫磊公司并没有向特定对象进行背书转让的意思表示,不能因强艳容曾经联系过丁玉祥而得出强艳容是票据贴现相对方的结论。在未填写被背书人的情况下,只能通过汇票的交付来判断贴现的相对方。一审判决刻意回避汇票的交付过程,而强调与谁联系了汇票贴现,意在掩饰汇票贴现业务发生的真相。本案中,是蔡英亲手将汇票交给马慧进行验票的,票据贴现行为的主体双方显然是源鑫磊公司与瑞恒源公司。公安机关的询问笔录均证明,当时进行汇票贴现时始终在场的只有蔡英、马慧、绳德斌三人,本案汇票贴现业务发生在源鑫磊公司与瑞恒源公司之间。强艳容与绳德斌只是中间人,只是在票据贴现后分得应得的"利润",强艳容不是汇票"贴现"的相对方。原审认定汇票贴现的相对方是强艳容,与事实不符。②案外人强艳容、绳德斌等人涉嫌非法经营犯罪的案件,不影响本案双方当事人行使民事诉权。相关刑事案件所查明的主要是强艳容非法经营的犯罪事实,未涉及本案当事人办理银行承兑汇票贴现业务的具体经过,未涉及马慧未给源鑫磊公司支付票款及源鑫磊公司向公安机关报案等相关事实,刑事案件中认定的事实不是本案整个汇票贴现过程的全部事实。因此,基于相关证据及最高人民法院生效民事裁定书的认定,源鑫磊公司与瑞恒源公司之间存在着办理银行承兑汇票贴现业务的事实,与案外人强艳容非法经营案是两个法律关系。原审判决认定上诉人进行汇票"贴现"的相对方是强艳容明显错误。蔡英就马慧将汇票对价支付给强艳容而不是上诉人提出了异议。绳德斌在公安机关的口供、蔡英的询问笔录相互印证,可予以证实。在没有收到贴现款的情况下,源鑫磊公司一直控制马慧,向马慧索要票据。因马慧不支付票款又拒绝返还票据,只好向公安机关报案,不存在认为强艳容为贴现相对人的意思表示和行为。原审认定源鑫磊公司同意马慧付款给强艳容,进而认定强艳容为票据贴现相对方与事实不符。本案汇票贴现的双方是源鑫磊公司与瑞恒源公司,瑞恒源公司的主要义务是将汇票贴现款支付给源鑫磊公司,原审认定其将票款支付给了强艳容即完成支付票款义务,显然是错误认定,源鑫磊公司主张瑞恒源公司赔偿相关损失,符合法律规定。三、瑞恒源公司恶意取得票据,致使源鑫磊公司无法行使票据权利,要求其返还票据,就是主张诉争票据的所有权,是对票据基于物的属性而产生的权利,属于物权纠纷。源鑫磊公司要求其返还票据,符合法律规定,人民法院应予以支持。

综上,请求二审查明案件事实,撤销原审判决,依法改判支持源鑫磊公司的全部诉讼请求。

被上诉人瑞恒源公司答辩称:2010年5月24日,强艳容以中庆化工公司名义与瑞恒源公司达成转让票据协议,并于次日指示绳德斌带丁玉祥、蔡英交付票据,并协助办理入账。瑞恒源公司支付强艳容2 200万元票款,给付了对价,获得票据权利,符合《中华人民共和国票据法》第十条"票据的取得,应支付对价"的规定。从已经查明的事实来看,源鑫磊公司委托的经办人员丁玉祥、王占军、蔡英也认可将价款支付给强艳容。瑞恒源公司与强艳容控制的中庆化工公司达成的协议构成了取得票据的基础关系。瑞恒源公司在支付对价后,受让票据的行为有效,取得了票据权利,是涉争票据的合法权利人。源鑫磊公司从未主张瑞丰祥公司经办人员及强艳容采用欺诈、偷盗或者胁迫等暴力手段取得票据,瑞恒源公司对强艳容与源鑫磊公司之间形成的票据交易关系及其贴现合同的具体内容无从知晓,且源鑫磊公司委托经办人员在交易过程中对于对价的支付没有异议,因此,瑞恒源公司取得票据时不存在恶意。

在庭审中,同时办理贴现的利丰公司承认,因其法定代表人刘玉保与丁玉祥为亲友关系,所以基于信任而交付转让票据,并由其经办贴现事宜,双方存在事实上的委托关系。丁玉祥与强艳容达成协议,向强艳容转让票据办理"贴现"。这种民间汇票"贴现",本质是在票据的流转过程中基于《票据法》第十条的规定,给付对价取得票据,票据取得后仍可继续流通,有别于金融机构票据贴现后终止票据的流通。丁玉祥与强艳容存在事实上的交易关系,是强艳容受让票据的基础关系,该基础关系合法有效,源鑫磊公司予以认可。源鑫磊公司在背书人栏内签章但未记载被背书人名称,即将其交付给丁玉祥,丁玉祥有权选择背书转让或单纯交付转让,其单纯交付转让给强艳容的行为合法有效。强艳容向丁玉祥收取票据,并持票的行为能产生物权公示的效力,即第三人有理由相信其有权处分该票据而与之进行交易,且票据一经其向第三人交付,除非存在恶意,第三人将获得票据权利,应受法律保护。

源鑫磊公司是票据背书人及票据义务人,应当承担票据责任。在庭审中,其所提供的证据只能证明其为票据出票时票面的收款人,曾拥有过该票据,其认可将票据交付给丁玉祥的事实,此后其不再享有任何票据权利。根据票据的文义性特征,任何与票据文义之外补充更正的无理主张都不能改变瑞恒源公司是票据权利人的客观事实。根据票据无因性和独立性,票据关系独立于票据基础关系,源鑫磊公司与瑞恒源公司之间没有直接交易关系和债权债务关系,不能以其与他人的基础关系来否定本案的票据关系。源鑫磊公司与瑞丰祥公司的委托关系,丁玉祥与强艳容之间的交易关系均合法有效,由此产生的票据转让行为亦合法有效。

本案争议的标的为票据,《票据法》属于特别法,应优先适用。源鑫磊公司主张本案为物权纠纷,违背法律适用的基本原则,没有法律依据。从本案涉及的民事法律关系来看,强艳容在取得票据价款后,转给丁玉祥100万元,并向李忠、李菊凤兄妹账户转入总计1830万元。丁玉祥、蔡英、刘玉保等人均知情。即便源鑫磊公司认为强艳容和丁玉祥没有向其支付对价,也应当依法向强艳容和丁玉祥主张权利,行使撤销权。本案中,源鑫磊公司无权主张票据权利。

综上,瑞恒源公司支付对价,合法取得票据权利的事实清楚,法律依据充分。请求二审驳回上诉,维持原判决,保护瑞恒源公司的合法权利。

本院除对原审法院查明的事实予以确认外,另查明:2010年5月28日,丁玉祥向公安机关报案称:其与强艳容同年2月相识,当时强艳容给其贴现一张50万元的承兑汇票。同年5月24日,其与富华源公司法定代表人王占军在办公室聊天时,接到强艳容电话,问其有没有汇票贴现,正好他们手中有承兑汇票要贴现。当天,其拿着总额为2 280万元汇票与王占军、蔡英一起到银行找强艳容办理贴现。后强艳容说公司的款没有到,办不了。次日早,其接到强艳容电话,告其拿汇票到公司办理贴现,他们以为去的地方是强艳容的公司;以为马慧和强艳容是一个公司的。

同年5月27日,刘玉保向公安机关报案时述称:5月24日中午,其与王占军、丁玉祥在办公室聊天时,丁玉祥接强艳容电话,问有没有汇票贴现,正好其手中有汇票需要贴现。当天中午其将5张共计1 000万元的汇票交给丁玉祥办理贴现,但没办成。次日,丁玉祥从利丰公司财务部门取走5张汇票去强艳容那里办理贴现。中午13时左右,其接到王占军电话,告其在贴现时已将2 280万元的汇票交给一个叫马慧的人。

王占军于同年6月5日向公安机关报案称:5月24日中午,其与丁玉祥、刘玉保、源鑫磊公司的李明寿在丁玉祥办公室聊天,丁接强艳容电话,问其有无汇票要贴现,正好大家手中有2 280万元的汇票需要贴现,丁就在电话中约好下午去银行办理,但当天没有办成。第二天一早,丁玉祥让其与丁玉祥、蔡英一起到强艳容说的黄河龙大厦一楼大厅等强艳容。强艳容到后,让上十楼办理贴现。王占军称当时不知道该公司叫什么公司,是蔡英从那家公司出来叫其和丁玉祥进去的。其以为是强艳容的公司,后来才知道是马慧的公司。

同年6月17日,蔡英在接受公安机关询问时述称:其不认识马慧,同年5月25日早9点,其和丁玉祥、王占军在黄河龙大厦一楼见到强艳容。强艳容让其和一个小伙子(绳德斌)一起上楼到马慧办公室,其将汇票交给了马慧。在填写转账支票时,绳德斌给马慧一个纸条,马慧填写收款单位后,把支票给了绳德斌,并让其跟他去办理进账。因跨行办理且金额大,其与绳德斌又回到马慧办公室换支票。马慧很忙,让其帮忙填写了其中两张支票的部分内容。

蔡英在5月28日的询问中还述称:5月25日,其帮马慧填好支票,马慧核实并盖章后,让其与绳德斌去办理进账。在办理进账时,强艳容来了,强艳容叫绳德斌出去说话,其也跟了出去,强艳容对其说回去拿身份证给其转账,然后走了。四笔共计1700万元转完后,绳德斌让其拿进账单找强艳容转账,其就给丁玉祥打电话说钱已经打到强艳容的账上了,让他赶快找强艳容要钱。丁说已经和强艳容联系了,强艳容让他在工行区分行营业部等着,丁让其也过去。其和丁一直在营业部门口等,并电话联系,但强艳容一直不出现,期间强艳容给丁的工行卡上打了100万元。等到15时许等不及了,丁让其把汇票的复印件带到机场。在这期间丁给王占军打电话,不让谈蓬(马慧的丈夫)上飞机。

绳德斌在同年6月9日接受公安机关询问时陈述:5月24日晚强艳容让其问马慧在25日能不能贴2000万元,其给马慧打电话,马慧说可以。25日转款时,强艳容要求把2200万元打到她自己的个人账户,在场贴现的人也知道钱会打到强艳容的账户中。

强艳容在同年6月3日接受公安机关讯问时称:本案贴现前,刘玉保、丁玉祥找其贴现过承兑汇票,大约五次。5月24日,其打电话给丁玉祥,问有无汇票贴现,丁说有2000多万元汇票要贴。其让绳德斌联系马慧,马慧说账上没钱,当天就没有办成。25日早,其与绳德斌、丁玉祥、丁的会计(蔡英)、王占军5人见面后,让绳德斌带蔡英上楼找马慧办理贴现。在12点30分左右办好了,共2200万元全打到其个人和王学海的账户中。因刘玉保、丁玉祥等人是其介绍来的客户(所以钱要打给她),而且以前办理贴现时都是打到其账户中,其再给持票人转账。其在马慧处贴现都是绳德斌和吴丽君去办的,其本人不认识马慧。

本院认为,根据源鑫磊公司的上诉请求及其理由,本案二审审理的争议焦点问题是:源鑫磊公司请求瑞恒源公司返还本案诉争汇票或赔偿票面损失1000万元,并赔偿利息损失365万元,经营损失655万元,其主张是否有事实和法律依据。

本案票据纠纷系由双方当事人从事涉案商业汇票贴现、转让行为而引发,其交易的本质是民间借贷、融通资金活动。本案一审、二审查明的事实表明,李明寿、丁玉祥等人得知强艳容可办理汇票贴现,遂决定将源鑫磊公司持有的十张银行承兑汇票(票面额共计1000万元)交予强艳容贴现,并委托丁玉祥、蔡英、王占军等具体办理。在交票、付款时,按照强艳容的安排,由强艳容委派的绳德斌带丁玉祥等人到瑞恒源公司办理。丁玉祥、王占军、蔡英均不认识马慧,在交易当天仍认为其是与强艳容进行交易。此前,丁玉祥、刘玉保(利丰公司法定代表人)找强艳容办理过类似汇票贴现,应当知道彼此交票、付款的操作方式及其风险。在马慧给强艳容付款过程中,从填写转账支票到去银行办理转账,蔡英一直在现场,并与丁玉祥保持联系。丁玉祥也与强艳容电话联系转款事宜,强艳容谎称让其在营业部等待,丁玉祥亦轻信了强艳容的承诺。上述事实证明,从与强艳容联系,到等待强艳容转款,源鑫磊公司始终是与强艳容进行汇票贴现交易。后因强艳容违反其转款承诺,致使源鑫磊公司没有收到贴现款。原审认定源鑫磊公司联系汇票贴现的相对方是强艳容,符合本案的实际情况。源鑫磊公司上诉主张其交易的相对方是瑞恒源公司,因证据不足,本院不予采纳。

瑞恒源公司在与强艳容转让汇票时,核验了票据真伪,得到强艳容关于其合法持有汇票、无挂失止冻等的书面保证,并依约向强艳容支付了2200万元票款,且没有证据证明在其取得汇票时存在恶意或重大过失的情形。因此,依据我国《票据法》第十条、第十二条的相关规定,瑞恒源公司已依法取得了案涉票据,并享有了票据权利。原审判决确认涉案银行承兑汇票归瑞恒源公司所有,适用法律并无不当,应予维持。源鑫磊公司诉请瑞恒源公司返还该汇票或赔偿其相应损失,没有事实和法律依据,本院不予支持。

综上,原审判决认定事实清楚,适用法律正确。上诉人源鑫磊公司的上诉请求缺乏证据支持,其理由不能成立,应予驳回。本院依照《中华人民共和国民事诉讼法》第一百七十条第一款第（一）项之规定，判决如下：

驳回上诉，维持原判。

本案一审案件受理费按一审判决执行；二审案件受理费 142 800 元，由上诉人银川源鑫磊贸易有限公司负担。

本判决为终审判决。

审判长　王宪森

审判员　殷　媛

代理审判员　张雪楳

书记员　郑琪儿

二〇一四年八月二十一日

兴业银行股份有限公司济南分行诉山东钢铁股份有限公司、山东钢铁股份有限公司济南分公司、福建省旺隆贸易有限公司保兑仓业务合作合同纠纷案

（一）基本案情

2012年2月24日，兴业银行济南分行、旺隆公司与济钢公司签订《保兑仓业务三方合作协议》，该协议约定：为保障兴业银行济南分行与旺隆公司在2012年2月24日至2013年2月23日期间发生的各类授信业务项下协议的履行，旺隆公司、济钢公司双方同意以银行承兑汇票作为双方贸易合同的付款方式，并由兴业银行济南分行作为汇票的承兑银行，济钢公司作为汇票的收款人。兴业银行济南分行同意贷款给旺隆公司，用于支付旺隆公司在上述贸易合同项下的货款。提货采用旺隆公司从济钢公司自行提货的模式。银行承兑汇票开出后，旺隆公司即可向济钢公司提取与初始保证金100%

等值的货物。此后旺隆公司每次向济钢公司提货时,济钢公司均应凭兴业银行济南分行签发的《提货通知书》办理。济钢公司收到《提货通知书》的当日立即向兴业银行济南分行签发《发货通知书》,并按《提货通知书》规定向旺隆公司办理发货事宜。济钢公司违反上述规定给旺隆公司办理提货手续的,应当向兴业银行济南分行承担连带还款责任。

2012年2月27日,济钢公司更名为山钢公司,2012年2月28日,设立山钢济南公司。山钢公司同意由山钢济南公司继续履行《保兑仓业务三方合作协议》中济钢公司的相关责任和义务,另两方对此也予以认可。

2012年8月14日,兴业银行济南分行(承兑人)与旺隆公司(承兑申请人)签订《商业汇票银行承兑合同》。约定兴业银行济南分行为旺隆公司办理银行承兑汇票8 150万元,期限为2012年8月14日至2013年2月14日。2012年8月15日,兴业银行济南分行将出票人为旺隆公司、收款人为山钢济南公司的17份共计8 150万元的银行承兑汇票交付山钢济南公司,按照《保兑仓业务三方合作协议》约定履行了义务。此后,山钢济南公司在未收到兴业银行济南分行的提货通知的情况下,未按《保兑仓业务三方合作协议》约定将剩余5 705万元承兑汇票退回兴业银行济南分行,自行将等值货物交付旺隆公司。

兴业银行济南分行与旺隆公司签订《商业汇票银行承兑合同》于2013年2月14日到期,旺隆公司未按合同约定履行还款义务。截至2013年3月25日,旺隆公司共欠兴业银行济南分行银行承兑汇票垫付款本金56 707 177.04元及利息1 081 765.24元。

兴业银行济南分行诉至法院请求判令旺隆公司偿还银行承兑汇票项下款项5 705万元,并承担利息1 081 765.24元;山钢公司、山钢济南公司对上述债务承担连带清偿责任。

(二)裁判结果

山东省高级人民法院二审认为:兴业银行济南分行与济钢公司、旺隆公司签订的《保兑仓业务三方合作协议》,系为了保障旺隆公司在2012年2月

24日至2013年2月23日期间与兴业银行济南分行发生的各类授信业务的履行而签订。根据该协议约定,旺隆公司与济钢公司之间设立贸易合同关系,旺隆公司以向兴业银行济南分行申请开立银行承兑汇票的融资方式,将收款人为济钢公司的银行承兑汇票,由兴业银行济南分行直接支付到济钢公司,旺隆公司在银行承兑汇票到期前将票款足额支付到兴业银行济南分行,兴业银行济南分行根据旺隆公司支付票款的数额和进度向济钢公司发出提货通知书,济钢公司依据兴业银行济南分行发出的提货通知书向旺隆公司发货;如济钢公司未接到兴业银行济南分行的提货通知书就向旺隆公司发货,应对旺隆公司的债务承担连带还款责任。后因济钢公司更名为山钢公司,原济钢公司的资产、负债、权益、业务及其他权利与义务由山钢济南公司承继。山钢济南公司未按照约定履行《保兑仓业务三方合作协议》,构成违约,兴业银行济南分行要求山钢济南公司承担连带还款责任符合合同约定和法律规定,故山钢公司应与山钢济南公司共同对旺隆公司的债务承担连带还款责任。兴业银行济南分行依合同约定为旺隆公司垫付了银行承兑汇票款,履行了合同义务。旺隆公司未按合同约定在银行承兑汇票到期前向兴业银行济南分行足额交存票款,应承担还款责任,并按合同约定支付利息。遂判决旺隆公司偿还兴业银行济南分行银行承兑汇票垫付款本金56 707 177.04元及利息1 081 765.24元;山钢公司、山钢济南公司就旺隆公司的偿还义务承担连带清偿责任。

(三) 典型意义

该案是山东省内首例保兑仓纠纷案件,该案的判决起到很好的示范效应。"保兑仓"是指以银行信用为载体,以银行承兑汇票为结算工具,由银行控制货权,卖方受托保管货物并对承兑汇票保证金以外金额部分由卖方以货物回购作为担保措施,由银行向卖方和买方提供的以银行承兑汇票的一种金融服务。保兑仓作为一种新类型融资方式,对卖方而言,保障了收款;对买方而言,降低了融资成本;对银行而言,保障了资金安全。该案的判决,充分体现了人民法院在支持新类型融资方式、规范融资市场发展方面的职能作用。